Friedrich Wilhelm Basilius von Ramdohr

Über Malerei und Bildhauerarbeit in Rom

Für Liebhaber des Schönen in der Kunst, (Teil 1)

Friedrich Wilhelm Basilius von Ramdohr

Über Malerei und Bildhauerarbeit in Rom
Für Liebhaber des Schönen in der Kunst, (Teil 1)

ISBN/EAN: 9783743477285

Hergestellt in Europa, USA, Kanada, Australien, Japan

Cover: Foto ©Thomas Meinert / pixelio.de

Weitere Bücher finden Sie auf **www.hansebooks.com**

Ueber

Mahlerei und Bildhauerarbeit

in Rom

für Liebhaber des Schönen in der Kunst

von

Friedrich Wilhelm Basilius von Ramdohr,

Königl. Großbritannischen und Churfürstlich-Braunschweig-Lüne-
burgischen Beisitzer des Hofgerichts in Hannover, und
Ritterschafts-Deputirten der Grafschaft Hoya.

Erster Theil.

Leipzig,

bei Weidmanns Erben und Reich. 1787.

An Seine Majestät

den König von Großbritannien,

Meinem allergnädigsten Herrn!

Allergnädigster Herr,

Zu den Füßen Ewr. Königlichen Maje=
stät lege ich diesen Versuch zur Beförde=
rung des Geschmacks an edleren Vergnügungen
mit einer ehrfurchtsvollen Zuversicht. Dero
allerhöchsten Huld und aufgeklärtem Schutze
verdanken Ihre Unterthanen jeden Genuß der
Ruhe und des Wohlstandes; die Künste ihr
schönstes Leben; und ich die allergnädigste Er=
laubniß, die mir vor ein Paar Jahren wurde,
mitten unter den Schätzen des alten und neuen

3   Roms,

Roms, die glücklichsten Erinnerungen für die Zukunft einzusammeln.

Dankbarkeit und tiefe Ehrfurcht scheinen mir ein Opfer zur Pflicht zu machen: Das einzige was ich darbringen kann, wird durch die fromme Absicht des Gebers einigen Werth gewinnen.

So hoffe ich, und bin in tiefster Devotion

Ewr. Königlichen Majestät

alleruntertänigster
von Ramdohr.

Inhalt.

Inhalt.

4   Pallast

Inhalt.

Der

Inhalt.

Grund warum dieſer Pallaſt in Rückſicht auf den Zweck dieſes Buchs, in der Ordnung der zweite iſt.

Muſeum Clementinum.

Eine Anmerkung über den vortheilhafteſten Ort zur Aufſtellung der Statuen. Beſtimmung des ſogenannten Etruſciſchen Stils, ſowohl des urſprünglichen als des nachgeahmten. Der Liebhaber vermengt den Begriff des Etruſciſchen und des Altgriechiſchen Stils aus guten Gründen. Charakter der Flußgötter. Gründe, warum ſich der Autor berechtiget hält ein vollſtändiges Verzeichniß der Kunſtwerke, die in dieſer Sammlung befindlich ſind, in den Noten, am Ende der Beſchreibung eines jeden Zimmers zu liefern, ob es gleich ſonſt nicht ſeine Abſicht iſt, Nomenclaturen zu geben; (in der Note.) Allgemeine Anmerkung über den Werth antiker Basreliefs. Ueber den ächten Aegyptiſchen Stil: Die Kennzeichen deſſelben werden angeführt, um den Autor zu rechtfertigen, wenn er die Werke, die ihn an ſich tragen, der Aufmerkſamkeit des Liebhabers unwerth hält. Charakter des Bacchus. Hof mit einem Porticus, ſonſt auch Hof des Belvedere genannt. Nachtheil der Aufſtellung der Statuen an dieſem Orte für die Wahrnehmung ihrer Schönheit im Einzelnen; Vortheil derſelben für den Eindruck ſo vieler vereinigten Schönheiten im Ganzen. Apollo im Belvedere. Wahrſcheinlicher Charakter des Apollo als Phöbus, verſchieden von demjenigen, worin er

5

er

Inhalt.

Inhalt.

Inhalt.

Inhalt.

Inhalt.

Gemähl-

Inhalt.

Inhalt.

Einleitung.

Der Titel des Buchs scheint dessen Zweck anzuzeigen, und es durch diesen von andern Büchern abzusondern, die bisher von Werken der Mahlerei und Bildhauerkunst in Rom gehandelt haben.

Den Liebhaber über die wahre Absicht der Künste zu verständigen; ihn das Wesentliche zu seinem Vergnügen von dem Zufälligen auszuscheiden zu lehren; die Forderungen, welche er an Marmor und Fläche, an Pinsel und Meißel, und zwar an jeden insbesondere zu machen berechtiget ist, gehörig zu beschränken; für die Vorzüge eines großen Künstlers Verehrung, gegen dessen Fehler Billigkeit einzuflößen; Lob und Tadel nach bestimmteren Begriffen über die verschiedenen Erfordernisse zur Vollkommenheit genauer abzuwägen; für Wahrheit und Schönheit Sinn zu erwecken; gegen den Zauber des blendenden Witzes Herz und Auge zu verhärten; kurz! zu zeigen, wie und auf was man bei einem Kunstwerke sehen soll, um wahren dauerhaften Genuß davon erwarten zu können: das ist die Absicht, die der Verfasser bei Verfertigung seines Werkes sich vor Augen gesetzt hat.

Bestimmung der Absicht dieses Werks.

Erster Theil.   A   Der

Erklärung
des Worts:
Liebhaber
des Schönen
in der Kunst.
Der Liebhaber ist der Mann, den Wohlstand, Fähigkeiten und Kenntnisse, wie sie allen wohlerzogenen Menschen gemein sind, zu dem Genuß der Künste berechtigen; der Künste, die dem Herzen und der Einbildungskraft Nahrung, dem Verstande eine geschäfftlose aber nicht entehrende Unterhaltung geben. Dieser steht zwischen dem Gelehrten und dem Künstler in der Mitte. Nicht Critiker genung, seine Gefühle in metaphysische Vernunftschlüsse aufzulösen, nicht Antiquar genung, jede Abweichung von dem Würklichgeschehenen in der Art, wie es als möglich dargestellt ist, auszuspähen, endlich nicht Handwerker genung, jeden Kunstgriff der Behandlung zu enträthseln; vermag er den gegenwärtigen Eindruck dennoch auf frühere Empfindungen zurückzuführen, die oft wiederholte Erfahrungen als wesentliche Begleiter des Schönen bestätiget haben; kennt Geschichte und Fabel hinreichend, um den Grund der bildenden Zusammensetzung zu begreifen; und weiß von der mechanischen Ausführung so viel, als nöthig ist, das Verdienst überwundener Schwierigkeiten zu schätzen.

Der Liebhaber sucht zuerst Vergnügen an dem stummen Anblick schöner Kunstwerke. Aber dies Vergnügen wird oft Gegenstand des Gesprächs. Man sucht sich mitzutheilen, man lobt, man tadelt. Wie selten geschieht dies, ohne sich vor den Augen des Künstlers oder des Gelehrten lächerlich zu machen! Man läßt arbeiten, man sammlet Statuen und Gemählde, und wird, ein anderer Midas, bald Beschützer der Mittelmäßigkeit, bald Verfolger des Talents, bald Spiel der Gewinnsucht eines Brocanteurs.

Der

Der Liebhaber bedarf also einiger Vorbereitung, um wahren dauerhaften Genuß von den Künsten zu erlangen: Er muß Grundsätze, er muß Kenntnisse haben. Aber kalte Buchgelehrsamkeit, die sich nur mit todten Zeichen ins Gehirn drückt, ist für den Mann, der nur zu seiner Unterhaltung liest, nicht brauchbar. Dieser sucht Beschäfftigung, aber keine qualvolle Anstrengung. Er weiß und lernt nur gerade so viel, als er zum Genuße des Augenblicks, zum Stoff der Unterredung in den gemischten Cirkeln geselliger Müßiggänger nöthig zu haben glaubt. Kein System von historischen Datis, keine Auflösung des Gewebes unserer Empfindungen, keine Enthüllung der Geheimnisse der Behandlung, kein Winkelmann, kein Hemsterhuis, kein Lairesse werden die Kenntnisse, ohne welche man sich der Betrachtung eines Kunstwerks nicht nahen sollte, je in wahren Umlauf bringen. Nur eine praktische Anweisung, die in einem allgemein verständlichen Vortrage den Leser, der wenig an anhaltende Aufmerksamkeit gewöhnt ist, bei jeder Lehre auf ein vorliegendes Beispiel, zu wiederholten Mahlen auf das schon Gesagte zurückführt, scheint zur Ausbreitung jeder Wahrheit unter dem größeren Haufen geschickt zu seyn. So erinnert man sich stets: Wie? Wo? Warum? man etwas gelernt habe; und um mit den Worten eines großen Kunstrichters und eines eben so großen Menschenkenners fortzufahren: *)

> So hängt sich Alles besser an:
> So lernt mit eins die ganze Seele:

A 2   Diese

*) Lessing im Nathan.

Diese Lehrart habe ich in diesem Werke gewählt, und Rom als den größten Sammelplatz von Meisterstücken der Mahlerei und Bildhauerkunst, als den Ort, in dem ich die bequemste Veranlassung zu meinen Lehren finden würde. Ich schränke mich blos auf Gemählde, Statuen, und Basreliefs 🖤: überzeugt, daß mit der Einleitung in ihre Kenntniß, die Kenntniß aller übrigen Werke der Bildnerei in Rücksicht auf Schönheit erleichtert werde.

Aber auch von den Werken dieser Gattung habe ich eine vollständige Beschreibung, eine Nomenclatur, keinesweges liefern wollen. Nur dann wird mich der Vorwurf der Unvollständigkeit treffen, wenn ich ein Stück übergangen haben sollte, das den Sinn für das Schöne auf eine beträchtliche Art aufzuschließen im Stande wäre, oder zu beschäfftigen verdiente.

Das Schöne kann ich nicht erklären. Nur um einem Mißverständnisse vorzubeugen, bemerke ich, daß ich unter Schönheit nicht blos das Wohlgefällige der Formen, sondern überhaupt jede sichtbare Vollkommenheit in den bildenden Künsten verstehe.

Man wird Unrichtigkeiten in diesem Werke finden: in den Nachrichten, in den Urtheilen. Beides kann seyn, ich bin nicht anmaaßend genung, es zu leugnen.

Ich habe inzwischen keine Mühe gespart, so viel an mir war, richtige Erkundigungen einzuziehen; und meine Urtheile sind mit Gründen unterstützt. Jeder, der eigene Augen und eigenes Gefühl hat, kann diese prüfen.

Rechtfertigung des   Ich muß hier Einiges von mir anführen, nicht um mir ein Ansehen zu geben, sondern um mich zu
recht=

rechtfertigen, daß ich, Liebhaber, andern Liebhabern
meine Erfahrungen und meine Urtheile mitzutheilen
gewagt habe.

Meine Hand hat ſich von Jugend auf im Zeichnen und Mahlen geübt, und wenn ſie gleich zu unge-
horſam geblieben iſt, etwas beträchtliches hervorzubringen, ſo haben doch dieſe Verſuche, unterſtützt von
dem Unterricht guter Künſtler, mein Auge an Richtigkeit der Zeichnung gewöhnt, und mich alle Hinderniſſe kennen lehren, die Stoff und Mittel der ſichtbaren Ausführung eines Gedankens entgegen ſetzen.

Der Herr Hofrath Heyne iſt mein Lehrer in der
Archäologie geweſen. Ein Mann, von dem ich es
nicht erſt ſagen will, daß er den feinſten Geſchmack
mit der aufgeklärteſten Critif, und der ausgebreiteſten
Gelehrſamkeit verbindet. Was ich von ihm ſagen
möchte, iſt mir hier verwehrt: Wie er mir Freund
und Führer war, und iſt! wie ich ihm mehr als bloße
Bildung des Geſchmacks in den Künſten, wie ich ihm
die ganze Bildung meines Herzens verdanke!

Ich habe nachher die beträchtlichſten Gallerien in
Frankreich, Deutſchland und Italien geſehen, und
mit Rom habe ich geendiget. Sechs Monathe
lang *) habe ich hier täglich bald allein, bald mit
Künſtlern, bald mit Antiquaren, bald mit Liebhabern die Meiſterſtücke der Kunſt kennen zu lernen ge-
ſucht. Endlich hat der Herr Hofrath Reifenſtein
noch die Gefälligkeit gehabt, mich durch die beträchtlichſten Palläſte und Kirchen von Rom zu führen.

Dieſer Mann, den Charakter und Kenntniſſe
gleich ſchätzbar machen, beſitzt das ausgezeichnete Talent,

A 3

Randspalte: Verfaſſers, daß er dieſes Buch zu ſchreiben wagte: Sei-ne Erwar-tungen: Die Art, wie er ſchreiben zu fönnen wün-ſchet.

*) Im Jahre 1784.

lent, seine Anleitung zur Kenntniß der Kunst nach den
Fähigkeiten und dem Geschmack eines jeden Betrach-
ters besonders einzurichten. Von ihm habe ich vorzüglich die Art zu lernen gesucht, wie man die Lehren
der Kunst dem Liebhaber faßlich und willkommen machen soll. Hätten wir Hoffnung, daß er jemals seinen Unterricht durch den Druck allgemeiner ausbreiten,
und auf die Nachwelt bringen würde; so hätte ich das
gegenwärtige Werk nicht unternommen.

Aber diese Hoffnung haben wir nicht, und so
kann dieser Versuch wenigstens bis dahin, daß wir
etwas Besseres erhalten, von Nutzen seyn. Er ist
eigentlich für diejenigen bestimmt, die ihn an Ort
und Stelle mit Werken, von denen er handelt, vergleichen wollen. Inzwischen hoffe ich zu gleicher Zeit,
daß dieses Buch denen, die von Rom zurückgekehret
sind, manche angenehme Erinnerung, denen, welche
die Reise dahin noch anzutreten denken, keine ganz
unnütze Vorbereitung gewähren werde.

Ich will nichts schreiben, was ich nicht gesehen
und gefühlt habe. Daß ich so darüber schreiben
könnte, wie ich es gesehen, wie ich es gefühlet habe!
Daß jenes sanfte Feuer, das bei dem Anblick der
Schönheit in meinen Adern wallte, jetzt in meine Feder fließe! Daß aber auch jene heitere Ruhe, die ihrem
Gefühle so zuträglich ist, meine Seele fülle! Daß ich
über die Werke, welche die Grazien und die Musen
erzeugten, rede, wie ihre Lieblinge, die Künstler, sie
dachten: mit Adel, mit Anmuth, ohne Kälte und
ohne Schwärmerei!

Allgemeine

Allgemeine Anmerkung

Ueber die Sammlungen von schönen Kunstwerken der Mahlerei, und Bildhauerarbeit
in den Pallästen und Kirchen
von Rom.

Man sieht die Gemählde und Statuen, die in
den Pallästen von Rom aufbewahrt werden, die
mit mehrerer Bequemlichkeit, als diejenigen, die in
den Kirchen befindlich sind. Denn hier werden sie
nicht allein oft in düstern Capellen des Tageslichts
beraubt, sondern leiden noch überher von dem Dampfe
der Wachskerzen. Auch trifft man in diesen Kirchen
nur wenige Antiken an, und diese wenigen sind noch
dazu unbeträchtlich. Inzwischen muß der Liebhaber
vorzüglich durch den Anblick der Kunstwerke der Alten
das richtige Maaß der Schönheit zu erhalten hoffen.
Ich führe den Liebhaber des Schönen zuerst in die
Palläste.

Man muß die Samm-
lung n in
Pall sten
zuerst sehen.

Pallast

Pallaſt Farneſe.

Unter den Palläſten muß man den größeren Farneſiſchen zuerſt ſehen.

Die Werke der Caracci, die man nirgends häu-figer als in dem Pallaſte Farneſe antrifft, gewöhnen das Auge an Richtigkeit, und an den großen Stil der Zeichnung, die man als Grundlagen der Schönheit anſehen muß. Sie dienen zur Vorberei-tung, um diejenigen Werke, wo das Wahre und Nothwendige unter dem Reitzenden verſteckt iſt, beſſer zu fühlen. [1])

Im Hofe.

† [2]) Der Farneſiſche Hercules.

Der Farne-ſiſche Hercu-les.

Eine coloſſaliſche Statue, die aus dem letzten Bogen des Porticus, vom Eingange ab, betrachtet werden muß. Die erſte Sorge des Beobachters geht

1) Bei dem Verzeichniſſe der Kunſtwerke, die dieſer Pallaſt enthält, ſind beinahe alle Reiſebeſchreibun-gen unrichtig. Verſchiedene Stücke, die in dem kleineren Farneſiſchen Pallaſte, der ſogenannten Farneſina, ſtehen, geben ſie, als in dieſem größeren befindlich, an. Es ſey daß die Nahmen verwechſelt worden, oder daß die Stücke erſt in der Folge der Zeit verſetzet ſind.

2) Diejenigen Kunſtwerke, die mir einer fleißigern Betrachtung und häufigern Rückerinnerung beſon-ders würdig geſchienen haben, habe ich mit einem † bezeichnet.

geht auf die Wahl des Standortes, aus dem er
über Schönheit und Wahrheit der Formen urtheilen
kann. Dann sucht er die Idee des Künstlers, das
was sein Kunstwerk ausdrücken soll, zu erforschen.

Die Helden und Götter, die bei den Alten einen
Vorwurf bildlicher Darstellung ausmachten, scheinen
einen gewissen allgemein anerkannten Charakter gehabt zu haben, dessen Hauptzüge sich gemeiniglich
in jeder Vorstellung wieder finden. Aber dieser
Charakter ward nach Verschiedenheit des Alters und
der Handlung, in der ihn das Auge erblickt, man-
nigfaltig modificirt.

Hercules zeigt überall einen Körper, dessen ur- *Charakter
sprünglich fester Bau durch viele Thaten ausgebildet des Hercules
worden, der aber nicht abgehärtet zu werden brauchte. überhaupt.*
Hercules ist geschmeidig aber nicht behende; er
schlägt nieder, und überschnellet nicht.

Der Künstler scheint auf dessen Bildung durch
die Betrachtung des Stiers geleitet zu seyn. Wie
an diesem ist der Kopf klein, der Nacken stark, die
Brust erhoben und vorbringend. Kraus sind seine
Haare, breit seine Schultern, die Stirne hebt sich
mit mächtiger Wölbung. ³)

Diesen allgemeinen Charakter hat nun auch
unser Farnesische Hercules; aber er hat auch noch
den besondern: er ruht nach eben vollbrachter Helden-
that. Daher die Bewegung des Bluts, von der

A 5 wir

---

³) Vielen hat diese Vergleichung eines Stiers mit dem
Gott Hercules zu niedrig geschienen. Allein sie
wird es demjenigen nicht bleiben, der die edle Gestalt dieses Thiers in den südlichen Theilen von Europa gesehen hat.

wir noch ſeine Abern angeſchwellt ſehen; daher die
angeſtrengten Muſkeln, die noch nicht wieder abge-
ſpannt ſind. Die goldenen Aepfel die er in der Hand
trägt, die auf den Rücken gelegt iſt, dürfte vielleicht
nur ein allgemeines Attribut des Siegers ſeyn.

Die Muſkeln ſind äußerſt beſtimmt in ihrer
Form, in ihrer Lage, dabei ſehr deutlich angegeben,
und ohne Härte, wenn man ſie in der gehörigen Entfernung betrachtet.

Der Marmor iſt weiß, von der kleinkörnigten
Art, den man durch den Nahmen: der Pariſche,
von dem groskörnigten unterſcheidet, der Salino
genannt wird, weil er aus Lagen von Salzkörnern
zu beſtehen ſcheinet.

Die Beine ſind neu, und von Guglielmo della
Porta gut ⁴ᵃ) ergänzt. Der alte Meiſter hieß
Glycon. Er war aus Athen, ſein Nahme und
ſein Vaterland ſtehen am Tronk ⁴ᵇ).

† Die

⁴ᵃ) Mengs iſt anderer Meinung: Der Bildhauer,
ſagt er, hat an dieſen angeſetzten Beinen die Muſkeln
ſo hart, und ſo geſpannt gebildet, daß ſie Stricken
ähnlich ſehen. Opere di A. R. Mengs ed. di l'arma
1780. T. I. p. 204. Ich geſtehe daß mir dieſes
nicht aufgefallen iſt.

⁴ᵇ) Der Hof von Neapel hat ſchon lange gewünſcht,
dieſe Statue nach Caſerta abführen zu können.
Aber man behauptet in Rom, ſie ſey ein Eigenthum des römiſchen Senats, welcher ſie dem Pabſt
Paul dem Dritten nur zur Verzierung ſeines Fami-
lien-Pallaſts in Rom geliehen habe.

† Die Farnesische Flora.

Aus der Arcade nach dem Hofe zu gesehen, scheint diese colossalische Figur mit äußerster Leichtig- keit fort zu schweben. Es ist eine weibliche Figur, be- kleidet, und in jugendlichem Alter. Mehr kann man von ihrer Bedeutung mit Zuverlässigkeit nicht sagen. Nur der Sturz ist alt. Kopf, Hände und Füße sind von Guglielmo della Porta ergänzt. Die will- kührliche Benennung nach dem neuen Kranze dient nur zur Wiedererkennung.

Die Farnesi- sche Flora.

Der größte Theil weiblicher Figuren, die beklei- det sind, haben sich ohne ihre Attribute erhalten. Selten zeigt der Ausdruck des Gesichts, oder das Ge- wand die symbolische Vorstellung an. Der Ergän- zer nimmt seine Zuflucht zu dem Antiquar, der selten aufrichtig genung ist, seine Unwissenheit zu bekennen; gemeiniglich heftet er dem Künstler eine willkührliche oder gar ungereimte Behauptung auf. Man fängt jetzt in Rom an den Irrthum einzusehen, und belegt im Allgemeinen jede bekleidete weibliche Figur, für die man keinen Nahmen mit Gewißheit anzugeben weiß, mit dem Nahmen: Muse. Die unsrige wird eine tanzende Muse genannt. ⁵) Allein ehe man die gewöhnliche Benennung nicht mit einer sicherern aus- tauscht, so lange, glaube ich, darf man sich an die- jenige halten, bei der sich alle verstehen.

Willkührli- che Bestim- mung der Nahmen weiblicher bekleideter Figuren überhaupt.

Das Swelte der Umrisse, die Leichtigkeit der Stellung und des vortrefflich geworfenen Gewandes,

Vorzüge,

5) Dieser Meinung ist auch Winkelmann Geschicht der Kunst. Wiener Edition. S. 309.

Vorzüge, welche die Größe der Statue noch erhebt, geben ihr einen vorzüglichen Rang unter den ſchönen Ueberreſten des Alterthums.

Dem Farneſiſchen Hercules gegenüber ein ande= rer Hercules. Die Idee iſt dieſelbe wie bei dem vorigen: die Ausführung ſcheint keine Copie zu ſeyn. Sie iſt aber von geringem Werthe.

Eine wohlbekleidete Nymphe.

Ein junger Held: nur aus dem Groben ge= hauen, aber von gutem Stile.

Eine Figur im männlichen Alter, die einen todten Jüngling auf der Schulter trägt; mit= telmäßig.

✻ ✻ ✻

Auf der Treppe.

Zwei coloſſaliſche Statuen von Flußgöt= tern. Zwiſchen beiden ein kleiner Meergott, der vom Schwanze eines Delphins umſchlungen wird.

Jupiter, Caſtor, Pollur, Büſten.

Der Kopf eines Mannes mit Blumen be= kränzt, von großem Charakter.

Zwei gefangene Könige, von vortrefflichem Stile, deren Gewänder dem Polydoro da Carra= vaggio oft zum Studio gedienet haben.

✻ ✻ ✻

Gallerie der Carracci.

Gallerie der Carracci. Beide Brüder Annibale und Agoſtino nebſt ihrem Oncle Ludovico haben an dieſer Gallerie gearbeitet. Allein Annibale mehr als die beiden andern.

Alle

Alle drei Carracci waren Stifter einer Schule zu
Bologna, in der ſie den guten Geſchmack, der zu
ihrer Zeit ſchon verlohren gegangen war, wieder her-
ſtellten: in der ſie den Grundſatz lehrten, durch den
ſie, und viele ihrer Schüler nach ihnen groß geworden
ſind: ahmet die Natur nach, verbeſſert ſie durch das
Studium der Antike, und der beſten unter den neuern
Meiſtern. Von dieſen waren Pellegrini il Tibaldo,
Paolo Veroneſe, und vorzüglich Correggio ihre Lieb-
lingsmuſter.

Stil der
Carracci
vorzüglich
des Annibale.

Die Carracci waren unter den Mahlern, was
die Eclectiker unter den Philoſophen. Sie ſuchten
die Vorzüge der verſchiedenen Schulen, alle diejenigen Vollkommenheiten in ſich zu vereinigen, die man
vielleicht nur in dem Ideale des Mahlers vereinigt
denken kann.

Ich kenne dies und jenes Bild des Annibale, das
in keinem Theile der Kunſt etwas zu wünſchen übrig
läßt. Allein in demjenigen, den man in der Kunſtſprache unter dem Nahmen, dichteriſche Erfindung
kennt, iſt er ſich ſelbſt zu ungleich, als daß man ihm
einen gegründeten Anſpruch darauf einräumen könnte.

Die Erfindſamkeit des Mahlers geht nicht auf
Neuheit des Vorwurfs; er bleibt gern in dem Be-
zirke weniger ihm und dem Publico geläufig geworbe-
ner Ideen. Wenn man von Erfindung in der Mahlerei ſpricht, ſo denket man nie an Hervorbringung
eines neuen dem Zuſchauer unbekannten Vorwurfs,
ſondern an Erfindung einzelner Theile, wodurch ein
bekannter Gegenſtand auf eine neue Art zuſammen geſetzt wird. Inzwiſchen braucht der Gegenſtand nicht
ſchon die bildenden Künſte beſchäfftiget zu haben um
bekannt

Nöthige Er-
klärung des
Worts: Er-
findung, in
der Mahle-
rei, um dar-
nach das
Verdienſt
des Annibale
in Anſehung
dieſes Theils

der Kunſt zu beurtheilen.

?

der Kunſt zu bekannt zu ſeyn. Genung wenn das Publicum, für welches das Kunſtwerk beſtimmt iſt, den dargeſtellten Gegenſtand nicht erſt aus der Darſtellung kennen lernt.

Was mahleriſche, was dichteriſche Erfindung in der Kunſtſprache ſey?

Die Figuren eines Gemähldes ſo ſtellen, daß ſie durch Mannigfaltigkeit und Einheit dem Auge angenehme Formen, von Stellungen und Gruppen, und zugleich eine leichte Ueberſicht des Ganzen darbieten; ſolche Körper auswählen, die zur Färbung und Beleuchtung beſonders geſchickt ſind; heißt in der Kunſtſprache: mahleriſch erfinden, oder auch: anordnen. Hingegen zeigt der Künſtler nach eben dieſer Sprache eine dichteriſche Erfindung, wenn er bei genauer Kenntniß der Gränzen ſeiner Kunſt ſolche Gegenſtände zur Darſtellung wählt, die Kopf und Herzen Nahrung geben, und dieſe durch Mittel, die in dem Gebiete eben dieſer Kunſt liegen, dem Verſtändniſſe des Zuſchauers möglichſt nahe zu bringen ſucht. Hieher gehören Ausdruck, Allegorie, Hinſtellung der Figuren an dem Orte, welchen ihnen der Grad von Aufmerkſamkeit anweiſet, den ihr Antheil an der Haupthandlung verdient. Ja, es gehören hieher alle Mittel deren ſich die mahleriſche Erfindung bedient, nur daß bei ihrer Anwendung das Intereſſe der Bedeutung die erſte Rückſicht iſt.

Beide müſſen mit einander gehen, aber die mahleriſche Erfindung muß der dichteriſchen untergeordnet ſeyn. Iſt ſie das nicht, ſo wird zur natürlichen Folge, daß man nicht die Figuren ſo ſtellt, wie ſie die Handlung am deutlichſten machen, ſondern, wie ſie am beſten ins Auge fallen, die mehreſte Abwechſelung in die Stellungen bringen, und die Gruppen am

ſchick-

ſchicklichſten mit einander verbinden; daß man dem
wahren Ausdruck, welchen die Handlung erfordert,
einen andern unterſchiebt, den der Contraſt verlangt;
daß man bei der Wahl der handelnden Perſonen, nicht
auf dasjenige ſieht, was zur Handlung nothwendig
iſt, ſondern auf dasjenige, was die Fläche ausfüllt.

Von dieſen Fehlern iſt Annibale ſelten frei. Sein
Ausdruck iſt nicht immer wahr, ſelten edel, und beinahe nimmer lieblich. Er hatte wenig Gefühl für
Schönheit, mehr für Stärke: Seine Weiber ſind zu
männlich, ſeine jugendlichen Figuren zu ſchwerfällig,
ſeine Alten ohne Majeſtät.

Sein Colorit iſt ohne Lieblichkeit und ohne Harmonie. In Oelgemählden grau, im al Freſco ziegelroth. Das Helldunkle iſt in den mehreſten ſeiner
Gemählde mit Einſicht angedeutet, aber ſelten thut
es die Würkung, die ſich der Meiſter davon verſpro-
chen zu haben ſcheint.

Das Hauptverdienſt dieſes Künſtlers iſt die mahleriſche Anordnung, die Richtigkeit, und der große
Stil ſeiner Zeichnung. Wenn das Ueberflüßige zur
Verſtärkung des Nothwendigen weggelaſſen iſt, wenn
kleinere Partien dem Ganzen ſo untergeordnet ſind,
daß die Aufmerkſamkeit dadurch nicht zerſtreuet wird,
ſo nennt man dies: Größe in den Formen; und die
Fertigkeit in der Beobachtung dieſer Regel: den
großen Stil.

Dieſer zeigt ſich auch in den Gewändern des Annibale, die in große Falten geworfen das Nackende
ſehr gut andeuten, aber jenes Reizes entbehren, deſſen Verſtändniß kein Studium nach dem Gliedermann
aufſchließt. So blickt allerwärts der Mann hervor,

der

der durch Nachdenken und lange Uebung groß geworden iſt. Der Profeſſor, und zwar der Profeſſor in
den Theilen der Kunſt, die mehr zur mahleriſchen
Erfindung und zur Ausführung, als zur dichteriſchen
Erfindung gehören. Die Natur hatte ihm viel me-
chaniſches Talent bei vielem Scharfſinn gegeben.
Hätte er Gefühl des Schönen und diejenige Einbildungskraft beſeſſen, die mit dem Herzen in genaue-
rem Verbande ſteht, er wäre der Größte der Künſtler geworden.

So leicht es iſt, die drei Carracci von andern
Meiſtern zu unterſcheiden, ſo ſchwer wird die Unterſcheidung des Stils dieſer drei Künſtler unter einander
für ein ungeübtes Auge.

Stil des Lu-
dovico Car-
raccio,

Ludovico wird inzwiſchen an ſeiner dunkeln hefen-
artigen Farbe, an dem Mangel an Ausdruck und an
der ſchwerfälligen oft unrichtigen Zeichnung wieder erkannt. Er drappierte ſeine Figuren beſſer als ſein
Vetter, und ſtellte ſie wenigſtens eben ſo gut, in
Rückſicht auf die mahleriſche Würkung. Er mahlte
gern kleine Figuren auf Schiefer.

und des Ago-
ſtino Carrac-
cio.

Agoſtino war mehr Poet, und Kupferſtecher,
als Mahler. Aber er hatte erhabenere Ideen als
ſein Bruder und Oncle, und brachte mehr Ausdruck
in ſeine Geſichtsbildungen. In der Ausführung iſt
er unter beiden.

Grund war-
um der Au-
tor auch in
der Folge
den Stil der
vorzüglich-

Ich hoffe leicht Entſchuldigung dafür zu erhalten,
daß ich den Stil der vorzüglichſten Künſtler bei Gelegenheit ihrer hauptſächlichſten Werke kurz auseinander
ſetze. Mit dem Nahmen des Meiſters weiß man
alsdann, auf welche Vorzüge man in ſeinen Werken zu achten, welche Fehler man zu überſehen hat.
Doch

Doch bitte ich bei der Prüfung meiner Urtheile sich stets zu erinnern, daß ich bei Bestimmung wesentlicher, charakteristischer Züge nur auf dasjenige Rücksicht nehmen konnte, was sich gemeiniglich wieder finden läßt, nicht aber auf Ausnahmen.

Ich gehe nun zu der Beschreibung der Gallerie selbst über.

[Randbemerkung:] sten Künstler bei schicklicher Gelegenheit auseinander sehen wird.

Der Triumph des Bacchus und der Ariadne.

Keine einzige Figur hat den Ausdruck, den der Charakter und die Handlung erfordern. Bacchus hat den Anstand eines schlechten Schauspielers, der repräsentiret, und Ariadne, seine neuvermählte Gattin, kehrt ihm den Rücken zu, um dem Mahler eine schöne academische Figur im Contrapost darzubieten. Die Nymphen haben den gemeinen Fehler aller weiblichen Figuren dieses Meisters, sie sind zu männlich. Silen ist ein ekelhaft berauschter Alter. Hingegen ist die mahlerische Erfindung vortrefflich, die Gruppen greifen wohl in einander, und die einzelnen Figuren haben sehr abwechselnde Stellungen. Schönheit und Reitz darf man beim Annibale nicht suchen. Das Colorit fällt ins Ziegelrothe, und ist ohne Harmonie.

[Randbemerkung:] Beurtheilung der Gemählde in dieser Gallerie.

Mercur bringt dem Paris den Apfel.

Die Verkürzung des Mercurs ist unvergleichlich, nur ist der Körper nicht schlank genung. Der Kopf des Paris ist schön, aber der Körper stimmt damit nicht ganz überein. Die Schienbeinröhren sind zu ausgebogen; ein Fehler, der mehreren Figuren dieses Meisters eigen ist, und von der zu getreuen Nachahmung einer gemeinen Natur herrühret.

Erster Theil. B Apollo

Apollo entführt den Hyacinth.

Die Stellung des letztern iſt ſehr gefällig.

Polyphem ſpielt vor der Galathea, um-
geben von ihren Nymphen.

Der Körper des Polyphems iſt eine vortreffliche
acabemiſche Figur. Künſtler können die Verkürzung
des einen Knies nicht genung bewundern. Annibale
hat ſich alle Mühe gegeben, das Widrige des einen
Auges in der Mitte der Stirn zu verbergen; inzwiſchen wird doch ein Polyphem, wie ihn der Dichter
mahlt, nie ein ſchicklicher Gegenſtand für den Mahler
werden. Wenigſtens hat der Künſtler dafür geſorgt,
daß die Schönheit der Nymphen den Contraſt nicht
zu auffallend machte; dieſe ſind nichts weniger als
ſchön.

Andromeda und Perſeus.

Die Zuſammenſetzung dieſes Bildes iſt ſelbſt in
Rückſicht auf mahleriſche Anordnung fehlerhaft. Der
Körper der Andromeda, der an ſich ſchon zu männlich
iſt, wird rieſenmäßig, wenn man ihn mit den Figuren der Aeltern auf dem zweyten Plane vergleicht.
Das fliegende Gewand der Mutter iſt zu ſteif. Gewänder dieſer Art ſcheinen überhaupt dem Annibale
nicht geglückt zu ſeyn.

Pan opfert Dianen Wolle.

Pan iſt unedel, und die Stellung der Diane zu
affectirt.

Entführung des Ganymedes.

Ein reißendes Bild. Der Kopf des Ganymedes
hat etwas Correggianiſches. Die Stellung iſt angenehm, und der Halbſchatten, in dem der Mahler den
Körper gehalten hat, that eine vortreffliche Würkung.

Man

Man verkennt nicht in dem Adler den Ausdruck der Zärtlichkeit.

Polyphem ſchleudert Felſen auf Acis und Galathea.

Polyphem iſt eine vortreffliche Academie; das Bein in der Verkürzung kann zum Muſter einer ſo ſchweren Stellung dienen.

Perſeus verwandelt den Phineus und ſeine Gefährten in Felſen.

Die Zuſammenſetzung iſt gut gedacht und gut geordnet. Bei der Ausführung ſcheint der Künſtler wider ſeine Gewohnheit die Natur nicht genung zu Rathe gezogen zu haben. Die Figur des Perſeus iſt zu kurz und unedel.

Juno kömmt mit dem Gürtel der Venus zum Jupiter.

Gedanke und Ausdruck ſind gleich vortrefflich. Schamhaftigkeit die der Begierde weicht, iſt der Charakter der Juno. Inzwiſchen hat der Mahler mit dem entlehnten Gürtel ihr nicht zugleich die Reize der Venus zu geben gewußt. Die Gewänder ſind gut geworfen, aber zu trocken ausgeführt.

Galathea von Nymphen, Tritonen und Amorinen umgeben, von Agoſtino Carraccio. Man erkennt die Verſchiedenheit des Stils in den Weibern und Kindern, die ohnſtreitig die ſchönſten jugendlichen Figuren in dieſer Gallerie ſind. Daß der Künſtler die ſchöne Nereide aus der Galathea des Raphaels in der Farneſina zum Vorbilde gehabt habe, ſieht man, wie mich dünkt, ziemlich deutlich. Der Triton der die Nereide umfaßt, iſt zwar von gemeinem aber äußerſt wahrem Charakter.

B 2   Diane

Diane und Endymion, von Annibale Carraccio. Der Gedanke übertrifft bei weitem die Ausführung.

Hercules und Jole. Eins der ſchönſten Gemählde dieſer Gallerie. Der Mahler hat hier ſogar
ſeine gewöhnlichen Fehler vermieden. Der Körper
der Jole iſt reitzend, und die Färbung iſt gut. Die
Zufälle des Lichts und Schattens hat der Künſtler ſehr
gut zu benutzen gewußt. Hercules hat den Charakter
der Antike.

Aurora entführt den Cephalus. Argensville legt dieſes Stück dem Agoſtino bei. Aurora
iſt wieder zu männlich; Geſicht und Stellung haben
einen unedlen Ausdruck. Ihr Gewand aber iſt vortrefflich. Cephalus und Tithon, der auf dem Vorgrunde ſchläft, ſind vortrefflich gezeichnet.

Venus und Anchiſes. Anchiſes zieht der Venus den Schuh aus, und darunter ſtehen die Worte:
Genus unde latinum. Sulzer [6]) rechnet die
Anbringung dieſer Schrift unter die ſchicklichen Mittel
den Mangel guter ſymboliſcher Zeichen zu erſetzen.
Ich will es dem Gefühl eines jeden überlaſſen, ob
man mehr dabei gewinnt, den beſtimmten Liebhaber
der Venus durch dieſe Worte zu erfahren, als man
dabei verliert, durch eine Verdollmetſchung die der
Kunſt fremd iſt, an die Armuth ihrer Sprache für
gewiſſe Dinge erinnert zu werden. Der Anchiſes iſt
ſehr ſchön, der Venus fehlt es aber wieder an weibli-
chem Reitze.

Verſchie-

6) Allgemeine Theorie der ſchönen Künſte, Artikel
Allegorie.

Verſchiedene Medaillons aus einer Farbe, die Domenichino und Lanfranco nach den Zeichnungen ihres Meiſters ausgeführet haben. Sie ſtellen die Entführung der Europa, Eurydice die zur Hölle zurückkehrt, die Entführung der Orithyia, die Marter des Marſyas, Amor der einen Faun bindet, Salmacis und Hermaphrodit, die Verwandlung der Syrinr, und die Fabel des Leanders und der Hero vor. Dieſe Medaillons ſind ohnſtreitig verſchwendet; ſie werden zum Theil halb von den größern Gemählden bedeckt.

In den vier Ecken des Saals zuſammen gruppirte Genii. Stellung und Gruppirung ſind ſchön, ſie haben nur nicht ganz den gehörigen Charakter der Kindheit.

Ueber den Niſchen, in denen die antiken Statuen ſtehen, ſind folgende mythologiſche Süjets im Kleinen ausgeführt:

Arion vom Delphin getragen, Apollo empfängt die Leier vom Mercur, Prometheus gibt dem geformten Thone das Leben, Hercules befreiet den Prometheus, der Fall des Jcarus (nicht des Phaetons, wie Volkmann ſchreibt) Hercules der den Drachen der Hesperiden tödtet, Calliſto im Bade, die Verwandlung der Calliſto.

Die Charitas, oder die chriſtliche Liebe, die Mäßigkeit, die Standhaftigkeit, die Gerechtigkeit, ſcheinen von den Schülern des Annibale nach deſſen Zeichnungen verfertigt zu ſeyn.

B 3 Ein

Ein junges. Mädgen, das ein Einhorn liebkoſet, in einer Landſchaft. Eins der früheſten Gemählde des Domenichino. Es zeigt ſchon den Ausdruck naiver Grazie und Sittſamkeit, der dieſem Künſtler ſo ſehr eigen iſt.

Mehrere academiſche Figuren mehrentheils als Caryatiden rund umher vertheilt, ſind vielleicht die nackten männlichen Körper, die ſeit Wiederherſtellung der Künſte am richtigſten gezeichnet ſind. Einige derſelben ſind von bläſſerem Colorit. Man hält ſie für Arbeiten des Agoſtino Carraccio. Die Figur, die das Medaillon des Pans und der Syrinx hält, iſt von Ludovico Carraccio.

Hin und wieder ſind auch einige Masken von vortrefflichem Ausdruck angebracht.

Sollte ich im Allgemeinen ein Urtheil über dieſe Gallerie fällen; ſo würde ich ſagen: es iſt eine Sammlung richtig, und im großen Stile gezeichneter academiſcher Figuren, die nach ungefähren Verhältniſſen der Fabel vereinigt, in ſchöne Gruppen vertheilt, die Fläche vortrefflich ausfüllen.

✴   ✴   ✴

Statuen in dieſer Gallerie.

Statuen.   Ganymed. Kopf und Arme modern, ſo wie der Kopf des Adlers.

Eine weibliche bekleidete Figur. Der Kopf ſcheint ein Portrait.

Eine andere weibliche bekleidete Figur reſtaurirt als Ceres.

† Ein

† Ein geflügelter Genius reſtaurirt als Apollo. Die Haare auf der Stirn zuſammen ge-bunden, und der Köcher am Stamm haben zu dieſem Irrthume Gelegenheit gegeben. Beide Arme ſind modern. Der Charakter iſt vortrefflich. Man ſieht deutlich, daß dieſe Figur ehemals einen Theil einer Gruppe ausgemacht hat.

Ein junger Faun, der ein Kind auf ſeinen Armen hält. Die Statue hat durch die Ergän-zung viel gelitten.

Ein Torſo eines jungen Mannes, der durch einen modernen Kopf, moderne Arme und Beine als Antinous reſtauriret iſt. Das was alt an der Sta-tue iſt, iſt ſchön.

Apollo aus ſchwarzem Marmor den einen Arm auf dem Kopfe, den andern auf der Leier; über Lebensgröße.[6b])

† Mercur. Die Hälfte des Cabucäus iſt an-tik, daher über die Idee des Künſtlers kein Zweifel ſeyn kann. Allein, ob die Idee des Künſtlers durch den Charakter erreicht ſey, den er ſeinem Werke gege-ben hat? dies iſt eine andere Frage. Mercur, Bote der Götter, Vorſteher der Paläſtra, Sinnbild der Kriegsliſt, muß einen geſchmeidigen, behenden und gewandten Körper haben, und von allen dieſen zeigt unſere Figur gerade das Gegentheil. Die große Aehnlichkeit derſelben mit dem ſogenannten Antinous im Belvedere hat viele bewogen, dieſe letzte nach der Farneſiſchen zu erklären. Allein, kann es nicht mög-lich ſeyn, daß der Künſtler, der einen Mercur zu bil-

Charakter der des Mer-curs.

B 4   den

6b) Winkelmann G. d. K. Wiener Edit. S. 517.

ben hatte, hingeriſſen von der Schönheit jener Statue
im Belvedere, ſie zum Vorbilde ſeiner Vorſtellung
genommen habe? Dieſes ſcheint mir mit vielen andern
ſicherer als bei der auffallenden Schwerfälligkeit der
Statue im Belvedere, ihr einen Nahmen beizulegen,
der dem allgemein beobachteten Charakter des Mercurs ſo ſchnurſtracks widerſpricht. Es iſt zu bemerken, daß unſere Figur, wider die gewöhnliche Vorſtellungsart bei Göttern, Haare über der Schaam
trägt.

Bacchus. Kopf und Körper ſcheinen allein alt.

† Ein Faun, der einen jungen Bacchus
trägt; eine ſehr ſrvelte Figur.

Drei Köpfe des Domitians. So wenig
Zuverläßigkeit die Benennungen der Büſten überhaupt haben, ſo wenig haben es beſonders diejenigen,
die mit dem Nahmen dieſes Kaiſers belegt ſind. Man
weiß, daß beinahe alle Bildniſſe deſſelben nach ſeinem
Tode zerſchlagen wurden.

Zwei Cäſars, Büſten.

Marc Aurel, Büſte.

Hadrian, Büſte.

Caracalla. † Caracalla aus Marmor. Einer der ſchönſten Köpfe des Alterthums. Der Ausdruck trotziger
Grauſamkeit iſt vortrefflich.

Farneſiſche † Eine Vaſe mit Figuren von der Art der-
Vaſe. jenigen, die man Etruſcich nennt.⁶⁶) Sie ſcheinen
ein Opfer des Bacchus vorzuſtellen. Form und Ausarbeitung ſind gleich vortrefflich.

❖ ❖ ❖

Zwei-

6ᶜ) Ueber den ſogenannten Etruſciſchen Stil ſehe man
die Beſchreibung des Vaticaniſchen Pallaſts nach.

Zweites Zimmer.
Statuen.

Zwei Hunde.

Ein ſchlafender Amor.

Ein ſehr freies Bacchanal an einem Sarcophag. Die Ausführung ziemlich mittelmäßig.
Marc Antonio hat es nach einer Zeichnung Raphaels
geſtochen, und in dieſer ſind viele Fehler verbeſſert.

† Ein ſchöner Kopf eines Alten mit Weinreben bekränzt. Man nennt ihn gewöhnlich: Mithridates.

Ein Mercur aus Bronze über den Mercur
in der Großherzoglichen Gallerie zu Florenz abge-
goſſen. [7a])

† Figur eines bekleideten Jünglings aus
Bronze von großer Schönheit.

Zwei Köpfe des Pabſtes Paul III. aus
Marmor. Der eine iſt von Michael Angelo, der
andere, deſſen Gewand mit Stickerei gezieret iſt, von
della Porta.

Ein anderes Basrelief mit einem Bacchanale.

Eine verwundete Amazone, die vom Pferde
fällt, des Coſtums wegen merkwürdig. Sie trägt
einen breiten Gürtel unter der Bruſt.

Ein kleiner Meleager von rothem Marmor.

❖ ❖ ❖

B 5 Ein

[7a]) Winkelmann G. d. K. S. 323.

Ein Saal mit Gemählden von Vaſari, Salviati und Zuccari.

Dieſer Saal kann auf eine bequeme Art dazu
dienen, den Liebhaber auf die Verdienſte aufmerkſam
zu machen, welche die Carracci um die Wiederher=
ſtellung des guten Geſchmacks gehabt haben. Die
ſpäteren Schüler der großen Meiſter, Raphael, Mi=
chael Angelo, Tizian, begnügten ſich ihre Werke zu
beſtehlen, ohne die Natur zu Rathe zu ziehen, ohne
über ihre Kunſt zu denken. Sie bedeckten handwerks=
mäßig die Wände mit einer Menge entlehnter Figu=
ren, und um neu zu ſcheinen, gaben ſie ihnen gezwun=
gene Stellungen, verzerrte Gebährden, und Geſich=
ter ohne Ausdruck. Wollten ſie Reitz anbringen, ſo
warb er zur Affektation. Die weſentlichen Züge der
Wahrheit wurden der Genauigkeit in Nebendingen
aufgeopfert. Kurz! Alles in dieſen Meiſtern zeigt
die Nachahmer an, die durch Uebertreibung Originale
zu werden hoffen.

Stil der Nachahmer Raphaels, des Michael Angelo, und Tizians.

* * *

Großer Saal mit Statuen.

Gruppe des Alexander Farneſe gekrönt
von den Händen des Sieges, zu ſeinen Füßen
die gefeſſelte Schelde und das kniende Flan=
dern. Guasparo Celio hat ſie gezeichnet; die Aus=
führung iſt von Simone Maſſino. Das ganze Werk
iſt mittelmäßig, aber merkwürdig, weil dieſe unge=
heure Maſſe aus einem einzigen Marmorblocke ge=
hauen iſt, der von dem Sturze einer Säule aus dem
Friedenstempel genommen ſeyn ſoll.

Hier

Hier ſtehen auch die beiden Figuren der Charitas und des Ueberfluſſes von della Porta, welche
für das Grabmal Pauls III. in der Peterskirche beſtimmt waren, von Michael Angelo aber verworfen
wurden. Ich glaube mit Recht.

Unter den übrigen Statuen bemerkt man einen
ſitzenden Apollo und vier Figuren, welche für
Ringer [7b]) gehalten werden. Zwei derſelben haben
die Haare reihenweiſe in länglichte und geringelte Locken gelegt. Winkelmann [8]) rechnet ſie unter die
ſchönſten Statuen von Rom; daran aber, dünkt mich,
thut er der Sache zu viel.

Unter den Büſten in dieſem Saale iſt wenig
Merkwürdiges.

✣   ✣   ✣

In einem Cabinette.

† Mahlereien von Agoſtino und Annibale
Carraccio. Sie dienten dem Cardinal Farneſe,
der ſeinen Pallaſt mit Mahlereien zieren laſſen wollte,
zur Probe der Geſchicklichkeit dieſer Künſtler.

Am Plafond Hercules zwiſchen Tugend und
Laſter in Oel, eine Copie des Originalgemähldes,
das nach Neapel gegangen iſt.

Die übrigen Gemählde ſind al Freſco.

Hercules hält die Himmelskugel, während,
daß die Aſtronomie und die Mathematik, unter

7b) Ueber den Charakter der Ringer ſehe man die Beſchreibung des Capitols nach, imgleichen Villa
Borgheſe.

8) Geſchichte der Kunſt. Wiener Edit. S. 659.

ter der Geſtalt zweier alten Philoſophen, beſchäfftiget ſind ſie auszumeſſen.

Perſeus haut der Meduſa den Kopf ab,
unter dem Beiſtande der Minerva und des
Mercurs.

Anapias und Amphinomus retten ihre Aeltern aus den Flammen.

Ulyſſes entgeht den Nachſtellungen der
Sirenen. Eine Compoſition, die von einem geſchnittenen Steine genommen iſt.

Ulyſſes, dem Circe den Zauberbecher dar-
reichet.

Hercules, den ein edler Muth ergreift, da
er Waffen und Ungeheuer um ſich ſieht.

Alle dieſe Gemählde haben die Vorzüge, die dieſen Meiſtern eigen ſind. Schöne mahleriſche Anordnung, Wahrheit und Beſtimmtheit der Zeichnung,
Größe in den Formen.

Rund umher ſind † grau in grau gemahlte
Verzierungen nach Art der Stuccaturarbeit. Man
kann den Betrug nicht höher treiben.

❊ ❊ ❊

In dem Porticus des Hofes nach dem Garten zu.

† Eine bekleidete weibliche Figur coloſſa-
liſch. Sie iſt derjenigen ähnlich, die im Muſeo
Clementino ſtehet, und von großem und vortrefflichem
Charakter. Sie trägt einen breiten Gürtel. Die hohen
Sohlen ſcheinen eine tragiſche Muſe anzudeuten. 9*)

In

9*) Es ſoll eine Urania ſeyn. Siehe Fea's Italieni-
ſche

In einem Verſchlage von Brettern auf dem Hofe.

† Der ſogenannte Farneſiſche Stier.

Unter dieſem Nahmen iſt eine Gruppe aus Mar- Der Farne-
mor, von ungeheurem Umfange bekannt. Sie ſtellt ſiſche Stier;
folgende Fabel vor: Zethus und Amphion, Söhne
der Antiope und des Jupiter, der ſie unter der Geſtalt eines Satyrs hintergangen hatte, waren am
Fuße des Cithäron in Böotien ausgeſetzt, und unter
den Hirten erzogen worden. Lycus König von The-
ben hatte die Antiope, auf Anreitzen ſeiner Gemahlin
der Dirce, ſehr übel behandelt; ſie entfloh; der Zufall führte ſie zu ihren Söhnen auf dem Cithäron, die
ſie für ihre Mutter erkannten, und ihre erlittenen
Kränkungen an der Dirce auf eine grauſame Weiſe
rächten; Sie banden ſie an einen wilden Ochſen, und
ließen ſie ſchleifen.

Das Werk, das wir hier vor uns haben, ſtellt
beide Brüder vor, im Begriff die grauſame Strafe
an der Dirce zu vollziehen. Außer dieſen Perſonen
finden ſich noch dabei eine weibliche Figur, ein Jüngling, und eine Menge Nebenfiguren auf einem Fel-
ſenberge.

Dieſes Ganze macht weder eine ſchöne Gruppe,
noch eine verſtändliche Zuſammenſetzung aus. Es
finden ſich einzelne Theile daran, die ſchön ſind, aber
als Werk betrachtet, das heißt, als ein vernünftig
gedachtes Ganze, kann es für den Liebhaber keinen
Werth haben. Es fehlt durchaus an Ausdruck und
Zuſam-

ſche Ueberſetzung der Winkelmanniſchen Geſch. d.
Kunſt, T. I. p. 322. n. A.

Zuſammenhang. Man kann es als eine Sammlung von ſchönen Bruchſtücken anſehen.

Winkelmann [b]) giebt die Stücke an, die an dieſer Gruppe der gemeinen Meinung zuwider neu ſeyn ſollen, und nennt den Battiſta Bianchi einen Mailänder als den Ergänzer. Es ſcheint, daß Winkelmann bei dieſer Angabe zu feck verfahren ſey, und der Herr Hofrath Heyne [10]) hat bereits den Irrthum in Anſehung des Nahmens des Ergänzers gerügt.

Da die Gruppe als Kunſtwerk ganz außer meinem Plane liegt, ſo habe ich mich nicht dabei aufhalten wollen, die Wahrheit der Winkelmanniſchen Nachricht im Detail zu prüfen. [11])

Wichti-

9[b]) Geſch. d. K. W. Edit. S. 717.

10) Sammlung antiquariſcher Aufſätze 2r Theil S. 182 und folgende.

11) Wer mehr von dieſer Gruppe wiſſen, und zu gleicher Zeit das Beiſpiel einer ſcharfſinnigen Erläuterung eines alten Kunſtwerks leſen will, der ſehe den Aufſatz des Herrn Hofraths Heyne über den Farneſiſchen Stier in ſeiner Sammlung antiquariſcher Aufſätze nach, im 2ten Theile S. 182. Dies iſt das Reſultat ſeiner Unterſuchung:

Die Fabel iſt nach einem Trauerſpiel des Euripides gearbeitet. Nach dieſem ward die Strafe während der Orgien des Bacchus auf dem Berge Cithäron vollzogen, und Dirce erſchien dabey als Bacchante. Dies erklärt verſchiedene Nebenwerke. Allein das jetzige Werk hat nicht mehr die Ausſicht des alten, deſſen Plinius erwehnt, von Apollonius und Tauriſcus verfertiget, und von Rhodus nach Rom in die Gebäude des Aſinius Pollio verſetzt.

Es

Wichtiger wird es mir hier ein Paar Anmerkun-
gen einzuſchieben, wozu mir die Fehler dieſes Werks
Anlaß geben: Die Ueberladung deſſelben mit Figuren,
die zum Theil nur in entferntem Verhältniſſe mit der
Haupthandlung ſtehen, und der Fleiß, der auf die
Nebenfiguren gewandt iſt.

Sehr gehäufte Figuren ſind jedem Werke der
Kunſt ſchädlich. Sie machen ſelten die Abſicht des
dargeſtellten Werks deutlicher; gemeiniglich dienen ſie
nur dazu, den Begriff, den ſich der Zuſchauer von
der Handlung machen ſoll, zu verwirren.

Zum Vergnügen wird Beſchäfftigung der Seele
erfordert, nicht qualvolle Anſtrengung. Je deutlicher die Beziehung einer jeden Figur wird, die der
Künſtler in die Compoſition ſeines Werks gebracht
hat, um deſto größer iſt die Würkung.

Sollen wir erſt mühſam nachſinnen, warum wir
dieſe oder jene Figur hier ſehen, ſo fällt die Rührung
weg, die gemeiniglich von dem erſten Blick abhängt.

Es iſt daher jedem Künſtler anzurathen, daß er
nur ſo viel Figuren in ſeinen Werken anbringe, als
zum Verſtändniß der Handlung nothwendig ſind.

Bedarf

Sehr gehäufte Figuren ſind jedem Werke der Kunſt ſchäd-lich.

Es iſt nicht nur in Ergänzung der Figuren ſelbſt,
ſondern auch in Beifügung anderer Figuren und
durch Ueberhäufung von Nebenfiguren geändert.
Dieſe Aenderung iſt wahrſcheinlicher Weiſe zu mehr
als einer Zeit, erſt bei Aufſtellung in den Bädern
des Caracalla, worinn es gefunden wurde, dann
nach der Wiederentdeckung, einmal, da man es
für einen Hercules mit dem Marathoniſchen Stier
hielt, und nachher, da man es zur Fabel der Dirce
umarbeitete, vorgegangen.

Bedarf er einiger Nebenfiguren, theils zum Gruppiren, theils dem Auge einen angenehmen Ruhepunkt darzubieten, so wähle er sie mit möglichster Sparsamkeit, und behandle sie nicht mit einem Fleiße, der die Aufmerksamkeit von den Hauptfiguren abzieht. Ich werde noch oft Gelegenheit finden, zu bemerken, mit welcher Weisheit die großen Künstler des Alterthums, die Nebenfiguren mit anscheinender Nachläßigkeit den Hauptfiguren in ihren Werken aufgeopfert haben.

Gar zu besorgte Nebenwerke schaden dem Eindruck des Ganzen und vorzüglich der Hauptfiguren.

Ein anderer Grund, warum der Künstler sich der Ueberladung seiner Werke mit überflüßigen Nebenfiguren so viel möglich enthalten muß, ist dieser: Die gleichzeitige Beäugung aller Theile eines Kunstwerks gibt dem Auge allein jenen deutlichen Begriff des sichtbar Geordneten und Uebereinstimmenden, der, noch weiß man nicht, aus welcher Ursach, der Seele so angenehm ist. Selten bringt eine sehr weitläuftige Composition, an deren Theilen die Are des Auges sich langsam hinbewegen muß, diesen Eindruck hervor.

Der Bildhauerkunst ist die Ueberladung eines Werks mit überflüßigen Figuren viel nachtheiliger als der Mahlerei.

Der Mahler hat hier freiere Hände als der Bildhauer. Körper, die an sich flach sind aber rund erscheinen, können in einem kleinen Raume hinter einander nach den Regeln der Gruppirung oft nur mit halben Körper hervorstehend zusammengebracht werden. Die Bildhauerarbeit liefert runde Körper. Wollte man diese, wie in einem Gemählde hinter einander stellen, so würde der Zuschauer entweder die Mühe bedauern, die an die Ausarbeitung nicht zum Vorschein kommender Theile verschwendet ist, oder er würde wohl gar dasjenige, was er nicht sehen kann, und doch zu sehen wünscht, für eine Entbehrung halten, die den Genuß vermindert.

Ferner:

Ferner: um ein ſolches weitläuftiges Ganze als eine mahleriſche Gruppe zu überſehen, muß man ſich nothwendig ſo weit davon entfernen, daß die Schönheit des Details dem Auge entgeht. Soll man hinzugehen, die Schönheit der einzelnen Formen zu bewundern, oder fern bleiben, und ſich den Eindruck der Form der Gruppe im Ganzen genügen laſſen? Dieſer Streit hat nichts Angenehmes.

Die Wahl des Standorts, aus dem man ein Gemählde betrachtet, hängt von ganz andern Regeln ab, als die Wahl desjenigen, den man bei Betrachtung eines Bildhauerwerks annehmen muß. Es iſt eine allgemeine Verabredung darüber, daß man die Handlung, die auf einem Gemählde vorgeſtellet wird, ſich denkt, als werde ſie aus einem Fenſter oder durch eine andere Oeffnung geſehen. Der Rahmen ſchneidet den Ort, wo die Handlung vor ſich geht, von dem Standorte ab, und wir denken nicht ſo genau an die Maaße der Entfernung. Bei einer Gruppe von Bildſäulen iſt eine ſolche willführliche Verabredung nicht wohl möglich. Mit ihr ſehen wir zugleich Garten, Zimmer u. ſ. w. und wir machen uns keine Illuſion darüber, daß dasjenige, was nur wenige Schritte von uns entfernt iſt, es um einige hundert ſeyn könne.

Nicht das allein: Was macht die Schönheit einer Gruppe? Der Zuſammenhang, das Ineinandergreifen der verſchiedenen Figuren, deren Umriſſe das Auge verfolgt, und unmerklich von einer auf die andere endlich zum Ganzen geleitet wird. Der Zipfel des Gewandes einer Figur führet zunächſt auf die Hand einer andern u. ſ. w. In der Mahlerei ſind

Ueberhaupt ſind weitläuftige Compoſitionen dem Bildhauer nicht anzurathen: Ueber die mahleriſche Gruppirung geht die Schönheit einzelner Figuren verlohren: Vielleicht iſt er nicht einmahl im Stande die Würkung einer mahleriſchen Gruppe vollſtändig zu erreichen.

ſie an einander geheftet, die Abſätze ſind bedeckt, man
denkt ſie, man ſieht ſie nicht. Hingegen in der ganz
runden Bildnerei hängt Alles von der Wahl des
Standortes des Zuſchauers ab, ob die verſchiedenen
Figuren in einander greifen: er darf ſich nur ein wenig anders ſtellen, ſo iſt ein Abſatz da, ſo hängt die
Gruppe nicht mehr zuſammen.

Die Bildhauerkunſt liefert den vollſtändigſten Begriff ſchöner Formen, in ſo weit dieſe aus Umriſſen,
das heißt, aus Erhöhungen und Vertiefungen beſtehen.
Wenn wir uns ſo weit entfernen, daß dieſe verlohren
gehen, ſo opfern wir den erſten Anſpruch auf, den wir
an dieſe Kunſt machen dürfen.

In der That, die Aufſtellung mehrerer Statuen
in mahleriſche Gruppen ſcheint die gewünſchte Würkung nicht hervorzubringen.

Das Bad des Apollo vom Girardon zu Ver-
ſailles beſtätiget dieſen Grundſatz. Es thut, ſo wie
es da ſteht, als ein für ſich beſtehendes Kunſtwerk
keine Würkung, und ich zweifle, daß man Recht
habe, ſich darüber zu beklagen, daß die Gruppe der
Niobe zu Florenz nicht nach mahleriſchen Regeln neben-
einander aufgeſtellt ſey.

Zuweilen werden weitläuftige Compoſitionen von
Bildhauerarbeit an Gebäuden angebracht, und thun
Würkung. Allein nicht wie ſchöne Darſtellungen
intereſſanter Handlungen, oder als Ideale ſchöner
menſchlicher Formen, ſondern als architektoniſche
Zierrathen.

Die Bildhauerkunſt verlangt unter den bildenden
Künſten die langſamſte mechaniſche Behandlung.
Sollte wohl während einer Ausarbeitung, die mehrere

Jahre

Jahre erfordert, jene Idee von Schönheit ſich in ihrer göttlichen Lebhaftigkeit erhalten können, die gleich einem Strahle des Lichts den Künſtler nur in Stunden der Begeiſterung erleuchtet?

Weitläuftige Compoſitionen liegen, wie ich glaube, ganz außer den Gränzen der runden Bildnerei in Stein.

† Ein ſchönes Basrelief. Bacchus lehnt ſich auf einen Faun, ein anderer trägt eine Vaſe, eine Nymphe ſpielt auf Flöten, und eine andere ſchlägt Becken zuſammen. Es hat gelitten, aber es bleibt dem ohngeachtet ſowohl in Anſehung der ſchönen Umriſſe, als der beſorgten Ausarbeitung eines der ſchönſten Basreliefs, die ſich aus dem Alterthum auf uns erhalten haben.

† Ein anderes gleichfalls beſchädigt, aber gleichfalls ſchön, ſtellt einen jungen Menſchen vor, der eine Leier hält, und ſich auf eine junge weibliche Figur ſtützt, während daß zwei andere auf einem Bette ſitzen.

Auf einem dritten, Amorinen, die ein Wettrennen mit Wagen halten; einer ſtürzt. In Anſehung der Ausführung weniger bedeutend.

Auf einem vierten ſieht man eine Geſellſchaft mit Schauſpielern; man nennt es: Trimalcion, der zu ſeinen Gäſten kommt. Ein Schwelger, der meinen Leſern aus dem Petronius bekannt ſeyn wird. Die Benennung iſt aber ohne allen Grund. Es ſtellt ein Gaſtmahl vor, das vielleicht mit den Bacchiſchen Orgien in Verbindung geſtanden hat.

In dieſem Verſchlage ſtehen noch mehrere Bruchſtücke von Statuen, die ſehr ſchön ſind, einige große
Füße und viele kleine Köpfe.

* * *

In dem Gartengebäude hinter dem Pallaſte.

Am Plafond des Porticus: **Venus** findet den
Adonis todt, vom Domenichino.

In einem Nebenzimmer: **Apollo** und **Hyacinth**, von eben dem Meiſter.

In einem Zimmer gegenüber ſoll noch ein Plafond vom Domenichino ſeyn; ich habe es nicht geſehen.
Was ich geſehen habe, war ſehr beſchädigt, und ſchien
nicht aus des Mahlers beſter Zeit zu ſeyn.

* * *

In dem Garten.

Mercur, der die Herſe umarmt, eine antike Gruppe. Mercur iſt unproportionirlich groß gegen die Herſe. Der Kopf und das eine Bein ſind
neu, Rumpf und Hände ſchön, letztere vorzüglich berühmt. An der Herſe iſt der Kopf mit der Hälfte der
Bruſt neu, das übrige alt und ſchön. Die Hände verdienen alle das Gute, was Winkelmann davon ſagt.[12])

**Pan lehrt einen Faun auf der Flöte
ſpielen.**

Eine Bacchantinn. Kopf und Arme von
weißem Marmor ſcheinen neu; das Gewand von
ſchwarzem und umgürtet, zeigt das Nackte vortrefflich an.

Eine

12) Winkelmann G. d. K. S. 282?

Eine Nymphe. Das Gewand gleichfalls von ſchwarzem Marmor, über den Hüften gegürtet. Kopf und beide Arme ſcheinen neu, das übrige iſt von außerordentlicher Leichtigkeit und ſchöner Execution [13]).

13) Winkelmann bemerkt S. 396. Wiener Edition, einen ſchönen Hermaphrodit, der aber hier nicht ſtehet, ſondern wahrſcheinlich nach Neapel gegangen iſt.

In dem Garten ſoll nach ihm S. 431 eine Venus mit einem Kopfe der Marciana, des Trajans Schweſter Tochter (oder wie Fea in ſeiner Ueberſetzung T. I. p. 435. n. c ſagt: der Matibia des Trajans Schweſter) mit einem Schmuck wie eine Feder auf dem Kopfe vorgeſtellet ſeyn. Ich habe ſie bei dem Sculpteur Carlo Albicini reſtauriren ſehen. Sie iſt nach Neapel gegangen. Zwei Statuen der Venus in Lebensgröße, deren er Seite 502. erwähnt, ſind gleichfalls nach Neapel gegangen. Der Umſtand, den er angiebt, die eine habe ihren eigenen Kopf, iſt falſch, wie ich beim Albicini geſehen habe, der ſie reſtaurirte. Eben dies bemerkt auch Fea in ſeiner Ueberſetzung T. II. p. 135. n. B. So wie er ſagt: iſt auch der Kopf an der anderen aufgeſetzt.

C 3 Der

✿✿✿✿✿✿✿✿✿✿✿✿✿✿✿✿

Der Vaticanische Pallast.

Grund warum dieser Pallast in Rückficht auf den Zweck dieses Buchs in der Ordnung der zweite ist.

Der Liebhaber, der zu mehreren Mahlen den Farnesischen Pallast besucht hat, wird sein Auge an Größe des Stils und an Richtigkeit der Zeichnung gewöhnt haben. Jetzt ist es Zeit, ihn in den Vaticanischen Pallast zu begleiten, um das Gefühl für Schönheit in ihm zu entwickeln.

Nicht ohne heilige Ehrfurcht nahe ich mich selbst in der Erinnerung dem Orte, wo meine Seele die heitersten und unvermischtesten Freuden genossen hat!

✿   ✿   ✿

Museum Clementinum.

Sammlung der antiken Statuen, die Clemens der XIV. angelegt und Pius der VI. vermehrt hat, gemeiniglich das Museum Clementinum genännt.

Eine Anmerkung über den Ort, der zur Aufstellung der Statuen der vortheilhafteste seyn dürfte.

Man hat viel Pracht an das Behältniß verschwendet, um den Liebhaber um den vollständigen Genuß des Aufbehaltenen zu bringen.

Man hat die Statuen rund umher an die Wände von Sälen aufgestellt, in denen sie zum Theil gegen das Licht gesehen werden; in Rotunden, deren Fenster sie von allen Seiten beleuchten.

Wenn man jetzt von der wahren Würkung der Statuen urtheilen will, so muß man sie bei Fackeln sehen, und in Gesellschaft eines aufgeklärten Führers, der die Beleuchtung dirigirt.

Warum

Warum iſt man nicht dem Beiſpiel der Alten in Aufſtellung ihrer Statuen gefolgt? Sie hatten lange Gallerien; an der einen Wand waren Niſchen, darin ſtanden die Statuen; an der andern gegen über waren Fenſter in der Höhe, dadurch fiel ein ſehr vortheilhaftes Licht herab.

Man hätte dieſen Vortheil mit ſo wenig Mühe haben können! Ein langer Gang führt zu dem gegenwärtigen Behältniß der Statuen, nur an der einen Seite ſind Fenſter. Hätte man doch hieher die beträchtlichſten Kunſtwerke zum Anſchauen geſtellt! Die gelehrten Innſchriften, die in die Wände incruſtirt ſind, hätte man ja anderswo eben ſo gut leſen können.

❈ ❈ ❈

Erſtes Zimmer.

† Zwei Leuchter aus dem Hauſe Barberini. Sie ſtehen auf einem dreieckigten Fußgeſtelle, mit Figuren in Basrelief. Minerva Salutifera, oder Hygea, eine Iſis nach der Lotusblume zu urtheilen, die ſie in der Hand hält, und Mars. Dieſe ſtehen auf dem einen: Auf dem andern Jupiter, Juno und Mercur.

Beide Leuchter ſind in doppelter Rückſicht unſerer Aufmerkſamkeit werth.

Sie ſind von ſchönſter Form: Sowohl im Ganzen, als in den einzelnen Zierrathen, die mit äußerſter Liebe beſorgt, leicht und fließend gezeichnet, und weich behandelt ſind.

Der Stil der Zeichnung in den Figuren contraſtirt mit dieſer Leichtigkeit, mit dieſem Fließenden der des ſoge-

C 4　　　　　　Zeichnung nannten

Etruſciſchen
Stils, ſo-
wohl des ur-
ſprüngli-
chen, als des
nachgeahm-
ten.

Zeichnung in den Zierrathen. Er iſt hart und eckigt, dieſer Stil, wie wir ihn den Zeiten zutrauen können, in denen man noch nicht bis zu dem Begriff der Schönheit vorgerückt war, ſondern ſich genau an beſtimmte Wahrheit hielt.

Dieſe Vermiſchung führt auf die Vermuthung, daß der Künſtler ſich in einen Stil hineindachte, der dem ausgebildeten Zeitalter, in dem er lebte, nicht eigen war, den er aber beibehalten mußte, wenn er Tempelwerke arbeitete, wo Religion die Hauptabſicht war, wo, ſo zu ſagen, der Geſchmack der Religion nicht geändert werden konnte.

Der größte Theil religiöſer Vorſtellungen der Alten ſtammt aus Zeiten her, in denen ſie von der Schönheit noch keinen Begriff hatten. Bei zuneh-mender Cultur haben ſie dieſelben größtentheils nach jenem Begriffe umgeſchaffen; zuweilen aber haben ſie, vielleicht um den Eindruck feierlicher zu machen, die ältere Form in ſo fern beibehalten, als ſie dem Begriffe von Schönheit nicht gerade zu widerſprach.

Man bezeichnet die Figuren des mythiſchen Cir-kels der Alten, deren Vorſtellungsart in den Attribu-ten, in der Darſtellung gewiſſer Handlungen von den bekanntern Begriffen der Fabel abweichen, deren Stil (vielleicht beſſer, deren Manier) Beſtimmtheit, Ebenmaaß, Richtigkeit, aber auch Härte, Trocken-heit, ſcharfe eckigte Umriſſe zeigt; Gewänder, die an das Nackte kleben; mit dem Nahmen Etruſciſcher Werke, oder: Werke im Etruſciſchen Stile.

Dieſe Benennung dient blos zur Unterſcheidung der Werke dieſer Art von ſolchen, an denen wir verfeinerte Begriffe von Schönheit und ſymboliſcher

Bedeu-

Bedeutung bemerken, und daher den Griechen und ihren Nachfolgern den Römern, als Völkern bei denen die Cultur aufs Höchste gestiegen ist, eher zutrauen dürfen.

Abkömmlinge älterer Griechen haben sich früh mit den ältern Bewohnern Etruriens vermischt, und ihnen ihre religiöse Vorstellungsarten mitgetheilt. Ein ausgebreiteter Handel, die Nachbarschaft von Groß-griechenland, haben nachher die Verwandtschaft unter den Ideen beider Völker unterhalten, und wahrschein-lich haben sie sich bei ihrer gemeinschaftlichen Ausbil-dung die Hand geboten. Allein zu einer Zeit als die Griechen noch nicht bis zur höchsten Idee von Schön-heit fortgerückt waren, verlohr die föderative Repu-blik der Etruscer Freiheit, oder wenigstens Ruhe und Wohlstand. Mit ihnen ging die Unbefangenheit und Hoheit des Geistes verlohren, durch die sich dieser al-lein zur Vollkommenheit in den Künsten hebt.

Der Liebha-ber vermengt den Begriff des Etrusci-schen und Alt-griechischen Stils aus guten Grün-den.

Die aufgeklärtesten Kenner des Alterthums geste-hen, daß sowohl in Ansehung der Erfindung als der Ausführung der Unterschied zwischen den Werken Etruscischer Künstler und Altgriechischer sich nur sehr unzuverläßig angeben läßt, wenn nicht Etruscische Schrift oder der Ort der Findung die Bestimmung erleichtert. Wir Liebhaber begnügen uns unter dem allgemeinen Nahmen: Etruscischer Werke, sowohl die Werke dieses Volks als die Werke der älteren Griechen zu begreifen.

Die Figuren an unsern Leuchtern sind im Stile Etruscischer Werke gearbeitet, aber wie man selbst aus

C 5   der

der Behandlung sieht, in Zeiten, wo dieser Stil nicht der herrschende war.

† Ein dritter Leuchter vom Cardinal Zelada hieher geschenkt. Auf dem dreieckigten Fußgestelle Figuren: Jupiter, Hercules der den Apollo verfolgt, Apollo der mit dem gestohlnen Dreifuß flieht. Der letzte ist besonders schön. Vorstellungsart und Stil der Ausführung an den Figuren sind Etruscisch. Der Leuchter selbst steht weder an Schönheit der Idee, noch besorgter Ausführung, dem vorigen nach.

† Ein vierter Leuchter vom Piranese gekauft. Die Form ist simpler als an dem vorigen. Die Figuren rund umher stellen Bacchantinnen vor. Der Stil, Etruscisch.

Charakter der Flußgötter.
Ein Flußgott. Der Charakter der Flußgötter ist im Ganzen rauhes Alter, aber ohne Grämelei, ohne abgemergelten Körper. An unserer Statue sind Kopf und Arme von Michael Angelo ergänzt.

Es ist sonderbar! Michael Angelo hatte die größte Ehrfurcht für die Antiken; er hat sie oft copirt, er hat sie ergänzt; Man sollte denken, er müßte sich selbst wider seinen Willen in ihren Stil hinein gedacht haben. Aber nein! Sein Geschmack an dem Auffallenden und Wilden, die Sucht, seine Kenntniß des Muskeln- und Knochenbaues zu zeigen, haben ihn sogar verführt, wider die Gesetze der nothwendigen Uebereinstimmung der Theile unter einander zu handeln. Der antike Rumpf dieses Flußgottes zeigt, der Bestimmtheit unbeschadet, ein sanftes fließendes Muskelnspiel. Aber der Kopf, den der neuere Künstler

ler auffetzte, gehört einem aufgetrockneten Alten, oder vielmehr einem skelettirten Studio der Anatomie. ¹)

    ✳   ✳   ✳

Zweites Zimmer.

Ein Basrelief. Pluto, Proserpine, Isis, Amor. So sagt man.

Ich

1) So viel ich weiß, ist noch nirgends ein vollständiges Verzeichniß der Kunstwerke gedruckt worden, die sich in dieser Sammlung befinden. So wenig es sonst meine Absicht ist, eine bloße Nomenclatur zu liefern, und so sehr ich es mir zum Gesetz gemacht habe, dem Liebhaber nur dasjenige anzuzeigen, was ich seiner Aufmerksamkeit werth halte; so glaube ich doch hier eine Ausnahme machen, und in den Noten am Ende eines jeden Zimmers dasjenige hinzusetzen zu dürfen, was zur Vollständigkeit eines bloßen Verzeichnisses in dem Texte mangelt. Vielleicht ist irgend einem, der aus anderer Rücksicht, als des Schönen sieht, damit gedient; Vielleicht habe ich in manchem hieher gereiheten Kunstwerke das Schöne übersehen; Oft habe ich nur, um die Aufmerksamkeit des Lesers nicht zu ermüden, im Texte nicht weitläuftiger seyn dürfen; und endlich wird die große Menge der hier in kurzer Zeit versammleten Bildhauerarbeit dankbare Freude über die Schätze des Alterthums die sich auf uns erhalten haben, und ein staunendes Nachdenken über den unermeßlichen Reichthum des ehemaligen Roms ist, Nomenclaturen zu geben.

Die übrigen Kunstwerke in diesem Zimmer sind: Ein Sarcophag oder eine größere Begräbnißurne, auf dessen Deckel eine Nymphe ruht. Zwei Sphynxe von rothem Granit.

Gründe war um sich der Autor berechtigt hält ein vollständiges Verzeichniß der Kunstwerke, die in dieser Sammlung befindlich sind, in den Noten am Ende der Beschreibung eines jeden Zimmers zu liefern: ob gleich sonst nicht seine Absicht ist, Nomenclaturen zu geben.

Allgemeine Anmerkung über den Werth antiker Basreliefs.

Ich führe dieses Basrelief, das an sich schlecht ist, nur darum an, um über diese Art von Kunstwerken im Allgemeinen eine Anmerkung zu machen.

Die mehresten Basreliefs, die sich aus dem Alterthume auf uns erhalten haben, und in den Sammlungen von Antiken angetroffen werden, sind von Sarcophagen, oder viereckt länglichen Begräbnißurnen, abgesägt. Von diesen Begräbnißurnen haben wir nur wenige aus dem Flore der Kunst. Sie wurden in späterer Zeit auf den Kauf und zwar von mittelmäßigen Künstlern verfertigt. Dies ist der Grund, warum sie nur selten des Liebhabers Ansprüche auf Schönheit befriedigen. Inzwischen werde ich in der Folge einige anzeigen, welche Aufmerksamkeit verdienen, und zu gleicher Zeit, durch welche Vorzüge sie dieselbe verdienen.

† Zwei Leuchter. Sie standen ehemals in der Kirche Santa Costanza fuor delle Mure. Von schönster Arbeit, allein, vielleicht ein wenig mit willführlichem Blätterwerk überladen.

Vier männliche aegyptische Gottheiten von schwarzem Granit, der dem Basalt gleich kömmt. Alle unter einander ähnlich, bis auf die Lotusblume, die zwei derselben auf dem Kopfe tragen. Sie stehen auf Fußgestellen von griechischer Arbeit. Eines derselben ist mit Figuren gezieret, aber diese sind unbedeutend.

Ueber den ächten Aegyptischen Stil. Die Kennzeichen.

Man kann an diesen Statuen den ächten Aegyptischen Stil kennen lernen.

Dieser reine Aegyptische Stil ist von demjenigen verschieden, in welchem die Griechen die Vorstellungsarten religiöser Ideen der Aegyptier in die ihnen eigene

schöne

ſchöne Natur verwandelt haben.   Von den Werken deſſelben
dieſer Art werde ich bei der Sammlung der Statuen werden an-
auf dem Capitol reden.   geführt, um

Die höchſte Stufe des Aegyptiſchen Originalſtils den Autor zu
iſt Ueberwindung der Schwierigkeiten in Behandlung rechtferti-
der härteren Marmorarten.   Man bewundert in den gen, wenn er
Urhebern der Werke dieſer Art den Handwerker, nicht die Werke,
ben Künſtler.   Von Schönheit zeigt ſich keine Ver- die ihn an
muthung, und Wahrheit haben ſie kaum in einzelnen ſich tragen,
Theilen beobachtet.   der Aufmerk-
ſamkeit des
Werke in dieſem Stile ſind kein Gegenſtand der Liebhabers
Aufmerkſamkeit des Liebhabers; inzwiſchen will ich, unwerth
um die Abſonderung zu erleichtern, einige Kennzeichen hält.
derſelben angeben.

Die Gegenſtände, die wir in dieſem Stile behandelt ſehen, ſcheinen alle mit der Verehrung der Gottheiten dieſes Volks in genauem Verhältniſſe geſtanden
zu haben.   Es ſind ſonderbahre Geſtalten, allegoriſche
Ungeheuer, oder Nachahmungen einer individuellen
Menſchenart in einem Coſtume, das ſich mit unſern
Begriffen von Schönheit nicht verträgt.

In der Ausführung haben ſie einiges mit dem
rohen Stile der Kindheit der Kunſt bei jedem Volke
gemein.   Das Steife, das Gezwungene der Stellungen, die Unrichtigkeit der Zeichnung in den Extremitäten, das ſchlechte Verhältniß der Gliedmaaßen
unter einander, und die Sorgfalt, die wir auf die
mechaniſche Behandlung gewandt ſehen.

Allein dadurch unterſcheiden ſie ſich von den un-
vollkommenen Werken der Griechen, daß dieſe aus
übertriebenem Geſchmack am Ebenmaaß, ſtets mit
dem Senkblei und dem Winkelmaaße in der Hand die

Natur

Natur nachgeahmt zu haben ſcheinen, und daher eher
das Geordnete und Regelmäßige als das Wahre in
ihre Figuren brachten. Hingegen die Aegyptier ſcheinen die Natur nach dem Augenmaaße nachgeahmt zu
haben, theilweiſe, ohne örtliches Verhältniß, ohne
Uebereinſtimmung; etwa wie Kinder, die bei ihren
rohen Verſuchen die einzelnen Theile, die ſie treffen,
in ein wahres Ganze nicht zu vereinigen wiſſen. Daher das Scharfe, Eckigte, Gradlinigte in den älteren
Griechiſchen Werken; daher das Rundliche, Unbe-
ſtimmte, Wellenförmige in den Aegyptiſchen.

Die erſten erſcheinen wie Geſchöpfe der Einbildungskraft, wie Weſen, deren Art wir nicht kennen:
Die andern wie mißrathene Nachahmungen würklicher
und bekannter Geſchöpfe.

Man findet außerdem an den Aegyptiſchen Figuren eine gezogene Phyſiognomie, länglichte in den
Winkeln hinauf gezerrte Augenlieder nach Art derjenigen, die wir auf Chineſiſchen Gemählden ſehen, hohe
Backenknochen, platte zuweilen eingebogene Naſen,
einen zurückweichenden kleinlichen Kinn, hochliegende
durch den Schleier gepreßte Ohren, große Brüſte,
ſchlauchartige Arme, ſchmaale Lenden, platte Füße
mit langen Zehen.

Dieſe ſonderbaren Formen ſind zum Theil dem
individuellen Charakter der Vorbilder ihrer Nachahmung, zum Theil aber auch der Art, wie ſie nach-
ahmten, zuzuſchreiben.

Die Bekleidung iſt zuweilen durch bloße Ringe
um die Knöchel der Gelenke an Füßen und Händen,
und auf den Brüſten durch eingeſchnittene Strahlen
wie Speichen der Räder angegeben; zuweilen, (und
vielleicht

vielleicht zeigt dies die Epoche einer höheren Ausbildung an) durch ſtrippenartige Falten.

So viel über die Werke von Aegyptiſchem Originalſtil. Ich wende nun mein Auge von ihnen auf immer.

* * *

Drittes Zimmer.

Bacchus lehnt ſich auf einen Faun; zu ſeinen Füßen ein Panther. Eine Gruppe, die mit einer andern zu Florenz Aehnlichkeit hat. Der Comte Giraud fand die unſtige zu Morena. Die Ergänzungen ſind ziemlich unbeträchtlich. Vielleicht iſt die Hand neu, die Bacchus dem Faun über den Hals fallen läßt, und einer der Füße des Fauns.

Der allgemeine Charakter eines Bacchus iſt weichliche Schönheit männlicher Jugend, ein Körper, wie Winkelmann ſpricht, unter Roſen gepflegt, und beſeelt von heiterer Frölichkeit. Die Umriſſe ſind ſanft, und verlieren ſich in einer mäßigen Völligkeit. Der rundliche aber nicht vorgeſtreckte Bauch und die ausgeſchweiften Hüften, wie ſie bei Weibern zu ſeyn pflegen, ſind Hauptunterſcheidungszeichen dieſes Gottes. *Charakter des Bac- chus.*

Gemeiniglich wird er in dem Uebergange aus dem Knabenalter in die Jünglingsjahre gebildet, der unſrige iſt aber ſchon ausgewachſener Jüngling. Er legt den Arm auf den Kopf, eine Stellung, die liegenden Perſonen im Schlafe gewöhnlich iſt. Man hat ſie auf Stehende transferirt, als Symbol der Ruhe. Er trägt ein Diadem, Attribut der Könige

des

des Orients, woher die Griechen die Idee dieſer Gottheit nahmen.

Ob man dieſe Statue gleich nicht als ein Ideal von Schönheit betrachten kann, ſo iſt das Spiel der Muſkeln doch vortrefflich. Der Faun ſcheint dem Eindruck, den die Hauptfigur machen ſollte, aufgeopfert zu ſeyn.

Ganymed, bei ihm ein Adler. Die beiden Arme und ein Fuß des Knabens, wie auch der Kopf des Adlers ſind wahrſcheinlich neu. Der Kopf ſcheint ein Portrait zu ſeyn, und kömmt dem Körper an Lieblichkeit nicht bei. Von dem allgemeinen Charakter der Bildniſſe dieſes ſchönen Knabens rede ich weiter unten bei der weit berühmtern Statue deſſelben in dieſer Sammlung.

Zwei Leuchter, gleichfalls aus der Kirche Santa Coſtanza. Sie ſind höher, als die vorigen. Die Form ſcheint weniger ſchön, aber die Zierrathen ſind ſimpler und von beſſerm Geſchmack.

† Ein anderer Leuchter von ganz beſonderer Form. Ein Pilaſter auf dem oben ein Capital befindlich iſt. Unten ruhet er auf einem Sockel. Auf der einen platten langen Seite iſt ein anderer Leuchter erhoben gearbeitet, und hinten iſt eine Frieſe; alles im ſchönſten Geſchmacke.

✸ ✸ ✸

Hof mit einem Porticus, ſonſt auch Hof des Belvedere genannt.

Hof des Belvedere nebſt dem Porticus der ihn umgibt.

In der Mitte dieſes Hofes ſteht ein großes Waſſerbehältniß von Porphyr, in deſſen Mitte eine Fontaine ſpringt. Ein Porticus mit Arcaden geht rund umher

umher. Hier sind Statuen aufgestellt: die größeren in den Nischen der hinteren Wand; die kleineren in den Nischen der starken Pfeiler, die die Arcaden bilden. Man sahe hier außerdem zu meiner Zeit eine Menge von Vasen, Sarcophagen, und Bruchstücken längs den Wänden ohne besondere Ordnung. Viele dieser Stücke erwarteten eine weitere Bestimmung. Da mir diese unbekannt ist, so habe ich sie an dem Orte anzeigen müssen, wo ich sie gefunden habe. Sollte damit eine Veränderung vorgegangen seyn, so wird sich meine Anzeige leicht berichtigen lassen.

Das Licht fällt durch die Mitte des oben offenen Hofes auf die rund umherstehenden Statuen. Diese Beleuchtung, die nicht jeder Statue auf gleiche Art anpassend seyn kann, ist im Einzelnen nicht zu billigen. Allein für den Eindruck des Ganzen, ist diese Absonderung der erhabensten Werke der Kunst der Menschen von allen würklichen Gegenständen in der Natur, nicht ohne Vortheil. Man sieht neben sich die Formen der höchsten idealischen Schönheit, und über sich den Himmel. Die Einbildungskraft steigt auf der bequemsten Leiter bald von den Umstehenden zu den obern Regionen hinauf, bald von diesen zu ihren wahrscheinlichen Bewohnern herab; und das einförmige Getöne des stets steigenden, stets herabfallenden Wassers der Fontaine unterhält die Seele in der feierlichen Stimmung, die dem Genuß des Schönen so zuträglich ist. Der Eintritt in diesen Porticus öffnet das Thor zu einer neuen Schöpfung. Wir lassen draußen Alles was wir vorher empfunden haben; quälende Erinnerungen, eitle Wünsche; stille Größe, ruhiger unvermischter Genuß füllt unsere ganze Seele aus.

Aufstellung der Statuen an diesem Orte für die Wahrnehmung ihrer Schönheit im Einzelnen; Vortheil derselben für den Eindruck so vieler vereinigten Schönheiten im Ganzen.

† Apollo. So wie ich zum erſten Mahle in
meinem Leben an Genuas Küſten die Sonne ſich aus
dem Meere heben ſah, ſo ſchwebte mir im Belvedere
die Statue des Apollo entgegen. Es ergriff mich das
Gefühl übermenſchlicher Majeſtät, und ich ward billig gegen die Sterblichen, die bei andern Lehrbegriffen
ſich vor dem Bilde eines höheren Weſens zur Anbetung niederwerfen können.

Der Eindruck, den das erhabenſte Schauſpiel in
der Natur und die Darſtellung des erhabenſten Geiſtes durch menſchliche Formen auf ähnliche Art in mir
hervorgebracht haben; führt mich auf die Vermuthung: Das Kunſtwerk iſt die ſymboliſche Vorſtellung eines Gegenſtandes in der Natur, den die
Kunſt durch würkliche Nachahmung nur mangelhaft
erreicht: Phöbus, der Beherrſcher des Himmels,
der ſeine erſten Strahlen auf die Erde ſchießt.

So dachte ſich ſchon der Pſalmiſt die aufgehende
Sonne:

Sie kömmt hervor, wie ein Bräutigam aus
ſeiner Kammer,

Und freuet ſich wie ein Held zu laufen den
Weg.

Sicher! Kein Gleichniß iſt dieſes würkſamſten
und prächtigſten Gegenſtandes in der Natur würdiger
als der Mann, das Vollkommenſte unter den lebenden Creaturen, an deſſen ausgewachſenem Körper die
Kindheit nichts Mangelhaftes übrig läßt, und deſſen
edle Seele, angefüllt mit großen Planen, Majeſtät
über jede ſeiner Bewegungen verbreitet.

Hoheit der Seele iſt der Ausdruck unſers Apollo.
Aber Ausdruck der Hoheit, die an Stolz gränzt, wie

des

des erstgebohrnen Sohnes des Königs, der aufgehen-
den Hoffnung des Volks, nicht seines Vaters; ohne
jene Mischung von Güte, welche die Größe zu gleicher
Zeit so ehrwürdig und so liebenswürdig macht. —
Mit Rücksicht auf diesen Ausdruck hat der Künstler
den Meißel bis in die kleinsten Züge geführt, und einer
der größten Vorzüge dieses schönen Werks ist die voll-
kommene Harmonie, dieser Geist des Ganzen, der
über jeden seiner Theile ausgegossen ist.

Den Hohn, den Unmuth, den Winkelmann *)
auf dem Gesichte des Gottes bemerkt, habe ich nie
darauf finden können.　Ich glaube daher die Idee
eines zürnenden Siegers verwerfen zu dürfen, die
ohnehin bei mir die Empfindung eines göttlich hohen
Geistes um Etwas vermindert.

Ich halte die Deutung, die ich dieser Statue
gegeben habe, für nichts weniger als zuverläßig, ob
ich gleich finde, daß schon Hogarth ³) und Sulzer
mit mir auf ähnliche Art darüber gedacht haben.
Nur so viel glaube ich zu meiner Rechtfertigung sagen zu können: Wenn mit dem ersten Eindruck, den
ein Kunstwerk auf unser Herz macht, unser Verstand
zu gleicher Zeit einen befriedigenden Aufschluß über
dessen Bestimmung erhält, so sind wir wenigstens bei
der Erklärung vor den Vorwurf eines unnöthigen
Aufwandes von Scharfsinn und eitler Witzelei ge-
sichert.

D 2　Darf

2) S. 814. der G. d. K. W. E.

3) Zergliederüng der Schönheit c. II. gegen das Ende.
Imgleichen Sulzer allgem. Theorie der schönen
Wissensch. und Künste, Art. Allegorie.

Wahrſchein-
licher Cha-
rakter des
Apollo als
Phöbus, ver-
ſchieden von
demjenigen
worinn er
als Beſchü-
ßer der Wiſ-
ſenſchaften
und Künſte
vorgeſtellt
wird.

Darf ich eine Vermuthung wagen, über den
ſtrengen Ernſt, den wir in der Mine dieſer Statue
bemerken? Apollo iſt als Phöbus Sinnbild der
Sonne. Ihre Strahlen verbreiten Wachsthum und
Leben über die Natur, aber in heißeren Gegenden erzeugen ſie auch Seuchen, die der erzürnte Gott gleich
Pfeilen auf die loſe Brut des Prometheus herab-
ſchießt.

Die Seltenheit der Statuen des Apollo in dieſem Charakter ſcheint die Andeutung einer beſonderen
Natur zu beſtätigen. Gemeiniglich finden wir ihn
im Frühlinge der Jugend mit dem Ausdruck unver-
miſchter Heiterkeit dargeſtellet. Dann ähnelt er dem
Bacchus, und ſtellt, wie ich glaube, den Geber jener Freuden vor, die Ruhe erzeugt, und zu deren
Genuß wir der Ruhe und gutherzigen Frohſinns be-
dürfen: Den Beſchüßer der Künſte und Wiſſenſchaften.

Doch! Sey was es ſey, der Ausdruck eines göttlich hohen Geiſtes, in Formen ausgewachſener Jugend,
macht die unverkennbare Abſicht dieſes Werks aus.
Aus ihr muß man ſich erklären, warum der Künſtler
jene ſchlängelnden Muſkeln, jene unzähligen Aus-
ſchweifungen des Umriſſes, die dem Marmor zwar
den Charakter des wahren Fleiſches geben, allein
durch die vielen kleinen Parthien, die ſie bilden, auch
dem Charakter der Größe leicht gefährlich werden,
nicht deutlich angegeben hat. Der Unterleib vorzüglich ſcheint gleichſam abgerundet, ohne jene mürbe
Weichheit, welche die Italiener morbidezza
nennen.

Dem

Dem angehenden Künſtler, der hauptſächlich
nach Wahrheit ſtreben muß, iſt nicht anzurathen,
mit dem Copiren nach dieſer Statue den Anfang zu
machen. Aber er ſchaue ſie oft an, um den Begriff
hoher Schönheit in ſeiner Seele zu gründen, und um
zu lernen, daß das Genie, wenn es ſeine Jdeen verkörpert, mehr an das Geſetz der Natur, an ihre Verfahrungsart im Allgemeinen, als an die Treue der
Nachahmung ihrer einzelnen Productionen gebunden
iſt; daß die Disharmonie der einzelnen Theile allein
die Unwahrſcheinlichkeit fühlbar macht, und daß der
große Künſtler durch die einfache belebende Jdee, die
er ſeinem Werke im Ganzen einhaucht, auch das nicht
getreu Nachgeahmte als wahr darſtellen könne.

Das Bein, mit welchem Apollo vortritt, iſt um
9 Minuten länger als das hintere. So machte der
Künſtler die Verkürzung fühlbarer, ohne Nachtheil
der Verhältniſſe.

Daß aber das eine Knie etwas eingebogen iſt,
liegt wahrſcheinlich nicht an dem Künſtler des Werks,
ſondern an dem Handwerker, den man dazu brauchte,
die abgebrochenen Beine wieder anzuſetzen.

Neu ſind: die linke Hand, und die Finger der
Rechten.

† Antinous. So nennen wir die Statue eines
jungen Mannes im Belvedere, von deren wahren
Bedeutung wir nichts wiſſen. ⁴)

D 3   Dem

---

4) Antinous ein ſchöner Jüngling aus Bythinien war
der Liebling des Kaiſers Habrian. Er ertrank im
Nil, und zur Linderung des Schmerzens ſeines
Freundes, vergötterte ihn die Kunſt, die Habrian
beſchützte,

Dem Ohngefähr in ſeiner Stellung überlaſſen, voll ſorgloſer Unbefangenheit, nur mit dem Genuße einer heitern Unthätigkeit beſchäfftigt, kurz! ohne allen Anſpruch hat dieſer ſchöne Jüngling einen deſto ſichern, uns zu gefallen.

Die Natur iſt in mehreren Theilen dieſer Figur zum Ideal gehoben; aber die genaue Andeutung des Muskelnſpiels, und das weiche Fleiſch, das ſie bedeckt, laſſen ihr alle Reitze einer Natur, die wir kennen: Selbſt die Unvollkommenheiten, die wir an andern Theilen bemerken, ſcheinen ſie mit demjenigen, was wir täglich um uns ſehen, auszugleichen.   Ein Gefühl, das vermöge des Rückblicks des Zuſchauers auf ſich ſelbſt, nicht wenig zur Liebenswürdigkeit eines Gegenſtandes beiträgt, den er durch einzelne Vorzüge ſeiner Aufmerkſamkeit werth hält.

Der

beſchützte, auf vielfache Weiſe.   Allein der Kopf unſrer Statue hat mit einem Antinous nicht die geringſte Aehnlichkeit, und der Kopf, den man in Deutſchland unter dieſem Nahmen in Gyps verkauft, gehört nicht dieſer Statue, ſondern der andern dieſes Nahmens auf dem Capitol.

Viele halten ſie für einen Mercur, bewogen durch die Aehnlichkeit mit einer Statue im Pallaſt Farneſe.   Ich habe ſchon dort die Gründe ausgeführt, warum ich eine unterſetzte Figur wie dieſt, die ſogar dem Vorwurf des Schwerfälligen nicht ganz entgeht, dem Charakter dieſes Gottes nicht anpaſſend halte.   Winkelmann Geſch. der Kunſt, S. 844. Wien. Edit. hält ſie für einen Meleager. Sie ſcheint mir zu viel Sanftes für dieſen Jäger zu haben.

Der Kopf, die Bruſt, die Schultern und Hüften ſind ſchön und treu. Dieſer Zuſatz von Treue hat
einen Mengs und andere Kenner bewogen, dem jungen Künſtler das Studium unſers Antinous in Anſehung der angezeigten Theile vorzüglich vor dem Studio des Apollo zu empfehlen. Der Bauch und die
Beine ſind nicht allein nicht ideal, ſie ſind auch gemein, unbeſtimmt und ſchwerfällig.

Die Arme fehlen. Die Beine ſind angeſetzt,
Davon zeigen ſich Spuren.

Es iſt ein Unterſchied zwiſchen dem Angeſetzten
und dem Neuen. Oft haben ſich die alten Stücke
abgebrochen bei der Statue gefunden. Der Bruch
iſt folglich kein ſicheres Zeichen, daß die angeſetzten
Theile neu ſind. Selbſt die äußerlich anſcheinende
Verſchiedenheit des Marmors iſt kein zuverläßiges
Merkmahl der Ergänzung; wenigſtens nicht der Ergänzung in neueren Zeiten. Schon vor dem Verfall der Künſte ſind einige Stücke an verſchiedenen Figuren ergänzt worden. Dazu kömmt, daß man,
um mit Gewißheit über die Verſchiedenheit des Marmors zu urtheilen, denſelben ungeglättet und im Profil ſehen muß.

*Nöthige Er-
innerung
über voreili-
ge Beſtim-
mung mo-
derner Zuſä-
tze zu antiken
Statuen.*

Das ſicherſte Unterſcheidungszeichen des Alten
von dem Neuen iſt die Verſchiedenheit des Stils.
Aber um dieſe wahrzunehmen, wird eine vertraute
Bekanntſchaft mit dem Geiſt der Alten erfordert, hinreichend, um ihn ſelbſt in den einzelnen Theilen unver-
dächtig wieder zu erkennen.

Laocoon. † **Laocoon.** 5) Eine Gruppe.

Darſtellung höchſter Bewegung der Seele und des Körpers, mit möglichſter Bewahrung der Schönheit, ſcheint, nebſt dem Eindruck des Mitleidens, der davon abhängt, die Abſicht geweſen zu ſeyn, welche der Künſtler bei Bearbeitung der Geſchichte des Laocoon ſich vor Augen geſetzt hat.

Laocoon hat den Zorn der Götter auf ſich geladen: — Nach dem Virgil, — weil er mit verwegener Hand den Speer in die Seite des Pferdes geſchleudert hatte, welches von den Griechen vor Troja zurückgelaſſen, von dem größten Theil der Einwohner dieſer Stadt zu einem geheiligten Geſchenke für den Tempel der Minerva beſtimmt wurde. Eben bringt er dem Neptun ein Opfer, und ſeine beiden Söhne leiſten ihm dabei Dienſte der Opferknaben, als zwei Schlan-

---

5) Ich habe gleich zu Anfang dieſes Buchs erklärt, daß meine Abſicht dahin geht, den Liebhaber auf die Spur des Schönen der hauptſächlichſten Kunſtwerke in Rom zu führen. Die Schickſale unſrer Statue, die Unterſuchung der Frage: ob der Künſtler den Dichter, oder der Dichter den Künſtler nachgeahmet habe, kurz! Alles dasjenige, was man nicht zu wiſſen braucht, um unſere Gruppe ſchön zu finden, gehört nicht hieher. Wer hierüber das Vortrefflichſte leſen will, und zu gleicher Zeit eine Entwickelung des Gedankens dieſes Kunſtwerks, die der Geiſt des Urhebers eingegeben zu haben ſcheint, der leſe des Herrn Hofraths Heyne Prüfung einiger Nachrichten und Behauptungen vom Laocoon im Belvedere. Sammlung antiquariſcher Aufſätze, Ites Stück n. 1.

Schlangen von ungewöhnlicher Größe, den Vater
mit seinen Kindern umschlingen, und sie mit schmerz-
haften Bissen anfallen. Dies ist der Zeitpunkt, den
der Künstler aus der Geschichte zur Darstellung gewählt hat.

Er konnte nicht glücklicher wählen. Der Vater
war mit den Söhnen bei einer Handlung beschäfftigt:
Sie opferten zusammen: Die gemeinschaftliche Gefahr, die Banden des Bluts, der Schutz, den das
schwächere Alter von dem stärkeren erwartet, vereinigte bei einem gleichzeitigen Anfall alle drei Figuren
zu einer, und eben dadurch verstärkten, Vorstellung
des Leidens: aber die verschiedenen Grade dieses Leidens, die Verschiedenheit des Alters und der Empfindungen die davon abhängen, boten zu gleicher Zeit
dem Genie des Künstlers die größte Abwechselung in
Formen, Stellungen und Ausdruck dar.

Der Vater, der jetzt den ersten Biß der Schlange
fühlt, dessen Beine bis jetzt allein umschlungen sind,
besitzt noch den größten Theil seiner Kräfte. Inzwischen unfähig im Stehen das Gleichgewicht zu behal-
ten, stämmt er sich sitzend gegen den Würfel der Ara,
und sucht nun mit ausgespreiteten Armen die Schlangen von sich abzuhalten, mit von einander gerissenen
Beinen sich aus ihren Windungen loszuarbeiten.
Aber zu gleicher Zeit fühlt er den Biß des feindlichen
Thiers, sein Körper beugt sich rückwärts ab, sein
Auge kehrt sich zum Himmel, und halb flehend, halb
anklagend, ruft er mit gepreßter Stimme um Rettung und Gnade. ⁶)

D 5   Der

6) Wir haben eine vortreffliche Beschreibung des Laocoon

Der jüngere Sohn iſt von der einen Schlange
ganz umklemmt, und das tödtliche Gift ihres Biſſes
unter der Bruſt ſcheint bereits ſeine Adern zu durch-
wühlen. Sein Alter iſt das hinfälligſte; Ermattet
ſinkt er zuſammen, oder krümmt ſich vor Schmerz,
und wehrt nur mit ſchwacher Hand den Kopf der
Schlange ab.

Der

coon von Winkelmann, S. d. K. W. Edit. S. 844.
Allein in ſeiner Begeiſterung ſahe er mehr als das
Werk zeigt. Der einfache Grundſatz, daß der Ausdruck der Schönheit nicht nachtheilig ſeyn dürfe, hat
den Künſtler ſehr natürlich abgehalten, einen Menſchen darzuſtellen, den der Schmerz zur Raſerei
treibt. Er braucht dabei an keinen idealiſchen, lei-
denden, erhabenen Helden gedacht zu haben. Der
Begriff von großer geſetzter Seele folgt von ſelbſt.
Ganz vortrefflich ſetzt dies der Herr Hofrath Heyne,
Samml. Ant. Auff. II. St. n. 1. S. 22. u. f. auseinander. Ich füge noch hinzu: Laocoon reißt die
Augenlieder, und die Muſkeln um die Augenbraunen herum, in die Höhe, die Unterlippe hängt ſchlaff
herab. Dies iſt dem Ausdruck des Zurückhaltens,
des Verbeißens ganz zuwider.

Hingegen möchte ich dem Herrn Hofrath Heyne
einen Zweifel darüber machen, daß, wie er ſagt:
Das ganze Angſtgefühl des Vaters, der ſeine Kinder Todesqualen leiden ſieht, den einen ſterbend
röcheln, den andern um Hülfe ſchreien hört, ſich
am Laocoon ausdrücke. Es iſt möglich, und in
einer fortſchreitenden Vorſtellung möchte dies ein
ſehr glücklicher, und auch von der Bildhauerkunſt
in einem andern Werke glücklich auszudrückender
Gedanke

Der ältere hingegen ist blos um das linke Bein
und den rechten Arm von den Schlangen umwunden.
Zwar unauflöslich, aber doch so, daß er noch nicht
durch würklichen Schmerz, durch heftige Beklem-
mung leidet: desto mehr von Schrecken und Angst.
Er schreiet, — und er kann vielleicht allein schreien —
er streckt Arme und Augen zum Vater, und flehet,
dessen

Gedanke seyn. Allein bei dem gegenwärtigen können wir uns dies blos denken: Wir sehen es nicht.
Laocoon ist mit seinem eigenen Leiden beschäfftigt.
Sein Blick ist nicht auf die Kinder, er ist gen Him-
mel gerichtet, von dort erstehet er Hülfe für sie alle.
Diese Wendung des rückwärts in die Höhe gewand-
ten Obertheils des Körpers war dem Künstler zu
vortheilhaft, um ihr eine herabgebogene auf die
Kinder, wie sie doch wohl, um jene Idee deutlich
zu machen, seyn müßte, nicht aufzuopfern. Einen
ähnlichen Ausdruck finden wir an den schönsten
Töchtern der Niobe. Auch dort ist körperlicher
Schmerz: auch dort Gefühl eines unvermeidlichen
Schicksals: auch dort wenden sich die Augen gen
Himmel mit rückwärts übergebogenem Haupte und
der geöffnete Mund stößt Flehen und Klagen aus.
Beim Virgil schreiet der Vater laut auf. Der
Herr Hofrath Heyne hat den Grund, warum hier
der Künstler von dem Dichter abgeht, auch ohne
Rücksicht auf das Gesetz der Schönheit, blos nach
der Verschiedenheit des Eindrucks, den sie hervor-
bringen wollten, vortrefflich aus einander gesetzt.
Die Stelle, die ein ganzes Buch unnütz machen
könnte, steht S. 51. am angeführten Orte. „In
„der Gruppe,“ sagt er, „ist Laocoon ein Leidender
„mit

deſſen Angſtgefühl zu vermehren, den Hülfsbedürfti-
gen um Beiſtand an.

So der Gedanke: Er iſt fein, er iſt reich, er iſt
groß: Die Ausführung ſteht ihm nicht nach.

Die Hauptfigur ſtellt einen Mann vor über die
Mitte des gewöhnlichen Menſchenalters. Laocoon
gränzt an die Jahre des Greiſes, und dieſe Stufe des
Alters gibt ſeinem edlen Körper ganz das ehrwürdige
Anſehen

„mit einem ſchönen edlen Ausdrucke, der Mitleiden
„erregen ſoll; aber beim Dichter iſt er ein Mann,
„der Schrecken und Entſetzen verurſachen ſoll. Es
„wird hier die Fabel in ganz anderer Abſicht erzählt
„und beigebracht. Ein Portentum, ein Schreck-
„wunder ſollte da die Begebenheit ſeyn, welches auf
„die Gemüther der Trojaner würkte: diejenigen,
„welche abriethen, das Pferd in die Stadt zu brin-
„gen, und es der Minerva als ein geheiligtes Ge-
„ſchenk für die vermeinte Befreiung von der Bela-
„gerung in ihrem Tempel aufzuſtellen, ſollten durch
„das Schickſal des Laocoon abgeſchreckt werden;
„das Schickſal mußte alſo recht ſchrecklich beſchrie-
„ben ſeyn; und zum Schrecken würkt wohl ein groß
„Geſchrei mehr als Seufzen.“ Ich möchte ſogar
behaupten, der Laocoon, den wir ſehen, habe
ſchreien können, den Augenblick vor, oder den Augenblick nach demjenigen, in dem wir ihn vorgeſtellt
ſehen. Hier ruft er die Unſterblichen um Hülfe an,
und dieſe Handlung iſt von derjenigen, da uns körperlicher Schmerz zum Geſchrei zwingt, der Zeit-
folge nach verſchieden. Der eine Sohn ſchreiet
würklich, und ſchreiet zum Vater. Er fühlt noch
nicht, wie wenig ihm Sterbliche helfen können.

Anſehen, das ihr eigen iſt; aber ohne Spur einer
Abnahme von Kräften. Seine Söhne ſind, den
Verhältniſſen ihrer Körper nach, Jünglinge, deren
jüngſter aber kaum die Jahre der Pubertät erreicht
hat. So ſcheinen das herannahende Alter des Greiſes,
das Alter unter dem ausgewachſenen jungen Manne,
das Gefühl des Schickſals, das dieſe Unglückliche betrifft, zu erhöhen. In dem einen durch einen gröſ-
ſeren Grad von Empfindbarkeit, durch Anhänglichkeit
an lang geknüpfte Verhältniſſe: in dem andern durch
harmloſe Unbekanntſchaft mit Leiden, durch mindere
Stärke ihnen Spitze zu bieten.

Man denke ſich drei Figuren von Schlangen um-
wickelt; wer wird ſich, ohne das Werk geſehen zu
haben, nicht die widrigſte Vorſtellung von deſſen
Würkung machen? Schlangen in Marmor? Stricke! unförmliche Maſſen! Um menſchliche Körper ge-
wunden? Hinderniſſe, die Schönheit der Umriſſe, die
Zierlichkeit der Formen wahrzunehmen!

Mit welcher Weisheit hat der Künſtler dieſe
Windungen der Schlangen zu benutzen gewußt! Kein
Theil des Körpers, den das Auge zu ſehen wünſcht,
wird ihm dadurch entzogen, und dem Ganzen dienen
ſie zur bequemſten und natürlichſten Verbindung.

Die Figuren unter einander, jede Figur für ſich,
bieten in Stellung und Lage der Glieder diejenige Abwechſelung dar, die vor Ueberdruß der Einförmigkeit
ſichert. Die ſo oft mißverſtandene Regel des Con-
trapoſts — im Grunde keine andere als der Mannichfaltigkeit in Einheit — iſt hier mit gehöriger Mäſ-
ſigung beobachtet. Der Körper des Vaters, deſſen

Ober-

Obertheil sich hinten überbeugt, erhält durch diese Wendung die größte Schönheit.

Aber über Alles ist der Ausdruck zu bewundern. Das abwehrende Streben, die Spannung des Schmerzes zeigt sich in der Hauptfigur von der zusammengepreßten Stirn an, bis in die gestämmte Zehe mit gleicher Wahrheit in jeder auch der kleinsten Muskel. Ewig wird dies Stück dem Künstler ein Studium des Knochenbaues, des Muskelnspiels und der Richtigkeit der Zeichnung bleiben. Wie muß der Gedanke: daß der Urheber dieses Werks nach keinem lebenden Modelle, das ihm in einer so gewaltsamen Anstrengung hätte sitzen können, gearbeitet hat, uns zur staunenden Bewunderung seiner Geschicklichkeit heben!

Die Seite, in welche die Schlange den Biß thut, wird für den schönsten Theil gehalten.

Sollten wir bei so viel Schönheiten, die der nackte Körper darbietet, dem Künstler, der einen opfernden Priester vorzustellen hatte, aus diesem nackten Körper ein Verbrechen machen? Ihm eine Verletzung des Costume, eine Unschicklichkeit vorwerfen? Doch! ein neuer scharfsichtiger Kunstrichter [7]) glaubt, daß es nicht einst der Entschuldigung eines Mangels der Kleidung bedürfe. Die Gewänder sind würklich da. Sie liegen theils auf dem Würfel der Ara, theils flattern sie auf den Schultern der Söhne, und es läßt sich sehr natürlich annehmen, daß sie bei einer so gewalt-

7) Hr. Hofr. Heyne am angef. Orte. S. 29. Die Kopfbinde, die er an den Gypsabgüssen bemerkt zu haben glaubt, habe ich am Originale nicht gefunden.

gewaltſamen Bewegung, als das Sträuben und
das Abwehren der Schlangen vorausſetzt, abgefallen
ſind.

Der rechte ausgedehnte Arm iſt angeſetzt, und
von gebrannter Erde. ⁎)

An den Kindern ſind neu: ein Arm und eine
Hand, auch verſchiedene Stücke an den Schlangen.

Nach

⁎) Der Herr Hofrath Heyne a. a. O. S. 16. hat gezeigt,
daß Fra. Giov. Agnolo den rechten Arm des Laocoon
einmahl ergänzt habe. Allein ſollte nicht der Arm,
der dazumahl angeſetzt wurde, entweder aus gebrannter Erde verfertigt, und gegen die Zeiten des
Bernini abgängig geworden, oder der Arm, den
man noch jetzt aus dem Groben in Marmor gehauen
ſieht, von dieſem Künſtler verfertigt ſeyn? Der
Nahme des Ergänzers iſt zu zweifelhaft, als daß
ich wagen dürfte ihn anzugeben. Nach der Weichheit der Behandlung zu urtheilen, iſt der gegenwärtige Arm nicht aus ſo frühen Zeiten, als Giov.
Agnolo, und Bandinelli vorausſetzen. Mir ſcheint
er alle Kennzeichen der Berniniſchen Schule an ſich
zu tragen. Er iſt würklich gut. Was Richardſon
von der widrigen Farbe ſagt, hat ſeinen Grund
darin, daß die bräunliche gebrannte Erde (creta)
gegen den weißen Marmor abſticht.

Die Nachricht, die Winkelmann von dem nicht
angeſetzten Arme gibt, daß derſelbe ſo gearbeitet
ſey, daß er ſich oben über den Kopf herüberzubeu-
gen ſcheine, iſt wohl nicht ganz richtig; ſo wie es
mir ſchien, hat er mit dem jetzigen beinahe einerlei
Lage und Biegung.

. . Nach einem Urtheil unsers Mengs ⁹) ist das
rechte Bein des einen Knaben zu lang. Dies Urtheil trifft den älteren.

Einige be-
scheidene
Zweifel über
die Wahl des
Sujets, als
Vorwurf der
Bildhauer-
kunst.

. Mit derjenigen Bescheidenheit, die jedes Urtheil
über ein vorzügliches Werk der Kunst begleiten sollte,
das längst im Besitz allgemeiner Bewunderung ist,
aber auch mit derjenigen Freimüthigkeit, zu der eine
oft wiederholte Prüfung, und eine genaue Aufmerksamkeit auf meine Empfindungen mich berechtigen
dürfen, gestehe ich meinen Lesern, daß diese Gruppe
aller ihrer nicht zu bezweifelnden Vorzüge ungeachtet,
den angenehmen Eindruck, den ich bei der Schönheit
anderer Statuen erfahren habe, in mir nicht hervorgebracht hat.

Wenn ich in den Porticus trat, wo so viele erhabene Werke der Kunst um den Vorrang zu wettei-
fern scheinen, so zog mich mein Gefühl zuerst zum
Apollo, zum Antinous hin; und bei ihnen vergaß ich
mich Stundenlang in dem entzückenden Gefühle der
Schönheit. Endlich verließ ich sie, um vor den Laocoon zu treten, wie man ein Lieblingsgeschäfft um einer
ernsten Berufsarbeit willen verläßt, bewogen durch
die Idee des Nutzens, den das Studium eines so
künstlichen Werks für meine Kenntnisse in der Kunst
haben müßte. Bei der Bewunderung, die ich dem
Laocoon zollte, lag nicht selten die Erinnerung an die
Schwierigkeiten zum Grunde, die der Meißel bei
dessen Verfertigung überwunden hatte.

Vielleicht

⁹) Opere di Mengs. Memorie concernenti la sua
Vita. p. LI.

Vielleicht müßte ich hier stehen bleiben; und wer würde mich so dann tadeln, ein Gefühl zu äußern, das ohnehin mehrere mit mir getheilt haben? ¹⁰) Allein ich kann es nicht über mich gewinnen, eine Vermuthung über die Gründe dieser Empfindung zurückzuhalten, von der ich glaube, daß sie andere zu einer Berichtigung auffordern wird.

Marmor ist ein harter, schwerfälliger, unbeweglicher Stoff. Ich werde dies nie ganz vergessen, die Behandlung mag ihm noch so viel Leben geben; ja! es scheint, ich würde um so leichter daran erinnert, je gewaltsamer die Bewegung ist, zu deren Darstellung ihn der Künstler anwendet.

Die Bewegung des Körpers scheint für den Marmor zu heftig.

Die Kunst, die sich mit diesem Marmor beschäftigt, entzieht mir ganz denjenigen Theil der menschlichen Gestalt, in dem der Ausdruck des Affekts hauptsächlich liegt, das Auge: sie entzieht mir auch eine Eigenschaft, die ihn sehr verstärkt, die Farbe. Ja! das feinere Muskelnspiel, jene beinahe unmerklichen Erhöhungen und Vertiefungen der Haut gehen für den Meißel, der den Standort des Zuschauers immer etwas entfernter annehmen muß als der Pinsel, beinahe ganz verlohren. ¹¹)

Der schwerfällige Stoff macht sie unwahrscheinlich; und die Anstrengung der Muskeln schadet der Harmonie der schönen Formen: Um Hauptvorzug der Bildhauerkunst!

10) Unter andern Hemsterhuis lettre sur la Sculpture. Edit. d'Amst. 1769. p. 24.

11) S. hierüber Hemsterhuis am angez. Orte p. 10. la magie de l'expression ne sauroit atteindre à une grande distance. An einer andern Stelle sagt er: p. 9. Je veux bien croire que toute passion exprimée dans une figure quelconque doit diminuer un peu de cette qualité deliée du contour,

Um also dem Ausdruck gewaltsamer Anstrengung der Seele die gehörige Deutlichkeit zu geben, treibt der Bildhauer die Muskeln auf, läßt die Adern anschwellen, und höhlt die Seiten aus. Dies geschieht nicht ohne eine merkliche Menge von Erhöhungen und Vertiefungen hervorzubringen, die das Licht auffangen, und viele kleine Abtheilungen bald hell bald dunkel bilden. Was ist aber hiervon die Folge? Daß diese auf dem weißen Marmor grell gegen einander abstechenden Flecken, eine Härte hervorbringen, die dem Auge keinesweges gefällig ist. Die Bildhauerkunst entbehrt jenen Zauber der Färbung und des Helldunkeln, durch den in der Mahlerei, mehrere angeschwollene Muskeln in eine lichte Masse zusammen vereinigt werden, und durch welche Vertiefung nebst Erhöhung selbst im Hellen sichtbar werden.

Sollte wohl der Bildhauer bei der Wahl der Geschichte des Laocoon die Gränzen überschritten haben, die ihm die Materie, die er bearbeitete, vorschrieb? [12]) Sollte nicht jede Leidenschaft deren Aeußerungen schnell entstehen, und schnell verschwinden, unsere Betrachtung

tour, qui le rend si facile à parcourir aux yeux. und ich möchte hinzusetzen: die uns in der Bildhauerkunst, deren Hauptvorzug Harmonie der Schönheit ist, wichtiger seyn muß, als Ausdruck einer Leidenschaft.

12) Derselbe p. 24. le Laocoon appartient beaucoup plus à la Peinture qu'à la Sculpture. Seine Gründe sind metaphysischer gedacht und ausgedrückt. Ich citire ihn blos um die Uebereinstimmung der Empfindung zu beweisen.

tung von der Schönheit körperlicher Formen abziehen?
Sollte wohl Schönheit mit dem Ausdruck einer Seele
in Ruhe, oder wenigstens einer Seele in solcher
Bewegung, die nicht von einer besondern Situation
abhängt, die einen dauernden Eindruck auf Mine und
Stellung hervorbringt, das was man eigentlich Physiognomie nennt, wahrer Zweck der Bildhauerkunst
seyn? Sollte endlich der Ausspruch unsers Mengs:
Man setze den Kopf des Laocoon in ruhige Fassung,
so weicht er dem Apollo wenig an Schönheit, nicht zu
gleicher Zeit das Lob der Ausführung und den Tadel
des gewählten Süjets enthalten?

Noch eins! Bei den vielen Verdiensten, die der
Künstler um die Anordnung der Figuren dieser Gruppe
hat, darf ich eines anfechten, welches man ihm wahrscheinlich nach Kupferstichen, die das Maaß der Kinder im Verhältniß zu dem Vater zu hoch angeben, in
Ansehung der Gruppirung beigelegt hat. Gruppiren
heißt in der Mahlersprache unter andern auch so viel,
als mehrere Figuren so neben einander stellen, daß sie
nicht allein bequem übersehen werden können, sondern
auch zusammen eine Masse von angenehmer Form ausmachen, an deren äußeren Umrissen die Axe des Auges mit Leichtigkeit sich auf und niederwälzt. In dieser Rücksicht sind die Figuren unsers Werks nicht gut
gruppirt. Denn da die Kinder gegen den Vater sehr
klein sind, so fühlt das Auge auch sehr merklich den
Absprung von einer Figur auf die andere. Aber eben
dies hebt die Hauptfigur so sehr heraus, und der verstärkte Eindruck desjenigen Theiles des Werks, welcher unserer Aufmerksamkeit am meisten werth ist,
hält uns für den Abgang der schöneren Form des Gan-

Das Verdienst einer schönen Gruppirung wird diesem Werke gleichfalls bezweifelt. Gruppiren in der Mahlersprache, setzt unter andern auch eine Masse von angenehmer Form zum Voraus: und diese fehlt. Was der Form des

Ganzen ab-geht, gewinnt der Eindruck der Haupt-figur.

zen, die doch hauptsächlich nur bei dem ersten Anblick auffällt, hinreichend schadlos.

Das Werk ist blos mit dem Meißel geendigt, und nicht polirt. Auch dies trägt das Seinige zur Härte bei, wenn es gleich den Ausdruck unterstützt.

Man glaubt die Aufstellung müsse höher seyn, ein Piedestal ohngefehr von Mannshöhe sey für eine Figur von Lebensgröße zu niedrig.[13]) Allein ich fürchte, dann ginge ein großer Theil des Ausdrucks verlohren, und ich glaube nicht, daß dasjenige was bliebe, uns dafür würde schadlos halten können.

Torso di Bel-vedere.

† Torso oder Sturz einer männlichen Natur von reifern Jahren.

Man hält dieses Bruchstück einer sitzenden nackten Bildsäule für das vollkommenste, was sich aus dem Alterthume auf uns erhalten hat, und es scheint allein hinreichend, Gewähr für die Höhe zu leisten, auf der die Künste ehemals standen, und zu der sie von uns noch nicht wieder gehoben sind.

Von der Bedeutung dieses Werks läßt sich nichts mit Gewißheit sagen. Kopf, Arme, Beine fehlen. Inzwischen ist der Charakter eines Hercules in den Formen unverkennbar, und die Stellung des nach-läßig zusammen gefallenen Leibes, die gleichsam abge-spannten Muskeln führen sehr natürlich auf den Be-griff von Ruhe. Mengs[14]) und Winkelmann[15]) haben

13) So scheint auch der Herr Hofrath Heyne zu ur-theilen. Sammlung antiquar. Aufsätze. IItes Stück. S. 29.

14) Opere di Mengs. T. I. p. 203.

15) G. d. K. W. E. S. 742.

haben den vergötterten, den verklärten Hercules in
dieſem Bruchſtücke geſehen. Dieſe edle Beſtimmung
ſcheint der Vortrefflichkeit der Arbeit würdig; und
wer würde dann noch weiter zweifeln, daß ſie die urſprüngliche geweſen ſey?

Es iſt bekannt, daß die Formen des menſchlichen
Körpers aus einer unzählichen Menge von Erhöhungen und Vertiefungen beſtehen, die den Gliedmaaßen,
den Muſkeln, der Haut das Wellenförmige, das
Ausgeſchweifte, das in einander Fließende geben,
von denen in der Bildhauerarbeit Leben und Wahrheit
abzuhängen ſcheinen: Kein Werk des Meißels kömmt
hierin unſerm Bruchſtück bei. Von keiner Muſkel
ſieht man den Anfang oder das Ende, und dennoch
zeichnet ſich eine jede mit der äußerſten Beſtimmtheit
dem Auge vor.

Der Rücken und die Schenkel haben mir die
ſchönſten Theile geſchienen. Wenn man die Probe
machen will, bei zugeſchloſſener Augen langſam mit
der Hand über die angezeigten Theile herzufahren,
wird man wahres Fleiſch zu fühlen glauben. Mehr
will ich über die Schönheit dieſes Werks nicht hinzu-
ſetzen. Man muß ſehen, und ſchon viel geſehen
haben, um den ganzen Werth dieſes Rumpfes zu fühlen. Aber denjenigen, der ihn fühlt, muß ich darauf zurückführen, daß es nicht Wichtigkeit der Bedeutung, nicht Intereſſe des Ausdrucks iſt, die ſeinen
Blick an dieſes Bruchſtück ohne Kopf, ohne Arme,
ohne Beine feſſeln. Es iſt das Wohlgefällige der
Geſtalt, die körperliche Schönheit, verbunden mit
der Betrachtung der Geſchicklichkeit des Künſtlers, die
uns dieſen Rumpf für unſer Vergnügen ſo werth ma-

E 3   chen.

chen. Sollte er wohl im Gemählde, wenn er auch
in eben dem Grade der Vollkommenheit gemahlt wäre
als er gehauen iſt, einen gleichen Anſpruch auf unſer
Vergnügen, auf unſere Bewunderung haben? Gewiß
nicht! Dergleichen Bemerkungen werden uns unvermerkt auf den vollſtändigen Begriff des weſentlichen
Unterſchiedes zwiſchen Mahlerei und Sculptur leiten
können.

Nach den Eiſen zu urtheilen, die man in dem
Geſäße bemerkt, iſt dieſer Ueberreſt ſchon in älteren Zeiten reſtaurirt geweſen. So urtheilet auch
Mengs. [16] Sehr ſcharfſinnig bemerkt eben dieſer
Autor, daß der Schluß von der Vortrefflichkeit desjenigen, was ſich auf uns erhalten hat, auf die Vortrefflichkeit desjenigen, was verlohren gegangen iſt,
nicht mit Sicherheit gelten könne. Wie viele Statuen
kennt man nicht, die einzelne vortreffliche Partien
haben, und im Uebrigen mittelmäßig ſind?

Eine alte Innſchrift zeigt einen Apollonius den
Sohn eines Neſtor als den Meiſter an.

Venus. Sie trägt ein Diadem, die Flechten
der Haare fallen über die Schultern. Der Kopf
ſcheint ein Portrait zu ſeyn. Sie hält ihr Gewand,
das zu fallen ſcheint, halb über den Unterleib zuſammen, und bedeckt mit der andern die Bruſt. Neben
ihr ein Amor. Die Innſchrift gibt ihr den Nahmen
einer Veneris felicis, und nennt eine Salluſtia und
einen Helpidius als Perſonen, welche die Statue der
Göttin geweihet haben.

Die

16) Opere. T. I. p. 203.

Die linke Hand und die Arme des Amors ſind unergänzt geblieben. Das Werk iſt ziemlich mittelmäßig.

Der Herr Hofrath Heyne hält dieſe Figur für eine Venus aus dem Bade. [17]) Ueber die Bedeutung des Beinahmen felix, und anderer die man der Venus beigelegt hat, ſehe man die Beſchreibung der Villa Borgheſe nach.

In Rom ſieht man in den Figuren der Venus, die das Gewand auf den halben Unterleib herabfallend zuſammen halten, die Stellung der Göttin, wie ſie ſich vor dem Paris entkleidete. Die Idee iſt ſinnreich und fein, wenn ſie ſich auch nicht critiſch rechtfertigen laſſen ſollte. [18])

† Commodus. So wird die Statue eines Mannes im reiferen Alter genannt, der auf ſeinem Arme einen Knaben trägt. Ein gewiſſer individueller

E 4   Charakter

17) Samml. Antiq. Aufſätze. I. Stück. S. 158.

18) Richardſon S. 520. Volkmann S. 141. erwähnen einer Venus, die nackt mit der einen Hand die Natur bedeckt, und mit der linken das Gewand, das auf einer Vaſe ruhet, aufhebt. Herr Hofrath Heyne, Samml. antiq. Aufſätze I. Stück, S. 144. glaubt, ſie komme in der Stellung der Cnidiſchen am nächſten. Auch Fea in ſeiner Italieniſchen Ueberſetzung ſpricht davon mit übertriebenen Lobeserhebungen. Daß ſie in dieſem Hofe nicht ſteht, weiß ich gewiß. In den folgenden Zimmern kommen noch einige Statuen der Venus vor. Allein, vielleicht ſollte ich mich ſchämen es zu geſtehen; ein Werk von auſſerordentlicher Schönheit erinnere ich mich nicht darunter gefunden zu haben.

Charakter von Fröhlichkeit und der Lorbeer laſſen auf
ein Portrait ſchließen.   Ob aber des Commodus?
Daran iſt zu zweifeln.   Der Grund zu dieſer Benennung liegt in dem Charakter eines Hercules, den
dieſe Statue an ſich trägt.   Wir wiſſen, daß ſich
Commodus gern als Hercules vorſtellen ließ, und eine
Nachricht, die wir haben, ſagt: Daß ein kleiner Liebling des Commodus die Liſte derer, die ſein Herr zum
Tode verdammt hatte, zum Fenſter hinaus geworfen,
und dadurch Veranlaſſung zu deſſen Ermordung gegeben habe.

Andere halten dieſe Statue für einen Hercules,
der den Ajax ſegnet; andere nennen den Knaben Hy-
las; andere Telephus; [19]) andere ſchlechthin Amor.

Die Statue hat gute Verhältniſſe, und dienet
daher den Künſtlern als Studium der Maaßen des
reiferen männlichen Alters.   Uebrigens iſt ſie ziemlich
mittelmäßig; Muſkeln und Junkturen ſind ſehr hart
angedeutet.

† Lucius Verus.   Man ſchätzt dieſe Statue
wegen der beſorgten Ausführung in den Beiwerken.

Dieſe Statuen ſtehen in den Niſchen der
Wand des hintern Porticus.

Zu meiner Zeit ſtanden noch folgende Kunſtwerke, die Aufmerkſamkeit ver- dienten, längs der Wand hin.

Eine Niſche, deren ehemalige Beſtimmung
nicht wohl abzuſehen iſt; es wäre denn, daß ſie zum
Behält-

19) Viſconti ſoll dieſer Meinung geweſen ſeyn. Fraſ
ital. Ueberſ. d. G. d. K. T. II. p. 400. n. 1.

Behältniß einer Begräbnißurne gedient hätte. Sie
iſt rund umher mit Figuren von halberhobener Arbeit
geziert, und dieſe Arbeit iſt vortrefflich. Es ſind
Störche, die neben Vaſen und Bäumen ſtehen, und
Schlangen verzehren.

Ein Sarcophag. Das Basrelief ſtellt einen
Imperator vor, den eine Victorie krönt. Zu ſeinen
Füßen ein gefangener Barbar: Ein anderer bringt
ihm ein Kind, andere liegen in Feſſeln; überher Wagen mit Beute beladen, Trophäen u. ſ. w. Die Arbeit ſcheint aus ſpäterer Zeit zu ſeyn, aber aus einer
ſolchen, in der der gute Stil noch nicht verlohren
gegangen war.

Um dieſes Stils willen können Werke, die übri-
gens in der Ausführung mittelmäßig ſind, dem Lieb-
haber merkwürdig werden. Er macht ſich mit der
Denkungsart der alten Künſtler mit ihrer Vorſtel-
lungsart bekannt, und gewöhnt ſein Auge an richtige
Verhältniſſe, leicht in einander laufender Junkturen,
Simplicität der Stellungen, und guten Wurf der
Gewänder.

† Ein Sarcophag mit einem Bacchanal
von vortrefflichem Stile, und zum Erſtaunen fleißiger
Ausführung. Schade! daß dieſer Fleiß an Trockenheit gränzt, und daß die Zeichnung mehrere Unrichtigkeiten hat. Er iſt außerdem ſtark ergänzt.

In welcher Rückſicht Werke aus der ſpätern Zeit, bei deutlichen Spuren des Verfalls der Kunſt, den-noch intereſ-ſant bleiben können?

† Eine Vaſe von ſchwarzem Baſalt, der
wie angelaufene Bronze ausſicht. Sie iſt mit
Masken geziert, und von ſchönſter Arbeit und Form.
Ob ſie gleich in mehrere Stücke zerbrochen gefunden
wurde, ſo hat man ſie doch ſehr gut wieder zuſammengeſetzt.

E 5   Zwei

Zwei große länglichte Urnen, oder vielmehr Badewannen, von rothem orientalischem Granit.

† Torso eines gefangenen Barbaren aus dem Pallast Pichini, dessen vortreffliches Gewand dem Raphael oft zum Studio gedient hat.

In den Nischen der Pfeiler, die den Porticus stützen.

Eine sitzende Venus oder vielmehr Nymphe mit einer großen Muschel auf dem Schooße. Ich führe sie an, weil eine Copie dieser Idee zu einem schönen Wasserbehälter in einem Zimmer dienen könnte.

Ein Hercules mit einem antiken Füllhorn, mit diesem Attribute bezeichnet, nennt man den Hercules gemeiniglich Placidus.

† Zwei Molossen, oder große Hunde von vortrefflicher Arbeit, die ehemals im Pallast Pichini befindlich waren, stehen jetzt am Eingange des Saales der Thiere. *)

Saal

20) Folgende Kunstwerke standen zu meiner Zeit außer den angezeigten in diesem Hofe.

Ein Sarcophag mit dem Kampfe der Amazonen wider die Griechen.

Ein anderer ohne Figuren.

Ein anderer mit der Fabel der Niobe.

Ein anderer mit Geniis die ein Bacchanal feiern.

Ein anderer mit Figuren zweier Eheleute. Der Mann in römischer Kleidung reicht dem beschleier-

ſchleierten Weibe die Hand. Eine ähnliche Vorſtellung aber ganz rund gearbeiteter Figuren ſteht
im Pallaſt Giuſtiniani. Auf unſerm Basrelief ſieht
man außerdem einen Amor mit der Fackel, und zu
beiden Seiten ſtehen zwei Genii, die die Arme über
den Kopf kreuzweis zuſammen legen.

Ein anderer mit der Fabel des Endymion.

Ein anderer mit den vier Jahrszeiten.

Eine Wanne von ſchwarzem Baſalt.

Eine andere von grünem Baſalt.

Eine ſitzende Muſe.

Der Sturz einer Conſular-Statue mit einem
vortrefflichen Gewande.

In den Niſchen der Pfeiler, die den Porticus ſtützen.

Eine fortſchreitende Minerva.

Eine ſtehende Minerva. Auf dem antiken
Schilde ein Meduſenkopf.

Priap. Ein wohl conſervirter Alter mit einem
Kranze von Weinreben, einem Knebelbarte, und
einem andern Barte, der in Locken herab fällt. Den
langen Rock hat er aufgenommen, um in dem
Schooße Weinbeeren zu tragen. Er zeigt auf ſolche
Art ſein charakteriſtiſches Glied, und dies dient ihm
zu gleicher Zeit die Laſt zu tragen. An den Beinen
iſt er mit Halbſtiefeln bekleidet. Ich glaube, die
Figur könnte zur Beſtimmung des Coſtume eines
ehemaligen italieniſchen Bauers dienen.

Die Figur einer Stadt. In der antiken Hand
ein Anker, in der reſtaurirten ein Ruder.

Im Innern des Hofes über den Arcaden
Basreliefs.

Triumph des Bacchus und der Ariadne.

Hector reißt ſich aus den Armen ſeines Weibes
und ſeines Sohnes los. Paris hält die Leier.

Neun

**   *   *

Saal der Thiere.

Die größte Anzahl der hier befindlichen Bild=
hauerarbeit ſtellt Thiere vor. Aber unter ihnen ſte=
hen auch einige menſchliche Figuren; dieſe will ich zu=
erſt anzeigen.

† Meleager. Den wilden Schweinskopf an
der einen, den Hund an der andern Seite. Der
Pabſt kaufte ihn Anno 1772 für 6000 Scudi aus
dem Pallaſt Pichini, wo er ehemals ſtand.

Charakter
eines Melea-
gers.

Meleager hat den Charakter eines jungen Helden
aus den roheren Zeiten, in denen Verachtung der Ge=
fahren, Stärke, und Geſchicklichkeit in Leibesübungen
Anſpruch auf dieſen Nahmen gaben. Biederer gra=
der Sinn, Feuer und Herzlichkeit zeichnen ihn aus.
Aber dabei iſt er auch rauh und trotzig. Er verfolgt
das Wild, wenn er mit Männern nicht kämpfen
kann, und hat dabei ſein Mädchen lieber als Mutter
und ſich ſelbſt.

Unſere Statue verdient durch eine gut gedachte
Stellung und durch Richtigkeit der Zeichnung eine
Stelle unter den guten Antiken. Aber zu den beſten
gehört ſie nicht. Man wirft der Ausführung mit
Recht eine gewiſſe Härte vor; der Kopf wird durch
eine zu ſtarke Naſe entſtellt; man ſagt, dieſe Naſe
ſey neu. Der linke Arm fehlt.

Mit

Neun Muſen, Minerva, Apollo.
Ein Bacchanal mit Masken.
Die Thaten des Hercules.
Mehrere Larven.

Mit Zuverläßigkeit kann man über dieſe Statue nicht urtheilen, weil man ſie nicht im rechten
Lichte ſieht.

† Der Nil. Ein liegender Flußgott, um den
16 Kinder herum ſpielen. Eine Andeutung der El-
lenzahl derjenigen Höhe, auf welcher der Fluß bei ſeinen Ueberſchwemmungen die größte Fruchtbarkeit verbreitet. Auch ſieht man noch andere Beiwerke, als
Crocodilen, Schiffe u. ſ. w. an der Baſis. Der
Flußgott ſelbſt ruhet auf einem Sphynx von großer
Schönheit. Die Kinder ſind unverhältnißmäßig
klein gegen die coloſſaliſche Hauptfigur, und zum Theil
ergänzt.

Ungeachtet der coloſſaliſchen Geſtalt dieſer Statue
iſt das Spiel der Muſkeln vortrefflich, und das
Fleiſch von äußerſter Weichheit. Der Kopf hat einen
vortrefflichen Ausdruck von gütiger Größe.

Tiber. Er dient dem Nil zum Gegenſtück, oder
vielmehr, wenn ich das franzöſiſche Compagnon
ſo überſetzen darf, zum Gefährten. Aber er iſt von
einer andern Hand und unter jenem an Schönheit.
Seine Haare an der Stirn heben ſich in die Höhe,
und fallen dann wieder herab. Die Alten ſcheinen
einen Begriff von Ehrwürdigkeit mit dieſer Art des
Haarwuchſes verbunden zu haben, den ſie, wie man
behauptet, von den Mähnen des Löwen entlehnten.

† Ein kleines Basrelief. Bacchus mit ſeinem Gefolge. Genii tragen theils deſſen Attribute,
theils führen ſie dieſelben auf Wägen, die mit Thieren
verſchiedener Gattung beſpannt ſind.

Eine ſogenannte Janusterme mit zwei Köpfen, deren einer einen Homer vorſtellt.

Pan

[Randnote:] Ueber den Begriff von Ehrwürdigkeit, den die Alten mit den Locken verbunden zu haben ſchei-
nen, die ſich an der Wur-
zel in die Höhe heben und
deren Spi-
tzen herab-
ſinken.

Pan zieht einem Faun einen Dorn aus dem Fuße. Der Ausdruck vortrefflich. Dies Stück iſt aus Villa Mattei hieher gebracht.

Beſondere Vorſtellungsart einer Diana von Epheſus.

Diana von Epheſus, Sinnbild der Natur, beſonders der Fruchtbarkeit und Feſtigkeit der Erde. Der Leib beſtehet aus Weiberbrüſten, und einer Art von Windeln, aus denen zum Theil unerklärbare Thiere, und andere Formen hervorragen. Bei einer ſolchen Vorſtellungsart können nur Kopf und Extremitäten ein Gegenſtand der ſchönen Zeichnung ſeyn, das Uebrige wird höchſtens der beſorgten Ausführung wegen merkwürdig. In Rückſicht beider verdient dieſe Statue Aufmerkſamkeit.

Ein Sarcophag mit Nereiden und Tritonen.

Sammlung von Thieren.

Die Menge von Thieren, die man hier verſammelt ſieht, führt auf ſonderbare Betrachtungen. Selbſt die unbeträchtlichſten haben hier ein Bild. Wie groß muß der Luxus der Alten geweſen ſeyn, ihr Reichthum, die Menge ihrer Künſtler, ihre Liebhaberei!

Ich will nur die vorzüglichſten dem Liebhaber anzeigen. Die Note enthält das vollſtändige Verzeichniß.

† Ein kleiner Löwe von Breccia. Die Farbe des Marmors iſt vortrefflich genützt, und die Arbeit äußerſt fein. Man ſollte das Werkchen für eine Camee' halten.

Ein großer Adler im Begriff aufzufliegen aus Villa Mattei.

† Eine Ziege. Ein treffliches Stück, das ehemals einen Theil einer Gruppe ausgemacht zu haben

haben scheint. Man bemerkt am Barte die Hand eines Kindes.

Ein Hahn aus Villa Mattei.

† Ein wüthender Stier. So schön, daß Künstler ihn den Apollo unter den Thieren nennen. Der Ausdruck ist vortrefflich. Das Werk ist nur klein, aber mit äußerster Bestimmtheit gearbeitet. Ich pflege mich auf die Schönheit der Gestalt dieses Thieres gegen diejenigen zu berufen, die jene Behauptung: die Gestalt des Hercules sey von einem Stiere entlehnt, unter der Würde dieses Gottes halten.

Ein Hirt tränkt eine Kuh, während daß ein Kalb saugt; schönes Basrelief.

Ein Hirsch, den zwei Hunde anfallen. Vortrefflich von Ausdruck und Arbeit.

† Zwei Windhunde, die mit einander spielen.

Ein Tigerkopf von Alabaster.

Ein Storch, der eine Schlange frißt.

Kopf einer Ziege.

Mäuse beim Grabe des Nero gefunden.

Ein Kaninchen.

Ein Tiger von Breccia Granito aus dem Pallast Colonna.

Eine Windhündin.

Ein todtes Lamm auf einem Altare aus Villa Mattei.

Ein Esel von grauem Marmor. Das Weinlaub, mit dem der Kopf umkränzt ist, scheint den Esel des Silen zu bezeichnen.

Ein Storch von rothem Marmor.

† Eine

† Eine Sau mit Ferken von vortrefflicher Arbeit.

Eine Gans in einer Schaale, die wahrſchein-lich zur Fontaine diente.

† Der Fußboden von Moſaik beſteht aus drei Stücken. Zwei derſelben ſtellen in natürlichen Farben Thiere und Früchte vor. Das mittelſte aber iſt aus ſchwarzen und weißen Steinen zuſammengeſetzt, und zeigt einen Adler, der einen Haſen frißt, einen Leoparden, und eine Wölfin.

Dieſer Fußboden iſt vortrefflich. ²¹)

Zimmer

21) Uebrige Kunſtwerke in dieſem Zimmer:

Ein Gefäß von ſchwarzem africaniſchen Mar-mor. Zwei Raben zu jeder Seite dienen zu Hand-griffen.

Ein Sarcophag mit dem Raube der Tochter des Leucippus durch Caſtor und Pollux.

Ein Aegyptiſches Idol.

Ein Raubvogel von ſchwarzem Baſalt.

Ein Reh von Alabaſtro fiorito. Der Leib al-lein antik.

Ein Triton, der eine Nymphe geraubt hat, ſtark reſtaurirt. Arme und Beine gewiß neu.

Ein Sarcophag mit dem Tode des Agamemnon.

Zwei Pfauen.

Ein Vogel Ibis.

Minotaur, Büſte.

Eine andere Diana von Ephesus von der im Texte angezeigten verſchieden. Die letzte ſteht auf einem Altare, an dem ein Aegyptiſches Opfer im Griechiſchen Stile gearbeitet iſt.

Hercules

Hercules, der den Diomedes umbringt. Basrelief.

Eine Säule mit Verzierungen auf einer Basis mit einem Aegyptischen Opfer im griechischen Stile.

Hercules, der den Geryon tödtet. Basrelief.

Ein Knabe, der einen Vogel trägt.

Eine Henne. Sie steht auf einem Sarcophag.

Ein Gefäß. Ammonsköpfe dienen statt der Griffe.

Ein anderes mit Blumen.

Eine wilde Taube.

Ein Hyppogryph von Alabaster fioeito.

Ein liegender Stier.

Ein Crocodill von schwarzem Marmor.

Amor im Wagen von zwey wilden Schweinen gezogen. Basrelief.

Eine Vase mit Ammonsköpfen statt der Griffe.

Ein verwundeter Krieger, der sich im Fallen vertheidiget; er trägt eine phrygische Mütze.

Ein Elephant. Basrelief.

Ein Ziegenkopf.

Zwei Sarcophagen.

Eine Kröte von Rosso antico.

Ein Schaafskopf.

Ein Kameel.

Eine Kub von Marmo bigio.

Ein Löwe von derselben Materie.

Ein Knabe der ein Crocodil hält.

Ein colossalischer Kameelskopf, der wahrscheinlich zu einer Fontaine diente.

Ein Sarcophag, gefunden bei dem Grabe des Nero. Das Basrelief stellt einen Wolf, oder wahrscheinlicher einen Fuchs vor, der einer Katze ein geraubtes Huhn abnimmt.

Ein Tiger, der ſich hinter die Ohren kratzt.
Eine wilde Taube auf einem Dattelbaum.
Ein Stachelſchwein. Baſsrelief.
Ein Sarcophag mit dem Raube des Ganymedes.
Ein indianiſches Schwein.
Kopf eines Rhinoceros.
Hercules, der den Dreifuß des Apollo geraubt hat. Baſsrelief.
Ein Tiger.
Hercules, der den Cerberus feſſelt. Baſsrelief.
Ein Löwe aus dem Pallaſt Mattei.
Eine Katze.
Ein Gefäß mit verſchiedenen Thieren in Baſsrelief.
Centaur der einen Haſen hält, auf ſeinem Rücken ein Amor. Nur der Torſo des Centauren iſt alt.
Ein Aſchenkrug, dem Enten zu Griffen dienen. Gut.
Ein Sarcophag. Charon führt einige Schatten zur Unterwelt, in der man verſchiedene Höllenſtrafen vorgeſtellt ſieht.
Rehkopf von Roſſo antico.
Eine abgebrochene Säule von Breccia d’Egitto, auf welche man eine moderne Vaſe aus dem alten ſeltenen Porphyr, der grün und mit goldenen Adern durchſchlängelt iſt, gearbeitet, geſetzt hat.
Ein Baſsrelief mit einer weiblichen Figur auf halben Leib, die bekleidet iſt, und opfert. Unten ſteht die Innſchrift:

Laberia Felicia
Sacerdos Maxima Matris
Deum.

Kopf

✥   ✥   ✥

Zimmer der Muſen.

Man hat die Statuen aller Neun Muſen bei Apollo und einander haben wollen. Einige derſelben ſind zu Ti= voli in der Villa des Hadrian auch würklich bei einan= der nebſt dem Apollo Muſagetes gefunden. Ob ſie alle von einer Hand verfertigt; ob ſie nicht ſchon bei Anlegung der Villa ſelbſt zuſammen geleſen worden; ob ſie in alten Zeiten in einer Gruppe vereinigt geſtan= den haben? ſind Fragen, die ich unbeantwortet laſſe. Inzwiſchen meine Meinung über dergleichen weitläuf= tige Compoſitionen in der Bildhauerkunſt habe ich be= reits geäußert. [22]) Der Künſtler, der die wahren Gränzen ſeiner Kunſt, das Maaß menſchlicher Kräfte genung kennt, wird ſich ſchwerlich an die Zuſammen= ſetzung vieler Figuren wagen, und als mahleriſche Gruppe aufgeſtellt, das glaube ich mit mehrerer Dreiſtigkeit behaupten zu können, thun ſie keine Würkung.

Genung! Man hat in der Villa des Hadrian nur einige Figuren der Muſen zuſammen gefunden. Die fehlenden hat man von allen Seiten herbei geſchafft.

Die Benennungen ſind eben ſo willkührlich als der größte Theil der Attribute, die ſie bezeichnen.

F 2   † Mel=

die Muſen.

Kopf und Arme ſind neu. Inzwiſchen ſieht man auf der Schulter die Spuren des Schleiers, den ihr der moderne Künſtler über den Kopf gezogen hat; und ein antikes Stück des Blumenkranzes, den ſie in der Hand trägt.

[22]) Oben beim Pallaſt Farneſe.

† **Melpomene.** Den Kopf mit Weinlaub bekränzt, hält ſie in der rechten Hand eine ſcheußliche Maſke. Dieſe Hand iſt neu, aber die Hälfte der Maſke iſt alt. Den Fuß mit dem Cothurn bekleidet, ſetzt ſie auf den Stamm eines Baums, und lehnt den Arm mit vorgebeugtem Körper auf das Knie. Dieſer Arm iſt neu, nebſt der Hand, in welcher ſie den Dolch trägt.

Herrlicher Kopf der tragiſchen Muſe.

Der Kopf dieſer Statue iſt wo nicht der ſchönſte, gewiß der gefälligſte von allen weiblichen, die ſich aus dem Alterthume auf uns erhalten haben. An vielen derſelben bemerken wir eine Ruhe, die an Ernſt gränzt. Die Uebereinſtimmung der Züge, das Verhältniß der Theile zu einander, kurz! die eigentliche ruhige Schönheit, oder die Schönheit ohne Reiz iſt es, die uns Bewunderung abpreßt. Aber der Kopf unſerer Muſe hat den Reiz überher, und feſſelt dadurch gleich beim erſten Anblicke unauflöslich. Wir ſehen ſie in dem Alter, in welchem unſer begeiſterte Winkelmann die Mädchen mit Roſen vergleicht, die nach einer ſchönen Morgenröthe beim Aufgang der Sonne aufbrechen. Ihr Ausdruck iſt dem einer reinen unbefangenen Seele ähnlich, die unter muntern Geſängen Blumen geleſen hat, und durch die Ankunft eines ſchönen Jünglings unterbrochen wird. Ihr Auge ſcheint ihn zum erſten Mahle zu erblicken und die Ahndung der Empfindbarkeit, die durch ihre unbefangene heitere Mine durchſtrahlt, iſt vielleicht dasjenige, wodurch ſie unſer Herz am ſicherſten gewinnt.

Aber wie paßt dieſer Charakter zu dem Charakter einer tragiſchen Muſe? Dies bleibt mir Räthſel.

Der

Der Reſt der Figur iſt mittelmäßig, und in der Ausführung vernachläßiget. Auch dieſer Abſtand des Kopfs zum Rumpf bleibt mir Räthſel.

Thalia. Hier iſt der Rumpf das Vorzüglichſte. Denn der Kopf hat durch die Ergänzung ſtark gelitten. Der Putz deſſelben beſteht aus Weintrauben und Epheu. Die Drapperie iſt eben ſo ſchön gedacht, als gearbeitet. Beide Arme ſind neu; folglich mit ihnen die Klappertrommel, (tambour de basque). Aber der gekrümmte Stab oder lituus in der andern wird durch die antike Hälfte, die ſich am Tronk erhalten hat, gerechtfertigt. Bei ihr liegt eine Maſke. Die Beine ſind ins Kreutz über einander geſchlagen.

† Urania. Der Kopf, eine ſchöne Natur, zeigt beinahe den Wunſch gefallen zu wollen. Aber wir bemerken ihn gern dieſen Ausbruck der Zuvorkommung ſo weit entfernt von aller Andringlichkeit. Die Haare ſind wie an der Venus hinten in einen Schopf zuſammen gebunden.

Dieſe Figur iſt eine der ſchönſt bekleideten die wir haben. Durch den leichten Faltenſchlag wird dem Auge nichts von der Eleganz der Formen des reitzend geſtellten Körpers entzogen.

Die beiden Arme ſind nebſt den Attributen der Weltkugel und des Griffels neu. Der Kopf iſt alt, aber aufgeſetzt.

Calliope. Der Kopf iſt ſehr ergänzt. Die Arme mit dem Buche und der Trompete ſind neu.

Polyhymnia. Der Kopf mit Blumen bekränzt iſt ſchön. Sie hat ſich in einen Mantel gewickelt; dieſer iſt gut gedacht, aber trocken ausgeführt.

F 3 † Mel=

† Melpomene aus dem Hause Mattei. *) Der Kopf ist aufgesetzt, und hat einen Ausbruck von moderner Grazie, etwas Frembes, das mir bald den Verdacht erwecken sollte, daß er nicht alt sey. Ich will inzwischen nicht darüber entscheiden. Die Hand mit der sie den Schleier hält, ist augenscheinlich neu. Das Gewand ist vortrefflich.

Erato mit dem Diadem. Die Drapperie ein wenig schwerfällig. Der Kopf soll aufgesetzt seyn.

Euterpe sitzend. Der Kopfputz ist von Lorbeern. In den Händen der modernen Arme hält sie eine Rolle, die durch den antiken Theil, der sich mit dem Gewande erhalten hat, gerechtfertiget wird.

Terpsichore sitzend. Der Kopf soll aufgesetzt seyn. Die Arme größtentheils neu.

Clio. Aus dem Pallast Lancelotti. Raphael scheint sie bei einigen seiner Figuren zum Vorbilde genommen zu haben. Das Gewand liegt ein wenig zu fest an, und hat die Ansicht eines feinen Leinens. Der Schuh von besonderer Form.

Charakter des Apollo Musagetes.

† Apollo Musagetes Anführer der Musen. Sein Charakter ist der eines wollüstigen Genießers der Künste, die Friede und Muse erzeugen, und die um genossen zu werden, eben so viel Ruhe von Qualen eigennütziger Leidenschaften, als Abgezogenheit von lebhafter Thätigkeit, gewaltsamer Anstrengung, und

*) Sie war daselbst unter dem Nahmen Livia bekannt. Winkelmann nennt sie Melpomene. Fea Ediz. della Storia delle arti del disegno presso gli antichi di Giov. Winkelmann, T. II. (p. 329. n. A. nennt sie Pudicizia und gibt ihr einen neuen Kopf.

C

und peinigenden Sorgen erfordern. Eine selige
Stille, eine Genügsamkeit, wie sie das Anschauen
himmlischer Vollkommenheit, und Füllung der Einbildungskraft allein zu gewähren im Stande sind,
und eine gutherzige Heiterkeit äußern sich in der süßen
Entzückung seines Blicks, und in der ruhigen Lage
seiner Gesichtszüge. Aber eine gewisse Weichlichkeit,
wie sie dem Geschlechte eigen gehört, das vorzüglich
vor dem unsrigen auf die Ausbildung angenehmer Ta-
lente berechtiget scheint, oder wie wir sie uns an den
Bewohnern der Länder unter heißeren Himmelsstrichen
denken, zeigt sich zu gleicher Zeit in Formen und
Kleidung.

Sein langer Rock wird mit einem Gürtel gerade
unter der Brust zusammengefaßt. Ein langer
Mantel auf den Schultern befestigt, flattert weit
umher, und sein aufgebundenes Haar ist mit einer
Lorbeerkrone umgeben. Er schreitet fort, und diese
Stellung hat einen eben so natürlichen als edeln Ausdruck. Das Gewand ist gut gedacht, aber nicht
eben so gut ausgeführt.

Wenn mich meine Vermuthung nicht trügt, so
ist dies Werk die Copie nach einem viel schönern, das
verlohren gegangen ist, aber schon die Seltenheit der
Vorstellungsart macht es unserer ganzen Aufmerksamkeit werth. [23]

Die Arme sind bis auf die Hälfte neu. Aber
die Leier wird durch das Band gerechtfertigt, mit
dem sie um seine Schultern hängt.

F 4   †Zu

23) Eine ähnliche Statue ist mit den neun Musen nach
Stockholm gegangen, die Volpato zu meiner Zeit
an den König von Schweden verkaufte.

† Zu den Füßen dieses Apollo ein herrlicher Dreifuß mit allen Attributen des Gottes. Er ist von Piranese gekauft. Das Gefäß von Granit, das darauf steht, ist schön, aber neu.

Aspasia, Terme mit zusammengesetzten Füßen, und dem griechischen Nahmen. Auf dem Kopfe, der nicht besonders schön ist, trägt sie einen Schleier.

Pericles. Schöne Terme mit dem griechischen Nahmen.

Vorläufige Bemerkung über Büsten mit angeblich antiken Nahmen.

So sehr man sich im Allgemeinen hüten muß, dergleichen Nahmen für alt anzunehmen, so haben mich doch glaubwürdige Männer versichert, daß einige der Büsten, die hier mit Nahmen bezeichnet sind, würklich bei dem Ausgraben in der Villa des Hadrian zu Tivoli mit der antiken Innschrift gefunden sind.

Von dem Betruge, der sonst in diesen Fällen gewöhnlich ist, ein Mehreres weiter unten, um nicht Alles auf einmahl zu sagen.

† Adonis. Eine der guten Statuen, die in neueren Zeiten gefunden sind. In der Mine liegt ein Zug erhabener Melancholie, und diese zeigt sich auch in der nachläßigen, beinahe hinfälligen Stellung, die einen Geist andeutet, der ganz mit seinem Kummer beschäfftiget, auf äußere Dinge nicht achtet. Der Kopf ist das schönste an diesem Werke, und mit einer Hauptbinde umgeben. Der Körper geht nicht über die schöne Natur hinaus. Der Arbeit daran kann man einige Härte vorwerfen. Man bemerkt viele Ergänzungen, unter denen beide Arme, ein Bein mit der Hüfte und ein Fuß, die hauptsächlichsten sind.

† Gany=

† Ganymedes vom Volpato gefunden. Man Ganymedes kann diese Statue dreist unter die schönsten des Alters und dessen thums setzen.   Charakter.

Ganymedes ist das Ideal eines Knabens der Freuden, über deren Rechtmäßigkeit die Alten von den unsrigen verschiedene Begriffe hatten. Was der bekannte Geschmack einer Glycera [24]) zu dem Charakter eines Lieblings verlangen könnte, mit dem die Stunden unter Kosen und neckenden Scherzen verfließen, das liegt, der Mine nach, in dem Charakter des schönen Knabens. Ich nenne ihn Knaben: Aber er hat schon die Ansprüche des Jünglings. Ein gewisser schalkhafter Zug um seine Lippen herum, das lichtvollere Auge verkündigen, daß er die Rechte entdeckt, die ihm zunehmende Stärke auf höhere Freuden gibt. Er ist in dem Uebergange von sorgenloser Gleichmüthigkeit zu dem Zustande, in dem man mit dem gegenwärtigen Genusse das Bewußtseyn seines Glücks verbindet. Seine Dankbarkeit für das Vergnügen das er theilet, wird das Vergnügen, das er gibt, erhöhen; und seine muthwilligen Versagungen werden nie zur eigensinnigen Weigerung ausarten.

Sein Körper vereinigt die schönen Verhältnisse der Jünglingsjahre mit der Zartheit der Umrisse des Knabenalters. Den Knochenbau hat er vom Jüngling, sogar die stärkeren Muskeln, die dem Fleische Festigkeit, Elasticität und Wölbung geben. Aber das rundliche völlige Fleisch, das zum Kneipen einladet, die fettliche Haut, die die Hand zum Streicheln anzieht, hat er vom Kinde.

F 5   So

24) Sie gab Jünglingen die kaum zur Pubertät gelangt sind, in den Spielen der Liebe den Vorzug.

So zeigt ſich unſer Gannmed. Der Kopf mit
der phrygiſchen Mütze ſo ſchön er noch iſt, hat doch
ſchon durch die Ergänzungen gelitten. Das Be-
wundernswerthe aber iſt der Körper, an dem ſich die
Kunſt des Meißels erſchöpft hat. Das Spiel ſeiner
Muſkeln iſt ſo gelehrt, ſo beſtimmt, und dennoch unter der weichen geſchmeidigen Haut ſo natürlich, ſo
fließend, daß ich unter allen antiken Statuen ihm in
dieſer Rückſicht nur den berühmten Torſo des Belvedere an die Seite ſetzen kann.

Der rechte Arm iſt modern. Die Beine ſind zu-
ſammengeſtückt. Der Adler der bei ihm ſteht, hat
ſich bis auf den Schnabel und den linken Flügel unverſehrt erhalten. Der Ausbruck in dem Thiere
iſt gut.

Eine weibliche Figur aus dem Pallaſt Barberini, bekannt unter dem Nahmen des Spartaniſchen
Mädchens. Dieſe Benennung gründet ſich auf die
Stellung, die einen Antritt zum Laufen anzeigt, und
auf die männlichen Füße. Allein dieſer Ausbruck
liegt wohl hauptſächlich in den modernen Armen, die
ſich wie beim Anſetzen zum Rennen zurückſtemmen.
Der breite Gürtel und die übrige Kleidung führt mich
auf die Vermuthung, daß dies eine Amazone ſey.
Die Falten ſind etwas gradlinigt, und verrathen einen
alten Stil.

Aratus, ſchöner und vortrefflich gearbeiteter Kopf.

Sabina; Aus dem Gewande, das wahrſchein-
lich nur ein feines Leinen vorſtellen ſoll, aber feſt an
die Haut klebt, glaubt man ſchließen zu können, daß
dieſe Figur aus dem Bade komme. Der Körper iſt
ſchön; die Ausführung fein. Die Arme ſind neu.

Perian=

Periander, schöne Terme, mit der antiken Innschrift, und zusammengeschlossenen Beinen.

Ein junger Hercules, schöne Terme. Der Kopf ist mit Weinlaub und Trauben bekränzt. Vielleicht ein Hercules bibax.' Die Enden der Hauptbinde fallen auf die Schultern herab. In der Mitte der Terme sind die Zeugungsglieder angedeutet. Der unterste Theil fehlt: Wahrscheinlich waren Füße daran.

Einige allgemeine Bemerkungen über Termen werde ich anderswo geben.

Schöner Kopf des Mercurius.

Euripides. Die Nase hat sich an diesem Kopfe unversehrt erhalten. Er ist schön.

Diogenes und ein dabei stehender unbekannter Kopf: gut.

Zwei Basreliefs in diesem Zimmer stellen sogenannte Kriegertänze vor. Es sind nackte Figuren, die Schilde auf den Armen, und Helme mit großen Federbüschen auf dem Haupte tragen. Uebrigens sind sie nackt, und scheinen einen Reihetanz zu tanzen.

Domitia als Diana. Der Kopf voller Wahrheit und Ausdruck. Die Drapperie etwas trocken. Was man auf dergleichen Benennung zu geben hat, an einem andern Orte.

Terme des Bacchus mit Hörnern. Schöner Kopf voller Charakter. Sonderbar ist das eine Ohr, welches mehr als das andere ausgearbeitet ist.

Ein Genius, der im Stehen schläft. Der Ausdruck vortrefflich.

Jupiter placidus oder terminalis. Von dem Begriffe, den man mit Vorstellungen dieser Art verbin

verbinden muß, weiter unten. Der unſrige trägt
eine ausländiſche Müße auf dem Kopfe. [25])

Große

25) Uebrige Kunſtwerke in dieſem Zimmer.

Zwei Termen unbekannter Philoſophen.

Terme des Heſiodus.

Venus Victrix, von dem Cuſtode der Gallerie
Pallas Victrix genannt. Für die Kunſt unbedeutend. Zum Beſten gelehrter Ausleger bemerke ich,
daß der Kopf einer Venus gehört, und daß die
Arme mit den Attributen modern ſind. Im Muſeo
Clementino T. II. folgt auf dieſe Venus Victrix ſo
gleich die Pallas, die nach der folgenden Figur des
Apollo von mir angezeigt iſt. Sie ſtehen aber nicht
dicht bei einander. Ich habe dies anzeigen müſſen,
damit man nicht glaube, ich hätte beide zuſammen
geſchmolzen.

Apollo mit der Eidexe, Sauroctonon. Arme
und Beine neu, übrigens mittelmäßig.

Pallas, mit modernen Armen.

Zeno, mit der Innſchrift.

Ein paar unbekannte Köpfe.

Homer.

Bias, mit dem griechiſchen Nahmen.

Drei unbekannte Köpfe.

Heſiodus.

Aeſchines mit dem griechiſchen Nahmen.

Demoſthenes.

Antiſtenes mit dem griechiſchen Nahmen.

Alcibiades mit dem griechiſchen Nahmen.

Sophocles mit dem griechiſchen Nahmen, klein
und mittelmäßig.

Das Meiſte von dieſen Kunſtwerken iſt in der
Villa des Hadrians gefunden.

* * *

Große Seitengallerie.

Neptun mit dem Trident und dem Delphin. Arme und Füße neu. Die Haare scheinen
von Nässe zu triefen.

† Genius. Eine Figur auf halben Leib, ohne Genius.
Arme, in einem Alter von ungefähr 12 Jahren.
Auf dieses herrliche Bruchstück würde die Beschrei-
bung passen, die Winkelmann von dem Genius in der
Villa Borghese macht, und der sie weniger verdient.
Von ihm würde man sagen können: Daß sich der Leser
dies herrliche Bild in der Gestalt eines Engels denken
müsse, der ihm im Schlafe erscheint, wenn seine
Einbildungskraft mit dem einzelnen Schönen in der
Natur angefüllt, sich mit langer Betrachtung der von
Gott ausfliessenden, und zu Gott führenden Schön-
heit beschäfftiget hat. Von ihm könnte man sagen:
Die Natur habe diese Schönheit mit Genehmhaltung
Gottes nach der Schönheit der Engel gebildet ⎯
Aber es ist besser, daß man nichts sage. Hier muß
man sehen, um zu fühlen.

Ein Silen. ²⁶) Der Leib ist mit Haaren be-
wachsen. Arme und Beine sind modern. Von gemeinem aber wahrem Charakter.

Triton, oder Meerungeheuer. So nenne
ich eine Statue auf halben Leib ohne Arme, die ehemals eine ganze ausgemacht hat. Ob sich gleich die
Benennung nicht ganz vertheidigen läßt, so zweifele
ich

26) Ueber diese Vorstellungsart siehe weiter unten
Villa Borghese.

ich doch, daß sich eine mehr befriedigende geben lasse.
Die melancholisch in die Höhe gezogenen Augenbraunen, und die Locken an der Stirne, die nach einer
mäßigen Hebung wieder herabsinken, geben dem Kopfe
eine auffallende Aehnlichkeit mit dem Kopfe des Alexander zu Florenz. Der unsrige aber trägt Faunusohren,
die nur zur Hälfte neu sind, und eine Haut um den
Leib gebunden, die mit Floßfedern und Schuppen
bedeckt ist. Die Arbeit ist schön, die Formen aber
sind nicht über die gewöhnliche Natur erhaben.

Eine weibliche Statue als Danaide restaurirt. Nackt auf halben Leib. Auf dem Gesichte
herrscht der Ausdruck der Melancholie.

Paris aus dem Hause Mattei. Beide Arme
sind neu. Demjenigen mit der Hand, worin er den
Apfel hält, hat man eine Stellung gegeben, die ver-
schieden von der alten ist, welche weit natürlicher war.
Man sieht noch die Fugen des alten auf dem Knie.
Diese Statue steht ihren Ruhm keineswegs. Der
Kopf hat Ausdruck, aber er ist verzeichnet. Das
Gewand ist hart und trocken gearbeitet. Die Beine
sind schlecht angesetzt.

Eine weibliche Figur mit Weinlaub bekränzt,
und mit einem Rocke von gestreiftem Zeuge bekleidet.
Das Gewand ist vortrefflich gearbeitet. Der Kopf,
den man ihr aufgesetzt hat, gehört ihr nicht.

Unzuverläßi-
ge Benen-
nung der
Nymphen.
Was man
für einen

Man nennt diese Statue eine Nymphe. Ein
Nahme, mit dem man ziemlich freigebig gegen weibliche Figuren ist, die keinen Charakter einer bestimmten Gottheit haben, und dennoch vermöge ihrer weniger edlen, weniger sanften Natur, nicht für Musen
gelten können.

Ein

Ein Badeknecht aus weißem Marmor dem Begriff verbindet.
Borghesischen sogenannten Seneca ähnlich. Er hält derselben
einen Eimer, welcher antik ist, und stand ehemals in
der Villa Pamfili.

Eine kleine Cybele. Sie steht auf der Figur
eines Mannes, der sie aus dem Wasser hebt. Die
Stellung ist reizend.

Sardanapal. So bezeichnet diese Statue
der Nahme der auf dem Rande des Gewandes eingegraben ist. [27ᵃ]) Zu entscheiden, welcher Sardanapal
hier vorgestellet sey? Dies gehört nicht vor mein
Forum.

Der Kopf, der viel Güte und Adel hat, trägt
einen Bart, und eine Kopfbinde, welche die Haare
zur Hälfte zusammenfaßt, die andere Hälfte fällt auf
die Schultern in gekräuselten Locken herab. Der
Kopf hat überhaupt Aehnlichkeit mit den Köpfen der
Termen, die man Jupiter terminalis, Jupiter placidus;

27ᵃ) Winkelmann G. d. K. S. 467. behauptet: der
berüchtigte König von Assyrien könne es nicht seyn,
weil dieser sich alle Tage den Bart habe abnehmen
lassen, unsere Figur aber einen Bart trage. Ein
Grund, der viel Bekanntschaft mit der früheren Geschichte in dem griechischen Künstler voraussetzt.
Er gibt zur Person, die sie abbildet, einen früheren
König dieses Nahmens in Assyrien, welcher ein
weiser Mann war, an. Man könnte immer noch
fragen: ist der Nahme von dem Künstler eingegraben, der das Werk verfertigte, mithin eine sichere
Angabe der Bedeutung, die er damit verbinden
wollte?

bus, auch wohl, irrig, Plato nennt. Das Gewand, welches aus einem Unterkleibe von feinem Leinen, und einem barüber geſchlagenen Mantel beſteht,
iſt von der ſchönſten Wahl und Ausführung. Der
Arm, der vom Gewande nicht bedeckt wird, iſt neu.

Eine Bacchantin und Pan. Der Ge-
danke iſt reißend obgleich etwas frei. Dieſe Gruppe
iſt aus dem Pallaſt Caraſſa von Neapel hieher gekommen.

Charakter einer Ama- † Amazone aus dem Pallaſt Mattei. Der
allgemeine Charakter dieſer Figuren iſt der einer Hel-
zone. din in den rohen Zeiten, in denen perſönlicher Muth
ein ſo allgemein geſchätzter Vorzug war, daß auch
dasjenige Geſchlecht darauf Anſpruch machte, welches
in gebildetern Zeiten ſelbſt von übertriebener Schüchternheit neue Reiße zu entlehnen glaubt. Die Bekanntſchaft mit Gefahren des Krieges geben ihrer
Mine eine gewiſſe ernſte Feſtigkeit, und die ſteten Leibesübungen den Gliedmaaßen etwas männliches, welches man vorzüglich an den Junkturen der Knie, und
an den breiten Füßen bemerkt. Die Köpfe unterſcheiden ſich beſonders durch eine Art von Kante oder
Einfaſſung, welche die Augenbrauen und Lippen umgibt. Die eine Bruſt iſt unbedeckt, inzwiſchen zeigt
ſich die andere deutlich unter dem Gewande. Das
Geſetz der Schönheit verhinderte den Künſtler, der
Fabel, nach welcher ſich die Amazonen die eine Bruſt
wegſengeten, zu folgen. Das Unterkleid, welches
ſie ohne Mantel tragen, iſt aufgeſchürzt, und gemeiniglich mit einem breiten Gürtel unter der Bruſt zuſammen gebunden. Ihre Waffen ſind, eine Streitaxt, und dieſe führen ſie gemeiniglich auf Basreliefs,

ein

ein Schild in Form eines halben Mondes, Bogen, Pfeil und Köcher.

Unsere Statue, welche die beste dieser Art in Rom ist, stimmt mit dem angegebenen Charakter völlig überein. Von ihrer Stellung läßt sich der wahre Grund nicht angeben, vorzüglich, weil beide Arme neu sind. Das Gewand ist vortrefflich. Sie trägt einen Köcher an der Seite: Zu ihren Füßen liegt ein Helm: Schild und Axt hängen am Stamm, der ihr zum Halt dient.

Für die Aechtheit der Innschrift: translata de Schola medicorum, kann ich nicht einstehen, so wenig als für das Alter der Beine, welche ich beinahe für neu halten möchte.

Trunkener Faun. Er ist liegend vorgestellt. Der Körper schön; Arme und Füße neu. Er stand ehemals im Pallast Mattei.

† Ein Held in einem kurzen griechischen Mantel, oder Chlamys, der vorn und hinten herabhängt. Der Faltenschlag ist im großen Geschmack, und schön ausgeführt. Die Beine sind modern.

Einige behaupten auch, der Kopf, der einen Bart trägt, sey aufgesetzt, und der Rumpf gehöre, nach ähnlichen Vorstellungen auf geschnittenen Steinen und Basreliefs zu urtheilen, einem Mercur.

† Pyrrhus, oder wahrscheinlicher Ajax, herrliche Büste; und eine der schönsten des Alterthums. Er drehte den Kopf zur Seite, und wendet die Augen zum Himmel, mit einem Ausdruck, als wollte er den Göttern Hohn sprechen. Die Mine ist äußerst edel. Die Muskeln, die sehr bestimmt angegeben sind, werden von der weichsten Haut bedeckt. Auch in den

Erster Theil.   G   Beiwer=

Beiwerken zeigt sich ein schöner Geschmack, und die sorgsamste Ausführung. Die Haare scheinen ein Spiel der Winde zu seyn, und auf dem Helme sind die Thaten des Hercules erhoben gearbeitet.

† Ein lachender Faun, Büste. Schöner Ausdruck naiver Fröhlichkeit. Nie hat ein Kummer diese glatte Stirn gerunzelt.

Euclides, Aristophanes, Antistenes, Büsten, die mit ihren griechischen Nahmen in der Villa des Habrians zu Tivoli vom Conte Fede gefunden sind.

Lysimachus. Kopf eines jungen Helden, an dessen Stirne man die Spuren der Ammonshörner sieht, die ehemals daran befindlich waren.

Balbinus aus Bronze. Der Seltenheit wegen zu merken, wenn die Angabe ihre Richtigkeit hat.

Juba König von Numidien, Büste mit vielem Ausdruck der Verschlagenheit.

Kopf eines jungen Nero als Apollo. Der Kopf ist schön. Die Benennung ohne Grund.

Colossalischer Weiberkopf. Man nennt ihn Julia, Tochter des Titus. Allein der gewöhnliche Haaraufsaß, der unserm modernen Lockenbau so nahe kömmt, fehlt.

† Ceres. Eine berühmte Statue aus dem Pallast Mattei. Sie ist nicht groß.

Der Kopf hat einen reißenden Charakter, und ist, so wie die Füße sehr weich und fein gearbeitet. Das Gewand klebt zu sehr am Körper, und die Falten sind zu künstlich gelegt. Aber die Arbeit daran ist so vortrefflich, daß man den Gürtel, der das Unterkleid zusammen hält, durch den Mantel durch bemerkt.

Die

Die Benennung iſt ſehr willführlich, denn die Hand, in der ſie die Mohnſtengel und die Aehren hält, iſt neu.

Eine kleine geflügelte Victoria bey einer Trophäe. Sie ſetzt den Fuß auf ein Roſtrum. Die Figur iſt vortrefflich gedacht, und äußerſt reitzend geſtellt.

Ein Basrelief aus der Schule des M. Angelo Buonarotti. Coſmus der erſte hilft der Stadt Piſa auf. Die Gruppen ſind ſchön componirt, und die Ausführung iſt ſehr beſorgt. Allein Alles iſt in einer gewaltſamen Bewegung, von der man den Grund nicht abſieht. Der Arm, den die Stadt Piſa gegen den Coſmus ausſtreckt, iſt völlig ausgeſetzt, und derjenige, den Coſmus ihr reicht, hat Muſkeln, die durch die heftigſte Anſtrengung angeſchwollen ſcheinen. Die Mine in dieſer letztern Figur iſt fürchterlich. Man ſieht nicht ab, warum? Die ältern Köpfe haben den einförmigſten Ausdruck mürriſcher Flußgötter, die jüngeren gezogener Unbedeutung: die Extremitäten ſind alle convulſiviſch verdreht.

Die Vergleichung dieſer Figuren mit den übrigen um ſie herum, die ſo einfach, und doch ſo groß, ſo reitzend, ſo wahr ſind, kann für die Bildung des Geſchmacks nicht gleichgültig ſeyn.

Ein Held, Gladiator genannt, und der vielleicht ein Perſeus ſeyn könnte.

† Kopf einer Iſis unvergleichlich gearbeitet, und ſchön erhalten. Die Haare ſind in Form einer Lotusblume auf der Scheitel zuſammengebunden. Einige äußerſt fein behandelte Locken fallen auf die Schultern herab.

G 2 Sonder-

Sonderbahrer Kopf einer Schauspielerin. Sie trägt eine Maske vor dem Gesichte, die mit einem falschen Haaraufsatze, worauf wieder eine Mütze hängt, verbunden ist. Unter dieser Mummerei bemerkt man das Gesicht und die natürlichen Haare.

Ein dem vorigen ähnlicher Kopf von minderem Werthe.

Ein schöner runder Tisch von weißem Marmor, wohl erhalten. Er steht auf Löwenfüßen, an denen Köpfe des Hercules, gleich Termen, befindlich sind.

Carricatur des Kopfs eines Pan als Bockskopf. Voller Ausdruck und ein deutlicher Beweis der Entstehungsart dieser sonderbaren Natur.

August, Büste. In dem Alter worin man ihn gemeiniglich auf Münzen abgebildet findet. Dieser Kopf steht auf einem Leuchter.

Ein schöner Fuß. Bruchstück.

Sogenannte Gruppe des Cato und der Porcia. † Zwei Figuren eines Mannes und eines Weibes auf halben Leib. Wahrscheinlich Bildnisse zweier Eheleute, der Kleidung nach Römer, und von einem Sarcophag genommen. Man nennt sie ohne allen Beweis Cato und Porcia. Der Mann um ein merkliches bejahrter, obgleich beide im Mittelalter sind, hält mit der Rechten die eine Hand seines Weibes, und sie lehnt sich mit der andern auf seine Schulter. Es herrscht ein trefflicher Ausdruck in dieser Gruppe, des liebevollesten Zutrauens, der sichersten Erwartung eines wechselseitigen Beistandes durchs Leben: sanfter Hingebung auf der einen, billiger Festigkeit auf der andern Seite. Auch die Ausarbeitung ist gut.

Ein

Ein Faun aus Rosso antico. Er lehnt sich an einen Baum, blickt eine Traube an, die er in der Hand hält, und trägt Früchte in dem Schoooße des Fells, das ihn umgiebt. Ueberhaupt scheint dieser Faun eine Wiederholung desjenigen zu seyn, der auf dem Capitol steht. Die eingesetzten Augen von Christal sind modern, so wie der Arm, den er in die Höhe hebt. Die Füße sind stark restaurirt. An den übrigen Theilen der Figur dürften die Muskeln etwas zu stark angegeben seyn, kaum scheint sie eine Haut zu bedecken.

Caligula. Statue für deren Benennung ich nicht einstehe. Der Körper ist unbekleidet, gut, aber stark ergänzt. Der linke Arm ist neu.

† Narcissus, oder vielmehr ein Adonis, nach der Wunde in der Lende zu urtheilen. Vielleicht hat ihm der übergebeugte Körper allein den Nahmen Narcissus zu Wege gebracht. Er stand ehemals im Pallast Barberini, und war die erste Statue, die zur Formirung des Musei angekauft wurde. Der eine Arm ganz, der andere zur Hälfte, und beide Beine sind gewiß neu. Der Kopf ist zweifelhaft. Der Rumpf ist schön.

† Eine Muse, die Erato genannt wird. Der Kopf, der alt aber ergänzt ist, hat einen angenehmen Charakter, und ist mit einem Lorbeerkranz umgeben. Die Haare fallen auf die Schultern herab. Beide Arme sind nebst der Leier neu. Sie ist vorzüglich des Gewandes wegen merkwürdig, welches eben so schön gedacht, als fleißig ausgeführt ist. Man sieht Franzen an dem Mantel, und Stickerei auf dem Unterkleide. Den Mantel, der aus zwei Theilen besteht, von

G 3   denen

denen der eine von vorn, der andere von hinten den
Körper hat bedecken ſollen, und auf den Schultern
zuſammengeknüpft wurde, hängt über den einen Arm
herab. [27b]

    Ein ſitzender Trajan aus Villa Mattei. Der
Kopf ſcheint nicht ächt zu ſeyn, und iſt ſehr beſchädigt.

    † Auguſt. Eine ſchöne edle Figur deren Ober-
leib nackt iſt. Um die Lenden iſt ein Mantel geſchlagen. Man behauptet, dieſe Figur ſey unverſehrt;
aber die Beine ſind unſtreitig neu.

    † Eine kleine ſitzende Muſe, Urania ge-
nannt. Sie trägt Federn auf dem Kopfe, ein Zeichen des Sieges, den die Muſen über die Sirenen
davon trugen. Des reitzenden Charakters, und des
Gewandes wegen zu bemerken.

    Commodus zu Pferde, unter Lebensgröße,
aus dem Pallaſt Mattei. Mittelmäßig. Ich zeige
ſie an, weil Bernini die Idee des Pferdes ſeines
Conſtantins davon entlehnt haben ſoll. Eine Hand-
werkeranekdote!

Dieſe

[27b]) Viſconti im Muſeo Clementino hält dieſe Figur für einen Apollo Muſagetes. T. I. tav. 23.
   Ich war auf dieſe Vermuthung gekommen, ehe ich
   die Meinung dieſes Autors wußte, und halte ſie
   daher nicht für unwahrſcheinlich. Dieſe Figur
   ſtand ehemals im Garten des Pallaſts Quirinale.
   Winkelmann G. d. K. W. Edit. S. 487. erwähnt
   ihrer mit Ruhme, des reitzenden Kopfes wegen.
   Mich dünkt er hat Recht. Fea in ſeiner Ueberſetzung T. II. S. 118. not. B. ſagt: ſie verdiene das
   Lob nicht ganz, aber man ſehe ihr an, daß ſie nach
   einem guten Originale gearbeitet ſey.

Dieſe Statue ſtand zu meiner Zeit † auf einem Sarcophag mit Baſreliefs von ſehr artiger Erfindung. Unter andern erinnere ich mich der Vorſtellung zweier Amorinen, die ihre Fackeln an einen zwiſchen ihnen beiden ſtehenden Altar gelehnt hatten, an jeder Seite eine, ſo daß die Flammen zuſammenſchlugen. Auf dieſem Feuer verbrannten oder erwärmten ſie einen Schmetterling, von deſſen ausgeſpreiteten Flügeln jeder einen hielt. Eine artige Idee, und in der Ausführung ſo gefällig geordnet!

Annius Verus. Ein ſchöner Kindeskopf.

Ein ſchön gearbeiteter Kopf eines Weibes, in Jahren, die ſich dem Alter nähern, mit wahrem Ausdruck der Gutherzigkeit. Vielleicht iſt dies die Urſach, warum man ihn der Mutter des Titus beilegt.

Zwei ſitzende Schauſpieler aus Villa Mattei. Kleine Figuren. Sie tragen Maſken, Röcke mit langen Ermeln und Mäntel. An den Füßen ſind ſie mit hohen Schuhen und mit Halbſtiefeln von Filz nach Art der heutigen Italieniſchen Bauern bekleidet.

Nemeſis. Der Seltenheit wegen zu bemerken. Sie hebt den einen Zipfel ihres Gewandes über der Bruſt nach dem Kopfe zu. Eine Stellung, in der ſie auf geſchnittenen Steinen häufiger vorkömmt.

Nemeſis iſt wahrſcheinlich, ſtrafende Gerechtigkeit. Allein die Handlung des Spuckens in den Schooß, gehört unter die Allegorien, die keinen deutlichen Begriff geben, weil der Gebrauch des Zeichens nicht zu gleicher Zeit mit dem Sinn deſſelben auf uns gekommen iſt. Einige finden darin eine Art: von Gott

Bedeutung der Göttinn Nemeſis,

G 4   ſey

ſey bei uns, von Verwahrung gegen Zauberei; andere einen Ausdruck des Verabſcheuens des Laſters;
wieder andere, in dem gebogenen Ellenbogen, ein
Maaß der Sünden.

† Eine Vaſe von durchſichtigem Orientaliſchen
Alabaſter. Wenn man ein Licht hinein ſetzt, das
übrige Zimmer aber dunkel läßt, ſo verbreitet dies
eine angenehme ſanfte Klarheit durch den Alabaſter.
Die Farbe deſſelben iſt ſehr ſchön, gelb mit bräunlichen Cirkeln, die ſich bis zu einem Punkte in der
Mitte verkleinern. Die Form iſt nicht ſehr ſchön.
Sie ward zu St. Carlo al Corſo gefunden, woſelbſt
ehemals das Grabmahl des Auguſts befindlich war,
und es dürfte vielleicht nicht unwahrſcheinlich ſeyn,
daß die Aſche einer der Perſonen ſeiner Familie darin
aufgehoben geweſen wäre.

Ein Kind mit einem geraubten Beutel.
Die Formen ſehr reitzend, und der Ausdruck von
Schalkheit unvergleichlich.

Auguſt, eine Figur, die opfert. Das Gewand iſt ſchön. Ob aber der aufgeſetzte Kopf dem
Rumpfe gehört, bleibt wenigſtens zweifelhaft.

Jupiter und deſſen Charakter.

† Jupiter aus dem Hauſe Veroſpi.

Größe und Güte, wie man ſie ſich bei einem
Manne in Verbindung denken darf, dem das reife
Alter und lange Erfahrung Herrſchaft über ſeine Leidenſchaften, wahres Gefühl von der Beſtimmung ſeiner Vorzüge, und Billigkeit gegen die Schwächen
anderer gegeben haben, machen den Charakter des
Vaters der Götter und der Menſchen aus. Sein
Wink erſchüttert das Weltall, aber ſein Wink
beſchirmt auch den geringſten ſeiner Bewohner,
und

und dieſer naht ſich ihm mit Ehrfurcht und Vertrauen.

Unſere Statue gibt dieſen Begriff mehr als jede
andere dieſes Gottes; aber ſie läſt doch die Vermuthung übrig, daß ſie Wiederholung einer weit vor-
züglicheren ſey, die verlohren gegangen iſt. Sie iſt
ſitzend vorgeſtellt. Kopf und Leib ſind die ſchönſten
Theile. Die Falten des Gewandes, das um die
Hüften geworfen iſt, mit einem Faltenſchlage in groſ-
ſem Stile, zeigt das Nackte ſehr gut an.

Wahrſcheinlich hat dies Stück ehemals eine
höhere Aufſtellung gehabt, wodurch die Beine von
unten geſehen dem Auge entzogen geweſen ſind. Sie
ſind vernachläßigt; die Arme aber neu.

Die Statue ſteht dem Zuſchauer an dem gegenwärtigen Orte zu nah, und in einem wenig vortheilhaften Lichte. Um ſie recht zu beurtheilen, muß
man ſie bei Fackeln ſehen.

† Cleopatra. Unter dieſem Nahmen iſt eine
liegende weibliche Figur bekannt, die am Arme eine
Schlange trägt. Dieſe Schlange iſt ein bloßes Arm-
band, denn ich habe in Florenz und Portici zwar
nicht Armbänder, aber doch Ringe von ähnlicher
Form geſehen. Wie käme auch die Schlange an
den Arm?

Daß folglich dieſe Figur eine Cleopatra nicht vorſtelle, bleibt bei mir gewiß; was ſie aber dagegen
würklich vorſtelle, getraue ich mir nicht zu ent-
ſcheiden. [28])

G 5. Für

28) Winkelmann G. d. K. S. 785. äußert die Vermuthung, daß dieſe Figur entweder eine ſchlafende
Nymphe

Für uns iſt es genung, in dieſer Figur den Ausdruck ſanfter Ruhe zu ſehen: Eine ſchlafende Frauensperſon. Das Gewand iſt vortrefflich, die zwelten
Umriſſe des Körpers zeichnen ſich ſehr deutlich dadurch
hin, und der Wurf deſſelben, die Ordnung und Behandlung der Falten machen es der Aufmerkſamkeit
des Liebhabers beſonders werth. Die Stellung iſt
ſehr reitzend.

Winkel-

Nymphe oder eine Venus vorſtellen könne. Lens ſur
le Coſtume des peuples de l' antiquité, edit. de
Dresde. 1785. S. 27. will von der gewöhnlichen
Erklärungsart nicht abgehen. 1) Weil die Schlange
in ihren Windungen zu irregulär ſey, um ein Arm-
band vorzuſtellen. 2) Weil das Gewand, welches
zwar für jede andere Königin als Cleopatra nicht
anſtändig genung ſeyn möchte, dennoch für eine
Nymphe zu viel die Majeſtät bezeichnendes habe. Den
letzten Grund will ich auf ſeinen Werth und Unwerth beruhen laſſen, nur in Anſehung des erſten
merke ich an, daß er auf eine falſche Behauptung
gebauet ſey. Der Kopf der Schlange richtet ſich
in die Höhe, der Leib bildet zwei egale Windungen
wie Cirkel um den Arm herum, und der Schwanz
fällt unten in einer etwas ſich ſchlängelnden Richtung herab. Eben ſo ſind die Ringe geſtaltet, die
ich geſehen habe. Fea ital. Ueberſ. der Winkelm.
G. d. K. T. II. S. 330, u. B. und C. führt noch
mehrere Widerlegungsgründe an, aus denen ich
den durchſchlagendſten heraushebe. Der Leib der
Schlange im Armbande iſt platt: Sollte er einer
würklichen Schlange gehören; ſo müßte er rund
ſeyn.

Winkelmann [29]) wirft dem Kopfe vor: er ſey verzeichnet. Der Fehler liegt an der Naſe und dem Munde, welche ergänzt ſind.

Sie liegt jetzt auf einem Sarcophage mit einem mittelmäßigen Basrelief, den Streit der Titanen mit den Göttern vorſtellend.

Sturz einer Säule von vielfärbigem Porphyr.

Sie iſt merkwürdig wegen der Seltenheit der Materie, und wegen ihrer ehemaligen Beſtimmung. Sie diente lange zum Pfeiler, eine Fähre, die über die Tiber führt, daran zu binden, bis ein Zufall auf die Entdeckung ihres Werths führte.

Eine Diane, im Laufe vorgeſtellt. Eine gewöhnliche Idee, die aber hier vorzüglich gut ausgeführt iſt.

Aeſculap und Hygea. Gruppe. Der Gedanke beſſer als die Ausführung. Der Kopf der Hygea aufgeſetzt.

Mehrere ſchöne Gefäße. [30])

Rotunde

29) S. 782. G. d. K.

30) Uebrige Kunſtwerke in dieſem Zimmer.

Ein Krieger als Gladiator reſtaurirt. Beide Arme neu. Er ſetzt den Fuß auf einen Helm.

Fragment einer Aegyptiſchen Gottheit, aus ſchwarzem Granit.

Anubis Aegyptiſches Idol mit einem Hundskopfe, von ſchwarzem Baſalt.

Ein ſogenannter Diſcobolus Mythras. [a])

Eine

a) S. die Villa Negroni.

Eine sitzende Juno, die einen Knaben säuget.
Der Kopf ist nicht ganz schlecht, aber das Uebrige
sehr mittelmäßig. Ehemals im Pallast Quirinale.
Winkelmann S. b. K. Wiener Edit. S. 274. glaubte,
der Knabe stelle einen Hercules vor. Visconti in der
Beschreibung des Musei Clementini hält den Knaben
für einen Mars. T. I. tav. 4. S. 4. 5. Könnte die
Gruppe wohl eine Venus Genitrix vorstellen, in
dem Verstande wie sie, zu Ehren der Kaiserinnen
als Kindbetterinnen, mit dem neugebohrnen Kinde
vorgestellt wird? S. Hr. Hofrath Heyne Antiquar.
Auff. I. Stück. nr. 2. S. 160.

Julia Mammäa, Mutter des Kaisers Alexander Severus. Büste.

Maximiana Fausta, Gemahlin Constantins.
Büste.

Saloninus, Valerianus. Büsten.

Ein unbekannter Kopf.

Julia, Tochter des Titus, Augusti mit Aehren
bekränzt, Cäsar, Marcus Agrippa, Clodius Al-
binus, Marcia Otacilia Severa, Kaisers Philipp
Severus Gemahlin, Pertinax, Crispina, zwei unbekannte Köpfe, lauter Büsten, für deren Benennung ich inzwischen nicht Gewähr leiste.

Noch, Cicero, Mamea, Titus, Heliogaba-
lus, Domitia, Septimius Severus, unbekannter
Kopf.

Ein Aegyptisches Idol, Victoria, noch eine
Aegyptische Gottheit von schwarzem Basalt.

Kopf des Scipio Africanus. Die Arbeit ist
schön. Der Ausdruck gemein. Er steht auf einem
Leuchter.

Agrippina, Mutter des Nero als Ceres. Statue.

Ein Basrelief, auf dem ein zweirudriges Schiff
vorgestellt ist.

Ein

Ein Hirt mit einem Schaafe.

Eine antike Copie im Kleinen des obenangeführten Kriegers mit der Chlamys.

Die Statue eines jungen Römers in der Toga. Ohne Beweis Nero genannt.

Julius Cäsar, Büste, ganz verstümmelt.

Antinous, Büste, die ehemals Theil einer ganzen Statue ausgemacht zu haben scheint.

Eine Vase auf einem Cippus, an dem mehrere Handlungen sowohl aus der griechischen Mythologie, als der römischen Geschichte vorgestellet sind. Für die Kunst unbedeutend.

Kopf eines griechischen Helden.

Kopf der Sabina, Gemahlin des Hadrian.

Unbekannter Kopf.

Eine Urne aus Alabaster.

Kopf mit einem Helm, worauf die Spitze befindlich ist, an der man einen Flamen wieder erkennen will.

Mehrere unbekannte Köpfe. Kopf eines Silen.

Eine kleine antike Copie der liegenden Nymphe, die unter dem Nahmen der Cleopatra bekannt ist.

Fragment der Statue einer Meergöttin. Wahrscheinlich stand sie auf einer Fontaine. Gut.

Caracalla. Büste.

Pertinax, zwei unbekannte weibliche Köpfe.

Fragment einer sitzenden Frau mit guter Drapperie.

Eine weibliche bekleidete Figur beim Grabe des Nero gefunden, mit einem künstlichen Kopfputz.

Eine sitzende Nymphe.

Ein liegender Bacchus.

Ein kleiner stehender Bacchus.

Eine Venus.

Eine Juno.

Frag-

Fragment eines Apollo.

Eine Juno mit einem modernen Kopfe.

Eine Meergöttin, vielmehr eine Venus. Der Haaraufsatz und das Individuelle der Gesichtsbildung lassen auf ein Portrait schließen.

Eine Consularstatue, die man Seneca nennt. Der Kopf modern.

Ein Faun in der gewöhnlichen Stellung mit der Hand in der Seite.

Einige unbekannte Köpfe.

Ulysses, Plotina des Trajans Gemahlin, Claudius, Mammäa, Büsten.

Ein altes Weib, aus dem Pallast Colonna hieher geschenkt. Wahrscheinlich aus der Schule des Michael Angelo.

Commodus, aus dem Pallast Doria.

Ein unbekannter Kopf.

Messalina, noch ein unbekannter Kopf.

Ein Apollino aus Bronze.

Hadrian, Tiber, Büsten.

Eine weibliche Figur mit einem Schleier. Auf dem Haupte sieht man Schlangenköpfe, welche ein bloßer Zierrath zu seyn scheinen. Inzwischen hat man ihr daher den Nahmen Isis beigelegt.

Ein Canopus aus Alabaster.

Ein Apollo mit der Leier, sitzend. Der Kopf scheint ein Portrait zu seyn. Ob aber des Nero? wie behauptet wird, ist wenigstens zweifelhaft.

Tribonianus Gallus, aus Bronze. Selten, aber schlecht.

Schauspieler mit der Maske. Nur der Rumpf ist alt.

Ein Badesclave.

Junius Brutus. Ein Kopf voller Ausdruck, der aber den Nahmen ohne allen Beweis führet.

Perti=

✳ ✳ ✳

Rotunde.

Dieser Saal hat eine Kuppel mit Fenstern, durch die das Licht von allen Seiten auf die Statuen fällt. Die Bauart ist, wie mich dünkt, zu einer richtigen Beleuchtung von Statuen, auf die das Licht nur von einer Seite, und noch dazu nicht aus einer so übermäßigen Höhe fallen darf, wenig zweckmäßig. Uebrigens ist die Höhe des Zimmers der Größe der colossalischen Figuren angemessen.

† Zwei Termen mit weiblichen Köpfen, Colossal. Sie haben unter einander so viel Aehnlichkeit, daß man annehmen dürfte, sie wären nach einer Idee gearbeitet, oder zu Gefährten ursprünglich bestimmt gewesen. Nur in dem Grade der Güte gehen sie von einander ab, und in dem Kranze von Weinlaub und Trauben, den der beste unter diesen beiden Köpfen allein zum Haarschmuck trägt.

Die Kenner sind sich über die Bedeutung dieser Köpfe nicht einig. Einige finden in ihnen idealisirte Portraits

Marginal note: Zwei weibliche Termen mit collossalischen Köpfen, bekannt unter dem Nahmen der Tragödie und der Comödie.

Pertinax. Ein ausdrucksvoller Kopf.

Fauſtina als Venus Victrix; mittelmäßig.

Ein liegender Knabe mit einer Gans. Die Hände sollen alt seyn. [30 b]

Eine Roma.

Ein Knabe der Flaschen in der Hand trägt.

Eine Ariadne.

Eine unbekannte Statue, der man Scepter und Schild in die Hand gegeben hat.

Zwei Säulen von Verde antico.

Ein Tisch von eben diesem Marmor.

[30 b] S. Fea's Ueberſ. d. G. d. K. T. I. S. 382. n. A.

Portraits einer Person aus der Familie des Hadrians — denn in deffen Villa zu Tivoli find fie
gefunden, — andere nennen den Kopf mit dem
Kranze die Mufe der Tragödie, den Kopf ohne Kranz
aber die Mufe der Comödie.

Sey was es fey, der Kopf mit Weinlaub bekränzt, gehört unter die fchönften, die fich aus dem
Alterthume auf uns erhalten haben, fowohl in Rückficht auf Schönheit der Formen, als Wahrheit des
Charakters, und Zartheit der Ausführung. Der
bewundernswürdigfte Fleiß zeigt fich in den Beiwerken, ohne daß das Ganze dadurch trocken geworden
wäre. Der Lockenbau ift fonderbar, und läßt fich
nicht gut entwickeln, wenn man nicht einen Auffatz
von fremden Haaren annimmt. Uebrigens hat fich
diefer Kopf bis auf die Spitze der Nafe, welche allein
ergänzt ift, unverfehrt erhalten. Die Augenbraunen find genau angedeutet.

Der andere Kopf, wie bereits bemerkt ift, hat
minderen Werth, aber für fich betrachtet, allen An-
fpruch auf unfere Aufmerkfamkeit.

† Neptun oder Ocean, eine Terme, mit
einem coloffalifchen Kopfe. Er trägt Hörner und
einen Kranz von Weinreben und Trauben. Seine
Haare heben fich bei der Wurzel etwas in die Höhe,
und die Spitzen finken herab. Floßfedern bilden feine
Augenbraunen, und gehen um die Backen herum.
Im Barte fieht man kleine Fifche.

Der Ausdruck von Adel und Größe leidet wohl
nicht, diefen Kopf auf einen Triton oder einen andern
Meergott einer geringeren Claffe zu deuten. Wenig-
ftens haben die ähnlichen Vorftellungen in der Villa

Albani

Albani, die Winkelmann [31]) mit diesem Nahmen belegt, einen viel gemeineren Charakter.

† Melpomene aus dem Hofe des Pallasts der Cancellaria hieher gebracht. Eine edle majestätische Figur von colossalischer Höhe und großem Charakter. Die Hände sind neu. Ihr schönes Gewand besteht aus einem Rocke mit langen Ermeln, der von einem sehr breiten Gürtel unter der Brust umschürzt ist. Ein Mantel hängt auf der Schulter.

Colossalischer Kopf eines Jupiter aus weißem Marmor. Sehr gut.

Ein colossalischer Kopf aus schwarzem Basalt aus Villa Mattei hieher gebracht und

† Ein anderer aus weißem Marmor, welche beide einen Jupiter Serapis vorstellen. Der letzte trägt eine Hauptbinde, an der man Löcher bemerkt, in denen ehemals Radii oder Strahlen aus Bronze eingefügt gewesen sind.

Jupiter Serapis.

Ich nehme diese beiden Köpfe zusammen, weil sie beide in einer Vorstellungsart zusammen kommen; obgleich der letzte den ersten an Schönheit weit übertrifft, und vorzüglich in Ansehung der schönen Arbeit unter die besten des Alterthums gerechnet werden kann.

Ein Jupiter Serapis unterscheidet sich von einem andern Jupiter durch den Scheffel (modius) auf dem Haupte, und durch einen strengen ernsten Blick. Wahrscheinlich liegt bei dieser Vorstellungsart eine Aegyptische Idee zum Grunde, die die Griechen ver-

Bedeutung und Charakter eines Jupiter Serapis.

fei-

31) S. 294. S. d. K.

Erster Theil

feinert haben.   Vielleicht Beſchützer des Getraides,
das durch Kräfte aus dem Schooße der Erde, und
durch den Einfluß des Himmels Wachsthum und
Gedeihen erhält.   Winkelmann [32]) nimmt ihn mit
dem Pluto für eine und eben dieſelbe Gottheit an.

Eine ſitzende Figur coloſſaliſch.   Man gibt
ihr den Nahmen Nerva.   Ich glaube ohne Grund.
Sie iſt vom Cavaceppi ergänzt, und, wie man ſagt,
in der Mitte aus Bruchſtücken zweier verſchiedenen
Statuen zuſammengeſetzt.   Beide Arme und die
Drapperie, die darüber geworfen iſt, ſind unſtreitig neu.

Ich habe große Zweifel gegen das Alter des ganzen Werks.   Der Kopf ſieht dem Dante ähnlich.
Stellung und Form des Körpers haben viel vom Stil
des M. Angelo.

Juno. † Juno coloſſaliſche Statue aus dem Pallaſte
Barberini, und die ſchönſte, die wir von dieſer Göttin haben. [33])

Charakter Der allgemeine Charakter einer Juno iſt Hoheit
der Juno. und Würde ohne Lieblichkeit.   Sie prägt Ehrfurcht
ein, aber ſie zieht nicht an.   Ihre Züge ſetzen uns
durch Regelmäßigkeit in Bewunderung, aber ſie ſind
ohne gefälligen Reitz.   Ihre Augen liegen mit der
Stirn in gleicher Erhöhung und ſind hoch gewölbt.
Um den Mund herum herrſcht etwas gebietriſches.
Der völlige Buſen zeigt das reifere Alter an.   Außerdem bezeichnet ſie ein Diadem in Form eines länglichten

32) G. d. K. S. 289.

33) Winkelmann S. 302. G. d. K.

ten Dreiecks, deſſen kürzeſte und zugerundete Spitze
wie ein Gipfel in die Höhe gerichtet iſt.

Unſere Statue wird ſtärker gefallen, je öfterer
und länger man ſie anſieht. Kopf und Gewand ſind
gleich ſchön. Beide Arme ſind modern.

Dieſe Statue ward zu meiner Zeit an einigen
Stellen ausgebeſſert. Ich hatte Gelegenheit, auf
das Gerüſte zu ſteigen, und bemerkte bei dieſer Gelegenheit, daß Kopf und Hals ſchon in älteren Zeiten
in den Rumpf eingefüget waren.

Claudius. Ein coloſſaliſcher Kopf, weich und
fein gearbeitet. Die Naſe hat ſich erhalten; aber der
Hinterkopf und ein Theil des Lorbeerkranzes ſind neu.

Juno Lanuvina, von Lanuvium, welcher Ort
ihr beſonders heilig war. Sie iſt mit einer Ziegen-
haut umgeben, deren Kopf über den ihrigen in Form
eines Helms gezogen iſt. Die Ziegenfüße ſind auf
der Bruſt zuſammengebunden. Arme und Beine
ſind neu. Man hat bei der Ergänzung und der Benennung eine Münze und ein Basrelief in der Villa
Pamfili vor Augen gehabt. Die Schuhe hat der
nunmehro verſtorbene Aufſeher des Muſei, Abbate
Viſconti nach dem Bruchſtücke eines Fußes von Porphyr, welchen er beſaß, ergänzen laſſen.

Im Ganzen iſt dieſe Figur mehr der Seltenheit
als der Schönheit wegen merkwürdig. Sie ſtand
ehemals im Pallaſt Paganica.

† Fauſtina eine coloſſaliſche Büſte. Es fehlt
ihr zum Leben nur die Sprache.

† In dieſer Rotunde wird man nunmehro einen
Fußboden von Moſaik ſehen, der zu Utricoli gefunden iſt. In der Mitte deſſelben ein Meduſenkopf,

H 2   und

umb rund herum in verſchiedenen Abtheilungen der
Streit der Centauren und Lapithen, die Reiſen des
Ulyſſes, einige Nereiden und Tritonen.   Ein ſchönes
Werk! [34])

❖   ❖   ❖

Auf dem Vorplatze der zur Treppe nach der Bibliothek und den Zimmern des Cardinals Zelada führt.

† Zwei Aegyptiſche Idolen im griechiſchen
Stile gearbeitet, aus rothem Granit.   Sie ſind von
ſchönem Charakter, coloſſaliſch, und dienen der Ar-
chitrave über der Thür zu Caryatiden, wozu ſie, der
eckigten Säule an die ſie geſtellet ſind, dem Korbe
auf dem Haupte, und dem feſten ſtemmigten Stande
nach, auch von Anfang an beſtimmt geweſen zu ſeyn
ſcheinen.   Sie ſtanden ehemals zu Tivoli.   Winkelmann, [35]) der überhaupt eine weitläuftige Beſchreibung derſelben gibt, findet in dem Geſichte eine dem
Antinous ähnliche Bildung.

Ein Prieſter welcher opfert.   Der ver-
ſchleierte Kopf ſcheint modern zu ſeyn.   Man ſchätzt
das

34) Noch ſtehen in dieſen Zimmern:
    Plotina. Büſte.
    Eine Terme, die man für eine Ariadne ausgibt.
    Ein junger Menſch mit einer Bulle am Halſe,
    Commodus genannt.

35) S. 92. G. d. K.

das Gewand. Diese Figur ſtand ehemals zu Venedig im Pallaſt Guſtiniani. 36) 37)

36) Hier ſtehen noch:
    Eine Conſularſtatue.
    Ein Lucius Verus.
    Ein Auguſt mit der Toga.
    Eine Muſe.
    Eine Prieſterin, Figur mit dem Schleier, die
man Juno nennt.
    Ueber der Thür iſt ein großes Basrelief befind-
lich: Kampf zweier Männer mit einem Löwen und
einem Tiger.

37) In der Ital. Uberſ. der Winkelm. S. d. K. von
    Fea, finde ich einige Nachrichten über dieſe Samm-
lung, von denen ich geſtehe, daß ich nicht weiß, welche von den angezeigten Stücken ſie betreffen; oder
ob ſie ſich auf Stücke beziehen, die zu meiner Zeit
noch nicht aufgeſtellet waren.
    1) T. I. S. 319. n. A. erwähnt Fea einer Diana
im langen Kleide aus Villa Pamfili.
    2) T. II. S. 422. n. A. Einer Cybele aus den
Gärten des Vaticans. Winkelmann nennt ſie Nemeſis.
    3) T. II. S. 122. n. B. Eines Basreliefs. Ein
kindlicher Faun, deſſen Winkelmann als in der Villa
Albani befindlich gedenkt, aus einer Schaale trin-
kend. Siehe Villa Albani.
    4) Endlich T. I. S. 316. n. c. zweier Statuen
der Venus in der Stellung der Cnidiſchen.

Theil

* * *

Theil des Vaticanischen Pallasts, in dem sich die Mahlereien befinden.

Mahlereien des Raphael.

Mahlereien des Raphael.

Die weltläuftigsten Compositionen, die mehresten wichtigen Werke Raphaels finden sich in diesem Pallaste.

Raphael und sein Stil. Ich muß meine Leser mit den Vorzügen dieses großen Künstlers, mit seinem Geiste in seinen Werken bekannt zu machen suchen.

Leonardo da Vinci, Michael Angelo Buonarotti waren ihm vorausgegangen. Leonardo hatte seinen Figuren Ebenmaaß und Ausdruck zu geben gewußt: Michael Angelo hatte einen größern Stil eingeführt, und dem Fleiße des Künstlers die wahre Richtung gegeben: Es blieb unserm Raphael übrig, jene verschiedenen Vorzüge in einem erhöheten Grade in seiner Person zu vereinigen, und Schönheit der Formen, Weisheit der Erfindung neu hinzuzusetzen.

Rafaele Sanzio da Urbino, dessen ruhmvoller Nahme auch bei uns das Bürgerrecht erhalten hat, Raphael ward zu Urbino im Jahre 1583 an einem Charfreitage mit allen den Anlagen gebohren, die einen großen Künstler ausmachen können.

Er besaß nicht blos jenes wilde Feuer, jene Reißbarkeit zu ungebändigten Leidenschaften, die mit einer brennenden Einbildungskraft und fruchtbarem Witze verbunden, so oft mit Genie verwechselt werden, oft auch dafür gelten können, ohne den bildenden Künsten wahren

wahren Vortheil zu bringen: Nein! Sein Herz
ſcheint dauernder Wärme, ruhiger Fülle fähig geweſen
zu ſeyn, und ſeine Einbildungskraft, die einmahl er-
wärmt ihre Bilder lange behielt, in dem richtigſten
Verhältniſſe mit Scharfſichtigkeit und geſunder Beurtheilung geſtanden zu haben.

Dieſes ſeltenen Verbandes von Genie und Geſchmack ungeachtet würde Raphael, ohne jene Geſchicklichkeit, die Bilder, die in ſeiner Seele aufſtie-
gen, mit dem größten Theile der Wahrheit und Treue
andern vor Augen zu ſtellen, womit ſie vor den ſeinigen ſchwebten, doch nur ein ſehr mittelmäßiger Mahler geblieben ſeyn. Jene Richtigkeit des Auges, jene
geſchmeidige Feſtigkeit der Hand, die in den bildenden
Künſten den ſchwerern Theil, und die nothwendige
Grundlage der künftigen Größe des Künſtlers ausmachen; zur Hälfte von natürlicher Anlage, größe-
ſtentheils aber von langjähriger Uebung abhangen;
dieſen mechaniſchen Vorzug verdankte Raphael dem
ſorgfältigen Unterrichte ſeines Vaters, und ſeines erſten
Lehrmeiſters Pietro Perugino. Dieſer letzte hatte das
Verdienſt, die Natur getreu, einfach und mit genauer Beobachtung des Ebenmaaßes in einzelnen Theilen — denn im Ganzen ſind ſeine Verhältniſſe oft
unrichtig, — nachzuahmen. Simplicität, Treue
und Ebenmaß ſind Grundlagen der Schönheit.
Sollten ſie auch Anfangs ſich mit trockener Härte zeigen; ſie iſt für den Lehrling beſſer als das Ausſchwei-
fen in ungewiſſe Formen der Schönheit, und unge-
treuen Reitz!

Raphael hielt ſich eine Zeitlang an die Manier
ſeines Lehrers. Doch zeigt ſich ſchon dazumahl der

H 4　　　　　Zuſatz

Zuſatz von Ausdruck, den er in ſeine Figuren legte;
Zu jeder Zeit der unterſcheidende Vorzug unſers
Künſtlers! Uebrigens entging er durch gar zu große
Beſtimmtheit, und durch den Fleiß, den er an Ne-
benſachen verſchwendete, weder der Trockenheit noch
der Härte und der kleinen Manier ſeiner Schule.

Der Anblick der Werke des Leonardo da Vinci,
des Michael Angelo, des Fra Bartholomeo und der
Umgang mit einigen ſchönen Genies ſeiner Zeit, erhöheten ſeine Begriffe von der wahren Beſtimmung
ſeiner Kunſt. Er lernte das Ueberflüſſige von dem
Nothwendigen abſondern, ſein Stil wurde größer.
Die Fertigkeit ſeiner Hand machte es ihm leicht, nach
demjenigen, was er in den Werken ſeiner Vorgänger
als gut erkannte, die ſeinigen umzuſchaffen.

Mit dieſen Vorzügen ausgerüſtet, bot ſich ihm
die glückliche Gelegenheit dar, die Säle des Vaticans mit ſeinen Arbeiten zu zieren. Nichts erhebt
ein Genie, angefüllt mit großen Ideen, ſo ſehr, als
ein Feld ſich zu zeigen, und die Gelegenheit, die
Frucht ſeiner Meditationen in Anwendung zu bringen.
Des Vertrauens ſeiner Zeitgenoſſen gewiß, ſtreitet es
dann nur mit ſich ſelbſt und mit der Vergänglichkeit
eines gegenwärtigen Rufs.

Inzwiſchen die Ausbildung macht keinen Sprung.
Leichtigkeit und Zuverläßigkeit, welche allein Grazie
zeugen, laſſen ſich nur durch lange Uebung erhalten.
Man ſieht den erſten Werken Raphaels im Vatican
die ängſtliche Sorgſamkeit an, die über neu zu erlan-
gende Vorzüge, alte mindere, aber bewährte, aufzuopfern fürchtet. So entſtand ſeine zweite Manier

nler, die im Grunde nur eine Verbefferung der erften ift.

Ausbruck bleibt auch hier der charakteriftifche
Vorzug unfers Meifters. Die dichterifche Erfindung
zeigt fchon die Kenntniß des Grundfatzes, daß alle
Figuren in einem Gemählde einen ungetrennten Antheil an der Handlung nehmen müffen: daß fie für
fich, nicht für den Zufchauer handeln.

Allein die mahlerifche Anordnung ift zu fymme-
trifch. Die Zeichnung ift richtig, ift fein, aber zu
hart, zu beftimmt, im kleinlichen Stile. Die Gewänder find noch in zu viele Partien getheilt; die
Ausführung ift noch zu trocken, der Fleiß zu fehr auf
Nebenfachen verfchwendet. Ja! ein gewiffer gothi-
fcher Schmuck, z. E. goldener Schein um die Köpfe
der Heiligen, goldene Stickerei auf den Gewändern,
ift noch nicht abgelegt.

Aber der Begriff von Vollkommenheit war zu
fehr in Raphaels Seele gegründet, als daß er lange
auf diefer Stufe hätte ftehen bleiben follen. Wir finden ihn befchäfftigt, ihr auf verfchiedenen Wegen
nachzuftreben. Bald zieht das Colorit alle feine Aufmerkfamkeit an fich, wie in dem Gemählde der Meffe
zu Bolfena: Bald ftrebt er dem Helldunkeln nach,
wie in dem Gemählde der Befreiung des heiligen Petrus: Bald aber zwingt ihn überhäufte Arbeit, feinen Schülern die Ausführung feiner Ideen zu über-
laffen, und da er die Concurrenz des Michael Angelo
in der Zeichnung fürchtet, fo verwendet er feine ver-
doppelten Kräfte an diefen wichtigften Theil feiner
Kunft. Hier aber fteht er in Gefahr, den Anfchein

H 5 von

von Größe in den Werken seines Nebenbuhlers, das Riesenmäßige, das Uebertriebene, mit der einfachen Größe der Antiken zu vertauschen. So sieht man ihn in der Figur der Gerechtigkeit im Sale Constantins, so sieht man ihn in einigen Figuren im Gemählde des Incendio del Borgo. Aber bald entdeckt er den Abweg, er kehrt zu sich selbst zurück, und bereichert mit Schönheiten, die er selbst seinen Irrungen zu verdanken hat, zeigt er sich in aller seiner Größe in dem berühmten Gemählde der Transfiguration, und geht zu den Unsterblichen über.

Diese häufige Abwechselung, dieses unabläßige Streben nach Vollkommenheit, die er auf unzähligen Stufen zu erreichen suchte, macht die Bestimmung seiner Manier in der letzten Epoche seines Alters ziemlich ungewiß. Jedes Bild aus dieser Zeit hat seine eigene Manier, oder vielmehr, Raphael hat gar keine, er hat die Verfahrungs-Art der Natur. Sie stellt jeden Gegenstand so vor, wie es der Zweck seiner Bestimmung erfordert. Inzwischen lassen sich einige Grundsätze angeben, die Raphael mit Haltsamkeit befolgt zu haben scheint, einige Vorzüge, einige Fehler, an denen man ihn in den besten seiner Gemählde stets wieder erkennen wird.

Die poetische Erfindung und der Ausdruck sind die Hauptvorzüge Raphaels.

Ich habe schon oben gesagt, [37b] was poetische Erfindung ist. Die Wahl der Gegenstände, die Raphael darzustellen hatte, hing selten von ihm ab.

Um

37b) Pallast Farnese.

Um so mehr ist die Art, wie er sie uns interessant zu machen gewußt hat, zu bewundern. Er wählte immer den Zeitpunkt einer Handlung heraus, in welchem sie der Zuschauer am liebsten zu sehen wünscht. Dann aber ließ er nicht mehr Personen auftreten, als zur Verständlichkeit des Sujets nöthig waren, und diese verband er durch den natürlichsten und ungetrenntesten Antheil an der Haupthandlung. Die Hauptfiguren ziehen allemahl zuerst unsere Aufmerksamkeit auf sich.

Die mahlerische Erfindung oder eigentliche Anordnung war weniger das Verdienst Raphaels. Es zeigt sich keine Spur in seinen Werken von einer überlegten Zusammenstellung der Figuren, um dem Auge Gruppen von angenehmer Form, oder solche Gruppen darzubieten, die eines vortheilhaften Eindrucks von Licht und Schatten vorzüglich fähig wären.

Ausdruck, im weitläuftigen Verstande, Darstellung des Gedankens, den der Künstler in sein Bild zu legen gesucht hat; und im engeren: Darstellung der Fassung der Seele, der Gesinnung, womit jede einzelne Person handelt, ist derjenige Theil der Kunst, worin keiner der uns bekannten Künstler Raphaeln gleich kömmt. Ohne Anmaaßung sich dem Zuschauer verständlich zu machen, sagt jede Figur genau und deutlich das was sie für die Handlung und den Ort der Scene sagen soll. Nie überschreitet er die feine Gränzlinie zwischen dem zu Viel, und dem zu Wenig, und nie opfert er die Schönheit dem Ausdrucke ganz auf.

Nähere Bestimmung des Worts Ausdruck in der Mahlerei, in so fern man da durch das Hauptverdienst unsers Künstlers bezeichnet.

Man

In wie fern man der Zeichnung die Beiwörter, schön, bestimmt, richtig, fein, beilegt, und welche derselben von Raphaels Zeichnung gelten können.

Man sagt oft von der Zeichnung des Künstlers, sie sey schön: man sagt aber auch von ihr, sie sey bestimmt, richtig, fein, zierlich, im großen Stile. Diese Beiwörter, die oft mit einander verwechselt werden, haben jedoch jedes für sich, eine von einander sehr abweichende Bedeutung.

Schönheit der Zeichnung geht eigentlich auf die Wahl der Formen. Raphael hat nie das Sublime der Antiken noch das Gefällige des Correggio erreicht. Er wählte seine Weiber aus der Natur, und er brachte, wie es scheint, keine große Abwechselung in diese Wahl. Sie haben beinahe alle den Charakter eines sanften Ernstes, aber selten setzen sie uns durch die majestätische Uebereinstimmung ihrer Züge in Bewunderung, oder ziehen uns durch holdselige Lieblichkeit an. Seine Kinder sind von gemeiner Natur, seine Jünglinge schön, aber ohne die Erhabenheit der Formen, unter denen wir, berechtigt durch die Statuen des Alterthums, uns eine Heldenseele denken. Das reifere Alter des Mannes, und Greise gelangen ihm in der Darstellung am besten.

Mit welcher Vorsicht Raphael Bildnisse lebender Personen in seinen historischen Gemählden anbrachte:

Raphael brachte oft Abbildungen lebender Personen in seinen Gemählden an. Aber sie blieben keine kalte Portraits; nein! er bildete sie nach seinen Begriffen von Schönheit um, und mußte sie durch den passendsten Ausdruck mit der Handlung zu verbinden: Bei dieser Vorsicht ein vortreffliches Mittel, Leben und Wahrheit über ein Gemählde zu verbreiten! Ja! oft erkennt man auf ihnen sogar Bildsäulen der Alten wieder, und hauptsächlich Figuren, die von antiken Basreliefs genommen sind.

Raphael,

Raphael, ein anderer Deucalion, hatte das und wie er
Vorrecht, Steine zu beleben. Er hatte lange die die Antiken
Natur ſtudirt, und er verließ ſie nicht, als er die An- nutzte.
tike zu Rathe zog. Die erſte lieferte ihm Erfahrungen, die ihm das Ideal der letzteren bis zum Gefühl
der Wahrheit und des Lebens nahe bringen konnten.
Seine Einbildungskraft zeigte ihm den leblofen Marmor mit alle den Veränderungen, die die Seele, die
er ihm einbließ, oder beffer, die Faffung in die er
ihn verſetzte, auf einen organiſirten Körper mit ähnlichen Formen hätte hervorbringen können. Wenn er
folglich dem Scheine nach copirte, ſo erhob er ſich im
Grunde nur von der Natur zum Ideal. Er verbeſſerte ſie durch einander, und ſein Scharffinn zeigte
ihm genau den Punkt, wo beide zuſammentrafen.
Vielleicht iſt hierin die Urſach zu ſuchen, warum wir
in den Gemählden Raphaels ſelten die ſchönſten der
antiken Statuen nachgeahmt finden: Warum er beinahe nie über das Gute hinaus ging. Er verzwei-
felte daran, in der Natur ſeines Landes etwas zu finden, das ihm den Begriff der höchſten Schönheit bis
zur belebenden Nachahmung hätte nahe bringen können; und um ihr nicht Wahrheit und Ausdruck aufzuopfern, enthielt er ſich lieber derſelben ganz.

Möchten doch junge Künſtler unſerer Zeiten dieſe
Grundſätze des größten ihrer Vorgänger beherzigen!
Sie, die ſich oft verführen laffen, durch einen colorirten Apollo oder Antinous ohne paſſenden Ausdruck
eine unerträgliche Kälte in ihre Gemählde zu bringen;
ohne den Abfall zu erſetzen, den jede Nachbildung
ſelbſt an Schönheit der äußeren Form leidet! Wahrheit

heit ist das erste Gesetz der nachbildenden Künste, Schönheit das zweite, Ausdruck unzertrennlicher Zweck von beiden.

Bestimmt-
heit und
Richtigkeit
der Zeich-
nung.

Bestimmt, fein, — denn dies ist nur ein höhe-
rer Grad des Bestimmten, — pflegt man eine Zeichnung in Rücksicht auf Wahrheit der Umrisse einzelner
Theile zu nennen: Richtig, in Rücksicht auf das genaue Verhältniß der Theile unter einander. Beide
Vorzüge der Bestimmtheit und der Richtigkeit besaß
Raphael, so weit der Liebhaber sieht, [38]) in einem
hohen Grade.

Er hatte die Verhältnisse des menschlichen Körpers nach den antiken Basreliefs studirt. Von diesen hatte er auch die gute Art, die Glieder in einander
zu fügen, und den guten Geschmack, seine Gewänder
zu werfen, gelernt.

Raphaels
Gewänder.
Was zu ei-
nem gut ge-
worfenen
Gewande
und zu ei-
nem wohl-
geordneten
Faltenschla-
ge erfordert
wird.

Diese Gewänder sind vortrefflich, und wahrscheinlich die schönsten, die seit Wiederherstellung der
Künste gemahlt sind. Die fliegenden sind vorzüglich
zu bemerken. Das Hauptverdienst eines gut geworfenen Gewandes beruht darin, daß das Nackte bedeckt, aber dem Auge nicht entzogen werde; daß man
große Partien von Flächen und Erhöhungen bilde,
aber

38) Kenner werfen ihm vor, daß die Muskeln nicht
allemahl die Form und Lage haben, die das Ge-
schlecht, das Alter, und die Arbeit, wozu sie gebraucht werden, erfordern. Daß seine Hände nicht
schön, und die Muskeln an den jugendlichen Körpern zu hart angedeutet sind, bemerken auch ungeübte Augen.

aber keine unförmliche Maſſen von Felſen und Thä-
lern, die blos dazu beſtimmt ſcheinen, das Licht aufzufangen; daß dieſe Partien natürlich in ihren Formen abwechſeln; daß der Faltenſchlag nie willkührlich
ſey, nie ohne hinreichenden Grund; und bei dem Allem die Ausführung nichts Gradlinigtes, Steifes,
oder gar künſtlich Zuſammengelegtes zeige.

Das Zierliche einer Zeichnung läßt ſich nicht gut
beſchreiben, aber ein jeder fühlt, was man damit
ſagen will. Raphael iſt darin den Antiken nachge-
kommen, erreicht hat er ſie nicht.

Zierlichkeit der Zeichnung.

Die lange Gewohnheit al fresco zu mahlen, hat
Raphaels Oehlmahlerei verdorben. Die meiſten ſeiner Gemählde ſind nach ſeinen Zeichnungen von ſeinen
Schülern ausgeführt, und von ihm retouchirt. Aber
dieſer letzte Auftrag iſt in der Folge der Zeit ausgewit-
tert. Man kann daher über ſeine Stärke im Colorit
nicht mit Gewißheit urtheilen. Einige ſeiner Gemählde zeigen Strahlen dieſes Theils der Kunſt.
Aber im Ganzen hat er ſeine Farben nicht hinreichend
mit Mitteltinten gebrochen; ſein Licht fällt ins Rothe,
und ſeine Schatten fallen zu ſehr ins Schwarze.

Raphaels Colorit.

Raphael hat bei der Beleuchtung ſeiner Figuren
mehr auf Rundung jeder Figur im Einzelnen, als
auf die Würkung des Lichts und Schattens im Ganzen geſehen. Er ging dabei ſehr einfach zu Werke,
legte auf die höchſten Partien weiß auf, und brach
daſſelbe mit ſchwarz bis in den Schlagſchatten:
Von Reflexen wußte er nichts. Wenn er mehrere
Figuren zuſammen ſtellte, ſo kamen die helleſten vorn
hin, und die dunkelſten hinten, und auf ſolche Art
schwächte

Beleuchtung, Hell-dunkles in Raphaels Gemählden.

ſchwächte er die Lichter ab. Von den Repouſſoirs, oder den dunkeln Figuren auf dem Vorgrunde, die das hintere Licht heraus heben, zeigt ſich keine Idee in ſeinen Werken; ſo wenig, als von dem ausgeſparten, Fall des Lichts und Schattens, (dem ſogenannten accidens) jener weiſen Austheilung des Hellen und Dunkeln, wodurch gewiſſe Theile mehr als andere, gleichſam von Ohngefähr hervorſtechend oder zurückweichend ſich zeigen: es ſey daß der Künſtler überhaupt für das Auge des Zuſchauers hier und da eine kleine Ruhe nöthig hält, oder daß er daſſelbe auf gewiſſe vorzügliche Partien beſonders aufmerkſam machen möchte.

Beiläufige Erklärung des Ausdrucks, accidens de lumiere.

Darin liegt eine der Haupturſachen, warum ſeine Gemählde ſo wenig auf den erſten Blick anziehen.

Er ſcheint inzwiſchen nach kleinen Modellen von Wachs oder Thon gearbeitet zu haben, die er der Perſpective und der Anordnung wegen zuſammenſtellte. Wenn dieſe von Ohngefähr eine glückliche Abwechſelung von Licht und Schatten hervorbrachten, ſo trug er ſie getreu in ſeine Gemählde über. Aber im Ganzen trifft man dieſen Vorzug zu ſelten in ſeinen Gemählden an, um ihm ein entſchiedenes Verdienſt daraus zu machen.

Raphael war nicht blos ein großer Künſtler, er war auch groß als Menſch. Aber dies gehört nicht in meinen Plan. Er genoß während ſeines Lebens der Vorzüge des Ruhms, den die Nachwelt als den des größten Mahlers neuerer Zeiten beſtimmt hat. Er ſtarb in der Blüthe ſeiner Kunſt, und ſeines Alters.

Coſa bella mortal paſſa e non dura.

Rapha=

✳ ✳ ✳

Raphaels Logen oder vielmehr Loggie di Rafaele.

Diese Loggie, die auf deutsch sehr uneigentlich Raphaels durch Logen übersetzt werden, sind weiter nichts, als Logen. ein offener Corridor, eine Gallerie mit Arcaden nach dem innern Hofe zu. [39]) Sie sind sehr häufig in Italien, und dienen zur Communication der verschiedenen Zimmer und Etagen eines Gebäudes.

Diejenige Gallerie nun, die zu den Stanze di Rafaele, zu den Zimmern führet, in denen die Hauptwerke Raphaels im Vaticanischen Pallaste befindlich sind, ist von eben diesem Meister und seinen Schülern mit Mahlereien und andern Verzierungen bekleidet, die für den Ort viel zu gut und nicht passend sind: Zu gut, weil sie bei offenen Arcaden dem Ungemach des Wetters zu sehr ausgesetzt sind; nicht passend, aus Gründen, die ich gleich weiter ausführen werde.

Die Bekleidung besteht aus Arabesken, oder Grotesken, untermischt mit gemahlten Figuren, Basreliefs aus Stuccaturarbeit, und Gemählden am Plafond, deren Sujets heilige Geschichten vorstellen, und deren Folge die Bibel Raphaels genannt wird.

Arabesken scheinen für einen so großen Ort als diesen keine schickliche Mahlerei zu seyn. So viel Ueber Arabesken. Achtung

39) Richardson (Description des fameux tableaux, T. III. p. 324.) verwechselt sie mit denen Stanze oder Sales de Raphael.

Erster Theil. J

Achtung auch Raphaels Geſchmack an dieſer Art von
Verzierung verdient; ich kann doch nicht umhin, mich
auf die Seite des Vitruvius zu ſtellen, und ſo wie
dieſer über den herrſchenden Geſchmack ſeiner Zeiten an
dieſen ſeltſamen Vorſtellungen ſeine Unzufriedenheit
bezeugte, über ein ähnliches Verderbniß zu der mei-
nigen Klage zu erheben.

Wie einförmig iſt nicht ungeachtet aller Abwechſelung, die man in die Formen zu bringen ſucht, dieſe
Art, die Wände zu bedecken? Was ſagt ſie unſerm
Geiſte? Ich billige, daß man Landhäuſer, Cabinets,
Boudoirs damit auszziere; ſie ſchicken ſich hieher ihrer
leichten Zierlichkeit wegen; aber wenn man die Wände,
die Plafonds großer Palläſte, den einzigen Ort, wo
der Künſtler noch ein Feld zu Ausführung großer
Compoſitionen findet, an Handwerker, an Decora-
tionsmahler verſchwendet, das geht mir nahe. [40])

Freilich ſind Arabeſken, wie ſie Raphael mahlte,
nur in Vergleichung mit ſeinen übrigen Werken Arbeiten des Handwerkers. Ob er gleich die Veranlaſſung zu dieſer Art von Zierrathen in den Bädern des
Titus fand, ſo bereicherte er ſie doch mit ſo vielen neuen
Geſchöpfen ſeiner Einbildungskraft, daß ſchon dieſe
allein ihm den Nahmen eines Genies ſichern könnten.
Sein Schüler Giovanni Nanni da Udina führte ſeine
Ideen aus, und er war glücklich genung, in ihm zu
gleicher

---

40) In unſern nördlichen Gegenden findet dieſes eine
Ausnahme. Hier ſind ſie Nothbehelf. Denn wenn
hier auch zuweilen ein Reicher im Stande iſt, das
Talent zu lohnen, ſo iſt das Talent ſelten, das den
Lohn verdient.

gleicher Zeit die Leichtigkeit der Hand, und die fleißige
Beſorgung zu finden, die Werken dieſer Art den
größten Reiß geben.

Die Erfindung dieſer Mahlerei hat ihre eigenen
Grundſätze. Die Schönheit der Formen, ſowohl in
den einzelnen Zierrathen, als in den Gruppen, die ſie
bilden; Simplicität, Symmetrie bei Mannichfaltigkeit und anſcheinender Unordnung; ſehr abwechſelnde
und doch nicht kreiſchende Farben, ſcheinen Haupt-
erforderniſſe dabei zu ſeyn. Im Grunde hängen
Compoſitionen dieſer Art blos von der willführlichen
Schöpfung des Künſtlers ab; inzwiſchen verlangt der
Zuſchauer dennoch eine gewiſſe Art von Wahrſchein-
lichkeit, deren Vernachläßigung ſeine Augen beleidiget.
Wir bemerken dies, wenn der Künſtler Weſen, die
wir uns als ſchwerfällig denken, auf ſolche ſetzt, die
ihrer ſchwankenden Eigenſchaft nach jenen nicht zum
Halt dienen könnten; z. E. Gebäude auf Blumen-
ranken. So glaube ich auch, daß man ſich hüten
muß, das Wahre mit dem blos Conventionellen in eine
ungeſchickte Verbindung zu ſetzen. Säulen in einem
Zimmer, deſſen Wände mit Laubwerk bedeckt ſind,
oder ein Plafond, das eine hiſtoriſche Handlung durch
Perſonen in Lebensgröße vorſtellet, über Wänden, an
denen ſich Arabeſken hinauf ſchlängeln, bringen allemahl einen beleidigenden Uebelſtand hervor.

Unſere neueren Handwerker haben das Laubwerk,
die eigentlichen Zierrathen der Raphaeliſchen Arabeſken
ſchon lange als eine Schule genützt, als einen Vor-
rath, aus dem ſie die Verzierungen ihrer Meublen
entlehnt haben: In den Figuren, die hin und wieder

ange-

angebracht ſind, findet der Künſtler Stoff, ſeine
Ideen zu bereichern, und ſeinen Geſchmack durch Betrachtung der reißenden Formen zu verfeinern. Selbſt
als poetiſche Erfindung kann manches Sujet, das in
dieſe Arabesken eingewebt iſt, ſeiner Aufmerkſamkeit
werth werden. Wie ſchön ſind zum Beyſpiel die drei
Parzen gedacht! Die jüngſte ſitzt auf einem Blumen-
topfe, und dreht den Rocken, von dem die mittlere
Schweſter, die auf einem Korbe mit Früchten ruht,
den Faden des Lebens abſpinnt, bis endlich die älteſte,
die aus einem Portale heraustritt, welches den Sitzen
der übrigen zur Stütze dient, ſich bereit macht, ihn
abzuſchneiden.

Hin und wieder ſind, wie ich bereits angemerkt
habe, Cameen und Basreliefs angebracht; im Ganzen wohl nicht mit gehöriger Sparſamkeit und ſchicklicher Verbindung, aber im Detail für den Liebhaber
um ſo intereſſanter, da ein Theil würklich antik aus
alten Gebäuden ausgehoben und hieher verſetzt, ein
anderer im Geiſt der Alten von Raphael erfunden iſt.
Eine reiche Erndte ſchöner Ideen für den Künſtler!

Gemählde am Plafond, Raphaels Bibel.

Raphaels
Bibel.

Eine Nomenclatur dieſer Gemählde ſcheint mir
überflüßig, denn da ſie die bekannteſten Sujets aus
der heiligen Geſchichte enthalten, ſo erklärt ſie der
bloße Anblick. Auch werde ich mich nicht auf eine
detaillirte Beſchreibung und Beurtheilung einlaſſen,
ſondern nur hie und da einige Bemerkungen über das
Ganze und über einzelne Vorſtellungen herausheben.

Iſt

Iſt ein Plafond überhaupt ein ſchicklicher Ort zur Aufbewahrung ſolcher Gemählde, welche die Aufmerkſamkeit lange feſſeln, und durch das Intereſſe, das ſie erwecken, die Augen anheften? Ich glaube nicht.

Plafonds ſcheinen kein ſchicklicher Ort zu ſeyn, um daran intereſſante Gemählde anzubringen.

Zuerſt iſt die Stellung, die man annehmen muß, um eine Sache zu betrachten, die über unſerer Scheitel ſchwebt, an ſich ſchon zwangvoll, und auf die länge quälend. Ein Gemählde am Plafond muß den Blick füllen, wenn man ihn hinaufſchlägt, aber man muß ihn auch wieder abziehen können, ohne zu bedauren, daß man ihn nicht länger dort ruhen laſſen kann.

Eine andere Unbequemlichkeit iſt die Schwierigkeit bei der Wahl des Geſichtspunktes, aus dem der Zuſchauer ein Gemählde an der Decke wahrſcheinlich finden ſoll. Einige Künſtler ſtellen ihre Figuren ſo, wie ſie der unten ſtehende Zuſchauer ſehen würde, wenn ſie in offener Luft über ihm ſchwebten. Man ſieht ſie alsdann in der Verkürzung. Andere hingegen mahlen das Gemählde, als wenn es eigentlich beſtimmt geweſen wäre, dem Zuſchauer gegen über aufgeſtellet zu werden, und als hätte man es entweder als Tafel oder als Decke an den Boden angeheftet. So mahlte Raphael ſeinen Plafond, ſo hat Mengs einige der ſeinigen verfertiget.

Die Meinungen ſind getheilet über den Vorzug, den jede dieſer Vorſtellungsarten verdient. Die Anhänger der letzten ſagen: Die Verpflichtung, ſolche Sujets an die Decke zu mahlen, die würklich in offener Luft vorgehen können, beſchränke zu ſehr

Soll man die Figuren nur in horizontaler oder verticaler

das

J. 3

Richtung in einem Pla-
fond Ge-
mählde ſtel-
len? Der
Autor ent-
ſcheidet für
die verticale.

das Genie des Künſtlers, welches bei unſerer neueren Methode, die Wände mit Tapeten zu behängen, beinahe kein ander Feld als 'Decken zu weitläuftigen Compoſitionen übrig ſehe: Eine Menge der intereſſanteſten Handlungen, die auf der Erde vorgegangen wären, würden dadurch von der Darſtellung ausgeſchloſſen: Um verkürzten Figuren Wahrheit zu geben, dürfe man ſie nur von einer Stelle ab betrachten, und von dieſer Stelle ab werde zwar eine einzelne Figur, nie aber eine weitläuftige Compoſition den wahren Geſichtspunkt erhalten: Es ſey alſo unmöglich, eine gänzliche Illuſion hervorzubringen: Könnte dieſes aber auch der Fall ſeyn, ſo würde doch die Vorausſetzung, daß man einen offenen Himmel ſehe, ſich ſehr ſchlecht in ein vermauertes Zimmer paſſen: Jene andere, daß man bemahlte oder gewürkte Decken an den Boden anſchlage, habe wenigſtens das Verdienſt einer größeren Offenherzigkeit für ſich, und einer geringern Anmaaßung auf Betrug.

Dieſe Gründe haben allerdings viel Anſcheinendes, inzwiſchen zieht mich meine Empfindung doch immer zu denjenigen Deckenſtücken hin, die Figuren in Verkürzung darſtellen, und es fehlt mir auch nicht an Gründen, meinen Geſchmack zu rechtfertigen.

Freilich kann nur aus einem einzigen Standpunkte, nämlich der Mitte des Zimmers, die wahre Würkung einer weitläuftigen Compoſition dieſer Art beurtheilt werden, und ſelbſt von dort ab erhalten die entfernten Figuren ihren wahren Augenpunkt nicht: Allein dieſem Hinderniſſe läßt ſich leicht dadurch begegnen, daß man die Decke in mehrere Felder theile,

die

die alsdann, jedes für sich, ihren eigenen Augenpunkt erhalten.

Wenn auch das Genie des Künstlers durch die Nothwendigkeit solche Sujets zu wählen, die in freier Luft vorgehen, beschränkt werden sollte, so würde er eben dadurch vor der Versuchung bewahrt, sehr interessante Sujets an einen Ort zu bringen, wo ich so viele Mühe habe, sein Werk zu betrachten. Allerdings paßt sich für den Boden eines vermauerten Zimmers ein aufgehangener Teppich besser als ein offener Himmel; aber dieser Teppich sey nur nicht von dem Werthe, daß ich sagen muß: Schade, daß er dort hängt!

Dagegen kömmt vielmehr in Betracht, daß Figuren, die ursprünglich gemahlet sind, um auf einer Horizontalfläche gesehen zu werden, wenn sie nachher in verticaler Richtung angeheftet werden, die unnatürlichste Würkung hervorbringen. Sie schweben nicht, sie scheinen zu fallen. Ja! da das Auge nach den bekanntesten Regeln der Optik die Figuren, die es in der Entfernung über sich siehet, verkürzt, so darf sie der Mahler, wenn er ihnen nicht ein schwerfälliges Ansehen geben will, nicht in ihrer natürlichen Lage lassen: Er muß von den innerlichen Verhältnissen des darzustellenden Körpers abweichen, um sich nach den Verhältnissen, worin das Auge außer ihm siehet, zu richten.

Ich wiederhole also meine Meinung über die Bekleidung der Plafonds dahin, daß mir ein Plafond überall kein schicklicher Ort für ein Gemählde scheinet,

das eine intereffante Handlung darftellt. Gefchmack-
volle Zierrathen aus Stuck, oder Grau in Grau gemahlt, die das Auge anziehen, ohne es zu feffeln,
fcheinen mir hier an ihrer wahren Stelle zu ftehen.
Will man aber durchaus hiftorifche Figuren an Decken-
ftücken fehen, fo wünfche ich, daß man fie fchwebend
vorftellen möge.

Die Bibel Raphaels enthält Gemählde, die
eigentlich von dem ftehenden Zufchauer in horizontaler
Richtung gefehen werden follen. Die Figuren haben
ohngefähr eine Höhe von zwei Fuß, welche der Entfernung, worin fie das Auge fieht, nicht angemeffen
ift. Die Feinheit des Ausbrucks in den Minen,
Raphaels Hauptvorzug, geht beinahe ganz verlohren.

Zu allen diefen Stücken hat Raphael Zeichnungen
hergegeben, aber nur wenige hat er mit eigener Hand
ausgeführet. Diejenigen Schüler, die am meiften
Antheil daran hatten, find Perino del Vaga, Giulio
Romano, Giovanni Francesco Penni, und Pelle-
grino da Modena. [41])

Den erften Stücken, die die Schöpfungsge-
fchichte vorftellen, fieht man deutlich an, daß fich
Raphael in die Ideen Michael Angelo's hineingedacht
hat; wenn man ihm darüber einen Vorwurf machen
will, fo verdient er ihn weniger in Rückficht der Nachahmung, als vielmehr der Wahl des Vorbildes.

Der

41) Diefer letzte Künftler heißt eigentlich Pellegrinus
Munari da Modena, unter welchem Nahmen man
ihn in Fueßlis Künftlerlexicon fuchen muß.

Der Schöpfer hat beständig den Ausdruck eines grämlichen Alten, und seine Stellung hat oft etwas convulsivisch Gedrehtes.

In dem Gemählde, welches das Ordnen des Chaos vorstellt, hat Raphael dem Schöpfer den Ausdruck eines rüstigen Alten gegeben, der mit gewaltsamer Anstrengung und ausgespreiteten Armen und Beinen die Elemente aus einander treibt. Wie sehr verliert diese Vorstellung, wenn man sie mit der Idee vergleicht, welche die Worte: „Gott sprach, es werde Licht, und es ward Licht!" hervorbringen. Das Erhabene dieser Begebenheit beruht auf dem Gefühl des geringen Aufwandes von Kräften, wodurch eine so große Würkung hervorgebracht ist, und ich halte es für unmöglich, daß die Kunst dies jemahls durch sichtbare Darstellung errege.

Mit eben so wenigem Glücke hat uns Raphael die Begebenheit der Schöpfung der Thiere sinnlich machen wollen. Hier breitet der Schöpfer die Hände über eine Menge von Thieren verschiedener Gattung aus, und gleichet einem Hausvater, der seine Menagerie besieht. Um inzwischen die Idee des Werdens, des Entstehens einiger Maaßen zu versinnlichen, läßt er verschiedene Thiere zur Hälfte aus der Erde hervorragen, mit der völligen Ansicht, als wären sie halb vergraben.

Die Mahlerei hat keine zulängliche Mittel, Begebenheiten, die sich ohne unaufhaltsame Progression nicht denken lassen, dem Auge deutlich zu machen.

J 5   Aus

Aus der Geſchichte der Schöpfung des Wei-
bes hat Raphael nicht den glücklichſten Zeitpunkt herausgehoben.   Er hat den Augenblick gewählt, in
dem Adam ſagt: Das iſt Fleiſch von meinem Fleiſche.
Wer Miltons Darſtellung von dem erſten Zuſam-
mentreffen des erſten Mannes, des erſten Weibes
kennt, der wird ſich eine intereſſantere Situation
denken, die den Mahler hätte beſchäfftigen können.
Obgleich Richardſon [42]) behauptet, daß die Figur
der Eva von Raphael ſelbſt gemahlt ſey, und daß
die Zierlichkeit ihrer Umriſſe der Antike nichts nach-
gebe; ſo füllt ſie doch keinesweges die Idee von Schönheit aus, die Miltons Beſchreibung in unſerer Seele
zurückgelaſſen hat.

Um ſo zufriedener bin ich mit folgenden Compoſitionen:

† Die erſten Eltern nach dem Falle.   Eva
wird in ihrer Arbeit durch den Streit ihrer Kinder
geſtört, die ſie zur Schiedsrichterin über einen Apfel
zu machen ſcheinen, den der eine dem andern geraubt
hat.   Dieſe Idee zeigt hinreichend den Fall aus jenem goldnen Zeitalter an, in dem Unſchuld und
Ueberfluß kein ſtreitiges Eigenthum und keine Schieds-
richter zuließ; das Unangenehme des Gedankens,
daß nunmehro eigennützige Leidenſchaften den Menſchen beherrſchen, wird zwar auf der einen Seite
durch ihre Aeußerung in dem zarten Alter der Kindheit erhöhet; aber auch auf der andern Seite durch
die

---

42) Traité de la peinture et de la ſculpture ou
   Deſcription des ſtatues, tableaux et deſſeins en
   Italie T. III. p. 473. edit. d'Amſterdam 1728.

die Nachſicht, die wir gegen dieſes Alter und ſeine
noch unſchädlichen Fehler haben, um ſo mehr gemil⸗
dert, da ſie zu den reitzendſten Stellungen und der
angenehmſten Gruppe die Veranlaſſung gegeben
haben.

† Noah mit ſeiner Familie verläßt die
Arche. Abgeriſſen von allen Freunden ihrer Ju⸗
gend, vielleicht die einzigen im eigentlichſten Ver⸗
ſtande des Worts, ſtehen Noah und ſeine Frau in
Kummer verſunken, über den wüſten Anblick der
Erde, an der ihr einſames Alter nur noch durch die
Erinnerung hängt: Hingegen Hoffnung emporſtre⸗
bender Jugend hebt den Buſen ſeines Sohnes, der
eine neue Schöpfung vor ſich ſieht, deren Herr er
ſeyn wird; und das Weib dieſes letzten — o Ra⸗
phael! wie fein! wie zärtlich! das Weib ſchlingt ih⸗
ren Arm um den Hals des geliebten Gatten, ſieht
nur auf ihn, und achtet's nicht: ob außer ihnen die
Welt zu Trümmern wird.

In allen Gemählden erkennt man Raphaels
Geiſt, ſeinen Ausdruck, ſeine Anordnung, ſeine
Stellungen, ſeine Gewänder. Folgende aber haben
mir die merkwürdigſten geſchienen: Die Engel
kommen zu Abraham, Loth wandert aus So⸗
dom, Iſaac erhält Befehl, nicht nach Aegyp⸗
ten zu gehen, Jacob trifft Rahel und Lea am
Brunnen, Joſeph erzählt ſeinen Brüdern den
Traum, den er gehabt hat, Joſeph erklärt
dem Pharao einen Traum, Ein Bild das Peuſ⸗
ſin ſehr geſchätzt haben ſoll: die Findung Moſes,
die Anbetung des güldenen Kalbes, Moſes
zeigt

zeigt den Kindern Israel die Gesetztafeln, Josua gebietet der Sonne und dem Monde, Eleasar und Josua vertheilen den Kindern Israel das gelobte Land, der Triumph Davids, die Königin von Saba, die Taufe Christi und das heilige Abendmahl.

* * *

Raphaels Stanze.

Raphaels
Stanze.

Unter diesem Nahmen sind vier Zimmer bekannt, deren Wände Gemählde von der Hand dieses Meisters enthalten, und die, wenn nicht die schönsten, doch gewiß die weitläuftigsten Compositionen sind, die wir von der Hand dieses Meisters kennen.

Es ist schwer bei der Beschreibung dieser Gemählde kurz zu seyn. Kein Künstler gibt durch mannichfaltige Bedeutung und Vorzüge, die sich in jedem seiner Bilder mit Abwechselung zeigen, so vielfachen Anlaß zu häufigen Bemerkungen. Ich will mich bemühen, aus den vorzüglichsten Stücken nur dasjenige auszuheben, was zu ihrer oft mißverstandenen Erläuterung, und zur Kenntniß des Schönen dienen kann, das diesem Meister eigenthümlich war.

Erster Saal.
Saal Constantins.

Schlacht
Constantins.

† Schlacht Constantins wider Maxenz, von Raphael erfunden und gezeichnet, von seinem Schüler Giulio Romano [43a]) ausgeführt.

Rechter

43a) Von diesem Meister werde ich an einem andern Orte sprechen.

Rechter Hand entscheidet sich der Streit zum Siege für Constantin. Das mächtige Roß des Ueberwinders stampft mit seinen Hufen die Feinde zu Boden. Er selbst auf der Stelle, wo ihn das Auge frei erblickt, hebt den Speer, ihn auf seinen Neben-buhler zu schleudern. Aber sicherer kämpfen für ihn höhere Geister, die über seinem Haupte schweben.

Maxenz hat durch die Tiber mit seinem Pferde gesetzt, und wie dies sich eben auf das gegenseitige Ufer heben will, erschrickt es vor dem obern Glanz, und stürzt rücklings in die Fluthen zurück. Sein Reuter umklemmt noch mit wüthender Todesangst sei-nen Nacken, als schon Constantins Soldaten auf ihren Anführer zusprengen, und für die abgehauenen Köpfe, die sie ihm entgegen halten, den Preis zu er-langen hoffen, der auf das Haupt des feindlichen Im-perators gesetzt war. Aber ein Dritter, neidisch auf diesen Vorzug, zeigt dem Constantin den wahren Maxenz, im Begriff, ein Opfer der Wellen zu werden.

Weiterhin suchen sich Maxenzens Anhänger auf der Flucht in Schiffen über die Tiber zu retten. In ihrer Angst vergessen sie, daß sie Genossen hatten, die mit ihnen denselben Fahnen folgten. Sie stoßen un-barmherzig diejenigen zurück, die sich mit ihnen retten wollen. Im Hintergrunde zieht die siegreiche Armee schon über die Brücke Ponte Molle.

Auf der andern Seite sieht man noch das ganze Gewühl der unentschiedenen Schlacht. Der Reuter streitet gegen den Reuter, der Reisig gegen den Rei-sigen.

sigen. Männer zu Pferde zermalmen Männer zu
Fuße, und diese kämpfen wieder gegen jene an. Ueber=
wundene wehren den letzten Todesstreich ab, und um
das Gemählde zu vollenden, hebt an der äußersten
Seite ein trostloser Vater den Leichnam des erschlage=
nen Sohnes auf.

Dies ist der Gedanke des Bildes, die poetische
Erfindung.

Die mahlerische Erfindung, die eigentliche An=
ordnung, in Rücksicht auf Form und Beleuchtung
der Gruppen, scheint vorzüglich im hintern Theile des
Bildes Tadel zu verdienen; die Figuren sind zu unor=
dentlich auf einander gehäuft. Es ist wahr, die Na=
tur des Gegenstandes scheint dies zu erfordern, aber
ein geschickter Anordner weiß Mittel zu treffen, durch
welche das Auge bei anscheinender Unordnung dennoch
gewisse Gruppen absondert, und sich Ruhepunkte
wählt, welche die einzelnen Partien zwar nicht von
dem Ganzen trennen dürfen, aber diese doch weniger
als andere hervorstechend machen.

Der Ausdruck ist unvergleichlich. Jede Figur
verlangt in dieser Rücksicht ein eigenes Studium, aber
vorzüglich mache ich aufmerksam: auf den Marenz,
auf die Gruppe der Krieger im Schiffe, auf den Reu=
ter, der sein niedergestoßenes Pferd beschreitet, und
sich dennoch in dieser unvortheilhaften Stellung wehrt,
auf jenen andern, der dem Constantin den stürzenden
Marenz zeigt, dann auf den, der seinen Gegner vom
Pferde stößt, auf den zu Boden geworfenen Krieger,
der mit grimmigem Blicke dem Streich zu trotzen
scheint,

ſcheint, der ihn durchbohren ſoll, und endlich auf die
herrliche Gruppe des Vaters mit ſeinem Sohne.

Der Reichthum in der Wahl der Köpfe und der
Stellungen iſt unendlich; er zeigt auch Raphaels ge=
naue Bekanntſchaft mit der Antike. Hie und da er=
kennt man deutlich ganze Figuren wieder, die er offen=
bar von ihr entlehnet hat. Von dieſer Art iſt das
Pferd, das von dem Stoß der Lanze, deren abgebro=
chenen Schaft es noch in der Bruſt trägt, niederge=
ſunken, den Kopf voll hülfloſen Schmerzes zum Reu=
ter kehrt. Eine glückliche Anwendung des Pferdes
auf dem Capitol, das von einem Löwen zerriſſen
wird. 43 b)

Die Zeichnung in unſerm Bilde iſt ſehr beſtimmt;
Inzwiſchen werfen ihr Kenner einige Unrichtigkeit in
der Lage der Muſkeln, und einige Härte in den Um=
riſſen vor.

Das Colorit fällt zu ſehr ins Schwarze, und die
Haltung, welche eine weiſe Austheilung der Lichter
auf gewiſſe vorzügliche Partien, Harmonie und Luft=
perſpektive vorausſetzt, fehlt gänzlich.

† An=

43 b) Auch der Gedanke des Conſtantins der den
Speer ſchleudert, und der Krieger, die ihm meh=
rere abgehauene Köpfe der Feinde zeigen, ſcheint
von einem Basrelief das jetzt am Triumpfbogen
des Conſtantins befindlich iſt, entlehnt zu ſeyn.
Bei der Vergleichung wird man finden wie glücklich
ihn Raphael verbeſſert hat.

† Anrede des Conſtantin an ſeine Solda=
ten, gleichfalls von Raphael gezeichnet, und von
Giulio Romano, wahrſcheinlich mit einigen Zuſätzen
eigener Erfindung, ausgeführt.

Es iſt der Augenblick gewählt, in welchem der
Kaiſer zuerſt das Kreuz in der Luft erblickt, und ſeine
Soldaten darauf aufmerkſam macht.

Nimmt man dieſen Zeitpunkt nicht an, ſo wird
man in vielen Figuren auf dieſem Bilde den Ausdruck
des Erſtaunens vermiſſen, den die Erſcheinung noth=
wendig auf ſie hervorbringen mußte.

Es läßt ſich einiges gegen die mahleriſche Anord=
nung dieſes Bildes erinnern.   Raphael, oder ſein
Schüler, denn dieſem will Richardſon die meiſten Feh=
ler dieſes Gemähldes zur Laſt legen, hat antike Bas=
reliefs dabei vor Augen gehabt;   aber ein Basrelief
iſt kein Gemählde.

Ein Basrelief iſt ungeſchickt, die Würkungen der
Harmonie der Farben, und des eigentlichen Hellbun=
keln hervorzubringen.   Es iſt nur einer ſehr einge=
ſchränkten Luft = und Linien = Perſpektive fähig, und die
eigentliche Zuſammengruppirung thut nur ſehr ſelten
die gewünſchte Würkung. Es ſtellet daher die Fi=
guren meiſtens iſolirt und neben einander dar.   War=
um aber ſoll das Gemählde dasjenige als Vorzug
nachahmen, was Unvollkommenheit in dem ver=
ſchwiſterten Kunſtwerke iſt?

Der poſſierliche Zwerg am Rande dieſes Bildes
pflegt den Zuſchauern am erſten aufzufallen.   Freilich
ſteht er in dieſer ernſthaften Compoſition nicht an ſei=
ner Stelle. Allein ich weiß nicht, ob derjenige, der
für

für Verdruß über die häßliche Figur gegen die übrigen
Vorzüge des Bildes blind wird, oder für Vergnügen
über den schnakischen Kerl nur ihn sieht, nicht beide
auf gleiche Art für Währung des Schönen in der
Kunst verdorben sind.

Die Figur Constantins ist nicht edel genung, die
Zeichnung der übrigen Figuren ist so zu sagen, über
antike Basreliefs geformt; sie hat die Bestimmtheit
und die guten Verhältnisse des Vorbildes erhalten,
aber sie ist auch seiner Härte nicht entgangen.

Das Colorit fällt, wie in allen Gemählden des
Giulio Romano, in unharmonische Schwärze.

Die Haltung ist wie die Haltung eines Basreliefs. Jede Figur ist für sich beleuchtet.

Die Taufe Constantins, die Schenkung
Constantins; von dem Fattore nach Raphaels
Zeichnungen ausgeführt. Sie sind ursprünglich
schwach gewesen, und haben seitdem sehr gelitten.

Die Gerechtigkeit und die Billigkeit oder
Milde, zwei in Oehl gemahlte allegorische Figuren.
Raphael hat sie wenigstens selbst angelegt; vielleicht
sind sie ausgeführt von seinen Schülern.

Man wirft diesen Figuren, vorzüglich der Gerechtigkeit, zu gedrehte Stellungen vor; Eine Anstrengung, von der man den Grund nicht absieht.
Man schiebt diesen Fehler auf Rechnung des Florentinischen Geschmacks, den Raphael damahls seinen Zeitgenossen zu Gefallen annehmen mußte. Der Fehler
mag liegen, woran er will, er führt auf folgende Betrachtungen:

Erster Theil.   K   Mich

Ueber den Ausdruck in Gemählden, welche einzelne Figuren vorstellen, besonders allegorische

Mich dünkt, wir wünschen bei jeder Figur, die wir mit einer heftigen strebenden Gebährde vorgestellt sehen, auch den Grund der Fassung der Seele zu wissen, die sie hervorbringt. Bei isolirten Figuren ist dies nur alsdann möglich, wenn die gegenwärtige Handlung entweder durch ein allgemeines Gefühl von Situationen, die ähnliche Aeußerungen bei allen Zuschauern hervorgebracht haben, oder durch eine allgemeine vorauszusetzende Kenntniß einer individuellen Lage irgend einer berühmten Person aus der Geschichte gerechtfertiget wird.

Die Aeußerung des Zorns, der Andacht, der Reue, wird jedem Menschen an und für sich begreiflich: es gibt der Veranlassungen zu dieser leidenschaftlichen Thätigkeit in dem menschlichen Leben so viele, daß er nach der besondern im gegenwärtigen Falle nicht zu fragen braucht. Es ist schlechtweg ein Zorniger, ein Andächtiger, ein Reuiger, und daran haben wir genung. Auch wird sich unter solchen, die durch eine gebildetere Erziehung und Wohlstand vorzüglich auf den Genuß der Künste berechtigt sind, nicht leicht einer finden, der eine Judith nicht verstehen sollte, die ihre Augen voll Dankbarkeit über die Rettung ihres Vaterlandes und ihrer Unschuld, die ihr durch ihren Arm verliehen ist, zum Himmel aufschlägt.

Ganz anders verhält es sich mit allegorischen Bildern abstrakter Begriffe, die wir uns abgezogen von würksamer Thätigkeit denken können. Sie müssen Ausdruck haben. Aber dieser Ausdruck darf nicht weiter gehen, als auf Darstellung des Charakters über-

überhaupt. Auf die Darſtellung der Faſſung der
Seele, in der die Eigenſchaft, die der abſtrakte Begriff vorausſetzt, zu jeder Zeit und in jeder Lage, den
unterſcheidenden, hervorſtechenden Zug ausmacht,
und durch dieſen auf die ſichtbaren Formen des Körpers eine dauernde Würkung hervorbringt.

Eine Perſon, deren Seele vom Gefühle der Gerechtigkeit durchdrungen iſt, wird ſich durch eine prü-
fende ernſte Miñe, und durch die Stellung eines
ruhigen Nachdenkens unterſcheiden; eine Perſon, in
deren Charakter Milde den Hauptzug ausmacht, durch
gefällige, Zutrauen erweckende Freundlichkeit. So
weit können wir ſie begreifen, in ſo weit wird uns der
Ausdruck deutlich. Finden wir aber einen ſolchen
Charakter in einer lebhafteren Würkſamkeit in einem
Affekte, auf den die Eigenſchaft, die der abſtrakte
Begriff vorausſetzt, nicht nothwendig zurückführt, ſo
verlangen wir die zufällig einwürkende Urſach zu wiſſen, und finden wir ſie nicht, wie dies denn gemeiniglich der Fall bei iſolirten Figuren iſt, ſo kömmt
uns die lebhafte Gebährde und Stellung gezwungen
oder affektirt vor.

Noch ſchlimmer aber iſt es, wenn Ruhe eine un-
zertrennliche Eigenſchaft des abſtrakten Begriffs zu
ſeyn ſcheint, und lebhafte Thätigkeit des allegoriſchen
Bildes damit im Widerſpruche ſteht. Dies ſcheint
r Fall bei der Gerechtigkeit ſowohl als der Milde zu
ſeyn.

Die Figur der Gerechtigkeit hat einen Strauß
neben ſich ſtehen, der wegen der gleichen Länge ſeiner
Federn, auf die gleiche Austheilung des Rechts deuten

ſoll.

soll. Dieses Hieroglyphische Zeichen scheint nicht
glücklich gewählt zu seyn, weil die Bedeutung weni=
gen verständlich seyn wird.

❊ ❊ ❊

Saal des Heliodorus.

Raphael bekam den Auftrag, dieses Zimmer für
Julius II., den kecken Vertheidiger der Kirche, zu
mahlen, und darin mehrere Begebenheiten vorzu=
stellen, in denen der Himmel den besondern Schutz,
den er der Kirche und ihren Vorstehern angedeihen
läßt, deutlich an den Tag gelegt hat.

Heliodor.
† Die Vertreibung Heliodors aus dem
Tempel den er plündern wollte, ist das erste un=
ter den Gemählden, womit die Wände dieses Zim=
mers bedeckt sind.

Der Gedanke dieses Bildes ist folgender:

Auf eifriges Gebet des Hohenpriesters Onias läßt
sich Pabst Julius der Zweite in den Tempel zu Jeru=
salem tragen. Engel, Diener seines Zorns, gehen
vor ihm voraus: Einer derselben zu Pferde sprengt
den Kirchenräuber Heliodor nieder, und zerstreuet
seine Begleiter. Zwei andere schweben herzu, die
Entehrer der Gottheit mit Ruthen zu züchtigen. Un=
terdessen flüchten erschrockene Weiber zum Pabst
und einige Zuschauer suchen höhere Plätze, ihre Ne=
gier zu befriedigen.

Es würde eine schaale Critik seyn, dem Künstler
einen Anachronismus vorzuwerfen, den zu vermeiden,
nicht in seiner Gewalt stand.

Was

Was die Anordnung anbetrifft, so scheint mir die große Leere des Tempels, die schlechthin dem Hohen=priester, und noch dazu in der Entfernung aufgeopfert ist, keine gute Würkung hervorzubringen. Die Gruppen werden dadurch so sehr auseinander getrennt, daß das Auge Mühe hat, das Ganze auf einmahl zu fassen. Die Composition wird dadurch unzusam=menhängend.

Die Form der einzelnen Gruppen unter sich scheint mir hingegen als ein wahres Muster aufgestellt werden zu können, und die Gruppe des Heliodorus, den die Engel niederwerfen, wird besonders von Kennern be=wundert. Nur darf man nicht vergessen, was ich schon oben erinnert habe: Daß dieser Vorzug in Ra=phaels Gemählden zu selten vorkömmt, um ihm ein eigenthümliches Verdienst daraus zu machen.

Der Ausdruck in diesem Gemählde ist unver=gleichlich. Der himmlische Reuter nimmt sein Pferd zusammen, treibt ihm die Hacken in die Seite, und holt mit vorgebeugtem Körper einen neuen Stoß wi=der den liegenden Feind aus. Ihm zur Seite schwe=ben seine Begleiter mit aller der Leichtigkeit, die wir ihren ätherischen Körpern zutrauen dürfen. Ihre Köpfe haben den edelsten und wahresten Ausdruck des rächenden Zorns.

Der eiskalte Schrecken, die schmerzhafte Betäu=bung Heliodors unterscheidet sich durch größern An=stand von der Angst seiner Gefährten. Sie schreien; sie stieben auseinander; sie verlieren ihren Raub. Einem von ihnen gleitet im Fliehen der Koffer vom Rücken: Wie er rückwärts darnach greift, wie gern

K 3   er

er ihn behielte! Aber sein Gesicht gegen die furchtbaren Geister umzuwenden, das wagt er nicht.

Auf der andern Seite flüchten die erschrockenen Weiber mit ihren Kindern zum Pabste. Erstaunen, Schrecken, der mit Neugier kämpft, bildet sich auf ihren Gesichtern, und dies mit der größten Abwechselung in Minen und Stellungen. Viele darunter sind äußerst reizend. Man übersehe nicht die beiden zusammengruppirten Figuren, deren eine, um besser zu sehen, sich um eine Säule schlingt, während, daß die andere sich auf das Postament zu schwingen sucht. Und wie in alle dem Gewühle der Pabst mit majestätischer Ruhe thront!

Allein die übrigen Begleiter des Pabstes beleidigen durch den wenigen Antheil, den sie an der Handlung nehmen. Die Schweizer, die ihn tragen, der Secretair, der voran geht, sind bloße Bildnisse damahls lebender Personen, denen man keine Art des Ausdrucks beilegen kann.

Ich weiß wohl, daß man den Raphael lobt, durch diese Gleichgültigkeit das unbedingte Vertrauen ausgedrückt zu haben, welches diese Männer auf die Gewalt ihres Herrn setzen. Allein diese ingeniuese Idee contrastirt zu sehr mit dem Ausdrucke der thätigen Theilnehmung in den übrigen Figuren, um an dieser Stelle nicht zur Carrikatur zu werden.

Die Behandlung dieses Gemähldes zeigt übrigens schon die fertige Hand, die durch lange Uebung Sicherheit erhalten hat. Raphael scheint es selbst ausgeführt zu haben.

† Atti-

† Attila, der Zerſtöhrer der Welt, die Geißel Gottes, wie er ſich nannte, kehrt um vor den Mauren Roms, gerührt durch die Ehrfurcht, die ihm der Statthalter Gottes einflößt.

Man bedenke es wohl, hier iſt keine gewalt= ſame Zurücktreibung, es iſt Würkung eines heiligen Schauders, der den Barbaren bei dem Gefühl über= natürlicher Größe ergreift, und die auf ſeine Armee mit paniſchem Schrecken zurück würft. Der Pabſt Leo der Heilige, trägt auf ſeiner Figur die Würde ei= nes Heiligen, der ſich des unmittelbaren Schutzes des Himmels bewußt iſt. Er durchſchneidet, wie die Stellung der Hand es ſchließen läßt, die Luft mit dem allmächtigen Zeichen des Kreuzes. Ihm zur Seite ſtehen ſeine Begleiter mit dem Gefühle der Un= verletzlichkeit unter dem Schutze des Oberhaupts der Kirche. Auch verläßt der Himmel ſeinen Diener nicht; die Apoſtel Petrus und Paulus ſchweben über ſeinem Haupte, und befehlen dem Barbaren zu wei= chen; nicht mit dem Ausdrucke eines gewaltſamen Zorns, aber mit dem Ernſte, dem man nicht wider= ſteht, und ausgerüſtet mit Waffen, im Fall der Widerſpenſtigkeit zu ſtrafen.

Den Barbaren ergreift das Gefühl der über= menſchlichen Stärke, gegen die er nicht anzukämpfen wagt. Die Augen gegen die himmliſche Erſcheinung gerichtet, beugt er den Körper zurück, und gibt mit wegweiſenden Händen ſeiner Armee das Zeichen zurück zu kehren. Er allein ſieht die Erſcheinung der höhe= ren Weſen, aber ſeine Begleiter fühlen den Schauer,

der

der sie umringt; das Heilige, das Hehre, das man sich von der Gegenwart der Unsterblichen stets unge- trennt denkt. Der Himmel ist heiter über der Gruppe des Pabstes, aber er schwärzt sich über den Häuptern der feindlichen Armee; ein Sturmwind rollt die Wol- ken auf vor den Aposteln her; kaum vermögen die Träger ihre Fahnen zu halten; die Pferde werden scheu; man stößt mit zurückgewandtem Gesichte in die Trommeten zum Abmarsch; man flieht; man geräth in Unordnung; man weiß nicht wie, noch warum.

Dies ist der Gedanke dieses Gemähldes, über den man so viele und so üble Critiken gemacht hat.

In Ansehung der Anordnung wirft man der Fi- gur des Attila vor, daß sie sich nicht genung heraus hebe. Dieser Fehler liegt in dem Mangel der Hal- tung, nicht an dem Orte, wohin sie gestellet ist; denn sie ist frei genung, um gesehen zu werden. Da aber Raphael den Grundsatz hatte, seine entfernten Figu- ren dadurch zurückweichend zu machen, daß er helle Massen auf den Vorgrund stellte, so zieht der vor- derste Reuter auf dem weißen Pferde die Augen zu sehr an sich, um nicht den Eindruck der Figur des Königs, den man im Halbschatten auf einem brau- nen Pferde sieht, zu schwächen. Raphael bediente sich selten des Mittels, durch dunkle Massen auf dem Vorgrunde des Gemähldes lichtere Gegenstände ent- fernter erscheinen zu lassen. Er kännte nicht die soge- nannten Repoussoirs.

Der Ausdruck ist wieder unvergleichlich, die ru- hige Zuversicht in der Gruppe des Pabstes und seiner

Beglei-

Begleiter, contraſtirt ſehr glücklich mit dem wilden Schrecken unter den Barbaren.

Raphael hat auch hier wieder mehrere Köpfe ſeiner Zeitgenoſſen angebracht; und auch hier thut es die gewünſchte Würkung: Es verbreitet Leben und Wahrheit.

Bei den Figuren der Apoſtel, die in einer anſehnlichen Höhe über die untern Figuren ſchweben ſollen, ſcheint Raphael die Regel der Perſpektiv, nach welcher ſich das Entfernte verkleinert, nicht beobachtet zu haben. Er that es vielleicht, um das Uebermenſchliche fühlbarer zu machen; allein das Auge ſchmiegt ſich nicht ſo leicht in das Reſultat der Ueberlegung; die Figuren ſcheinen ungeheuer und ſchwerfällig, ſo ſchön ſie gezeichnet ſind, ſo natürlich ſie ſchweben. Dies beſtätigt Leſſings ſcharfſinnige Bemerkung, [44]) daß eine anſchauliche Unwahrſcheinlichkeit durch eine kalte Ueberlegung nicht gehoben wird. Hingegen dürfte ich aus eben dieſem Bilde einen Einwurf hernehmen gegen jene Behauptung, die er an eben dieſer Stelle wagt: Die Mahlerei ſey ungeſchickt, uns zu verſtehen zu geben, daß in ihren Compoſitionen dies oder jenes als unſichtbar betrachtet werden müſſe. Es gibt dazu ein ſichereres Mittel, als die dünne Wolke, ſo er angibt, nämlich der Ausdruck desjenigen, der nicht ſieht, da er ſehen könnte und ſollte, weil andere neben ihm ſehen. Mich dünkt, Raphael hat durch den verſchiedenen Ausdruck in den Figuren des Attila und ſeiner Begleiter es anſchaulich

K 5　　　　　　genung

44) S. Laocoon, zwölfter Abſchnitt.

gerung gemacht, daß die Apoſtel ihm und nicht ſeinen
Begleitern ſichtbar ſind.

Auch dieſes Bild zeigt Raphaels geübtere Hand.

† Wunder der Meſſe zu Bolſena.

**Die Meſſe
zu Bolſena.**

Ein Prieſter, der an der Gegenwart Chriſti
beim heiligen Abendmahl zweifelt, ſieht bei Conſecri-
rung der Hoſtie das Kelchtuch mit Blut gefärbt.
Dies geſchieht in Gegenwart mehrerer Perſonen,
worunter Pabſt Julius der Zweite mit ſeinem Gefolge iſt.

Das Colorit in dieſem Gemählde iſt ſowohl an
und für ſich ſelbſt, als in Vergleichung mit den übrigen Werken Raphaels der Aufmerkſamkeit des Liebhabers beſonders werth.

Dieſer Vorzug iſt dem Gemählde eigenthümlich:
Es theilt aber überher denjenigen, den man in allen
übrigen dieſes Meiſters antrifft, Wahrheit und Abwechſelung im Ausdruck. Der Pabſt iſt in ruhiger
Faſſung, und mit Recht darf man glauben, daß
Ueberlegung dem Künſtler dabei zur Seite geſtanden
hat: Das Oberhaupt der Kirche darf das Wunder,
welches eine ſo feſtſtehende Wahrheit als die Trans-
ſubſtantiation beſtätigt, nur als eine natürliche Folge,
höchſtens als eine ſeltene Aeußerung eines täglich wie-
derkehrenden Wunders anſehen. Hingegen zeigt ſich
Beſchämung und Schrecken auf dem Geſichte und in
der Stellung des Prieſters. Dieſer Ausdruck contraſtirt ſehr glücklich mit dem materiellen Anſtaunen
der Soldaten von der Schweizergarde. Die Neugier
unter den übrigen Zuſchauern hat dem Künſtler Gelegenheit

legenheit zu der Handlung einer schönen weiblichen Figur gegeben, welche die Köpfe derer, die vor ihr stehen, zur Seite biegt, um sich licht zu machen.

Auch verdient die Weisheit unsere Aufmerksamkeit, mit welcher der Künstler den Ort des Gemähldes, der durch ein Fenster getheilt wird, bei der Anordnung ohne Nachtheil der Einheit zu nutzen wußte.

Dies Gemählde hat Raphael gleichfalls selbst ausgeführt.

† Die Befreiung des heiligen Petrus aus dem Gefängniß.

Der heilige Petrus im Gefängniß.

Dieses Gemählde muß in drei Unterabtheilungen abgesondert werden, welche man als drei verschiedene Scenen eines Schauspiels ansehen kann: Drei auf einander folgende Auftritte einer Haupthandlung. Der Engel weckt den heiligen Petrus im Gefängnisse auf, er führt ihn an der einen Seite dieses Gefängnisses ab, und an der andern Seite desselben werden die Wächter seine Flucht gewahr. Man kann sich diese verschiedenen Zeitpunkte als auf einander folgende fortschreitende Handlungen einer Begebenheit denken, und so machen sie ein dichterisches Ganze aus: Aber da man sie nicht als neben einander existirend annehmen darf; da sie an verschiedenen Orten und zu verschiedenen Zeiten vorgehen, so sind es auch drei ganz von einander verschiedene Gemählde.

So fällt denn auch der Vorwurf einer doppelten Handlung weg, der darin gefunden wird, daß man den heiligen Petrus einmahl vom Engel geweckt, das andere mahl von ihm fortgeführt zu gleicher Zeit erblickt.

blickt. Man erblickt sie nur darum zu gleicher Zeit, weil die Gemählde an einer Wand, ohne Absonderung durch Rahmen, zusammengestellet sind.

Dies Gemählde bestätiget wieder eine Bemerkung, die ich oft gemacht habe, daß ungelehrte Augen durch Lichter, die stark vom Schatten abstechen, am lebhaftesten gerührt werden. Welch Aufhebens macht man nicht von diesem Gemählde! Es hat Verdienst, es ist nicht zu leugnen, aber den wortreichen Enthusiasmus, den es so vielen Critikern einflößt, rechtfertiget es doch sicherlich nicht.

Das mittelste Gemählde zeigt den heiligen Petrus, der vom Engel aus dem Schlafe geweckt wird. Der Engel ist von einer Glorie umgeben, die das Gemählde erleuchtet, und um die Würkung dieses Lichts zu erhöhen, läßt der Künstler mit großer Weisheit seine Figuren durch ein Gitter sehen, welches das Innere des Gefängnisses, als den Ort der Scene dem Auge aufschließt.

Dies verdient Lob; Allein so weit als Richardson [45]) darf man nicht gehen, und nun das Anziehende dieser Anordnung mit dem Zauber der Beleuchtung vergleichen, den Correggio in seine berühmte Nacht gelegt hat. Der Christ des Correggio ist ein erleuchtendes Wesen, von dem das Licht ausgeht, und dessen lichter Körper blos durch unzählige Degradationen von Licht die Rundung bekommt, die das Auge fühlt, und der Verstand kaum begreift. Hier aber
umgibt

45) Defcription des ftatues, tableaux etc. T. III.
P. 399.

umgibt den Engel eine Glorie, die ihn erleuchtet, und
ihn des Eindrucks von Licht und Schatten, den man
auch ganz deutlich angegeben ſieht, fähig macht.
Die pikante Würkung liegt alſo in der Anordnung
des Lichts, nicht aber in der magiſchen Behandlung
der Darſtellung.

Auch weiß ich nicht, ob man mit eben dieſem
Schriftſteller dem Raphael ein Verdienſt daraus machen kann, daß er mehrere Lichter ſo neben einander
geſtellet hat, daß ſich das mittelſte, als das Haupt-
licht vor den übrigen heraus hebt. Alles iſt hier
Nacht, ſagt Richardſon, Alles iſt erleuchtet, aber
die Lichter ſind ſich einander ſo untergeordnet, daß das
eine dem andern keinen Schaden thut. Ich möchte
dies abläugnen. Mich dünkt, es thut dem Haupt-
lichte allerdings Schaden, daß die Nebengemählde
ſo erleuchtet ſind; und iſt es nicht unnatürlich, daß
der Engel, der in dem mittelſten Gemählde ſo hell
beleuchtet wird, auf der Seite mit eben der Glorie im
ſchwächern Lichte erſcheint?

Der Ausdruck in dem erwachenden Petrus iſt
wahr. Aber ſowohl dieſe Figur als die Figur des
Engels ſind nicht ſehr edel.

Das zweite Gemählde zur Seite, oder die zweite
Abtheilung ſtellt den heiligen Petrus vor, den der
Engel aus dem Gefängniſſe führt. Der Engel iſt
von wahrer himmliſcher Anmuth. Dieſe Handlung
wird allein von der Glorie erleuchtet, in der der Engel einhergeht; und auch hier erſcheint er nicht als er-
leuchtender, ſondern als erleuchteter Körper.

Die

Die dritte Abtheilung ſtellt die Wächter vor, die durch einen ihrer Cameraden, der die Flucht gemerkt hat, aus dem Schlafe geweckt werden. Der Ausbruck dieſer Schlaftrunkenen, vorzüglich desjenigen, der ſich die Augen bedeckt, weil er den Schein des Lichts nicht vertragen kann, iſt unvergleichlich. Hier hat der Mahler ein doppeltes Licht auf ſehr gute Art benutzt, denn der weckende Wächter, der die Fackel trägt, erleuchtet die Körper von vorn, und hinten hebt der Mond, der etwas mit Wolken bedeckt iſt, durch die Strahlen, welche durchbrechen, die Figuren von dem dunkeln Grunde ab.

In Vergleichung mit den übrigen Gemählden Raphaels liegt das eigenthümliche Hauptverdienſt des gegenwärtigen in der Behandlung des Helldunkeln.

An der Decke dieſes Zimmers hat Raphael noch vier Sujets gemahlt: Noah, der nach überſtandner Sündfluth dem Himmel dankt, Iſaacs Opfer, Moſes vor dem brennenden Buſche, und Jacobs Traum.

✳   ✳   ✳

Drittes Zimmer.
Camera di Segnatura.

Als Raphael den Auftrag erhielt, das Zimmer di Segnatura zu mahlen, ſo wurden ihm zu gleicher Zeit die Gegenſtände angezeigt, die er behandeln ſollte. Man gab ihm auf, die vier vornehmſten Wiſſenſchaften ſeines Jahrhunderts darzuſtellen, die Theologie, die Philoſophie, die Dichtkunſt und die Jurisprudenz.

Er

Er begnügte ſich nicht, ſie durch bloße allegoriſche Figuren zu bezeichnen, er ſtellte die berühmteſten
Männer auf, die ſich in einer jeden von dieſen hervor-
gethan haben, und brachte ſie in Handlung.

† Der Streit über das heilige Sacrament
des Abendmahls.

Man ſollte glauben, das Sujet dieſes Gemähldes könute dem Mahler nur wenig Gelegenheit darge-
boten haben, ſeine Stärke in demjenigen Theile ſeiner
Kunſt zu zeigen, in dem er alle diejenigen, die ſeit
Wiederherſtellung der Mahlerei den Pinſel geführt haben, ſo weit übertroffen hat: ich rede von der Darſtellung der Seele auf der Oberfläche des Körpers, von
dem Ausdrucke. Heilige Männer, wie wir ſie hier
vor uns ſehen, ſollen ihre Leidenſchaften zu ſehr in ih-
ter Gewalt haben, um ſie durch ihre äußern Handlungen andern fühlbar zu machen; und doch ſind es
gerade dieſe, die dem Zuſchauer am intereſſanteſten zu
ſehen, und dem Künſtler am leichteſten darzuſtellen
werden.

Inzwiſchen, Raphaels Pinſel wußte dieſe Schwierigkeiten zu überwinden: Der Ausdruck der feinſten
Bewegungen der Seele macht wieder den Hauptvorzug des gegenwärtigen Gemähldes aus.

Es iſt in zwei Theile getheilt, deſſen oberer mit
dem untern blos durch die Aſſociation der Ideen,
nicht aber durch eine gemeinſchaftliche Handlung zu-
ſammenhängt.

Der obere ſtellt die Perſonen der Gottheit mit
den Patriarchen und den Heiligen in den Wohnungen
der

der Seligen vor; Engel und Seraphims umſchwe-
ben ſie.

Ich will die Anordnung nicht als Beiſpiel empfehlen. Die neben einander gereiheten Perſonen
ſehen einem Cirkel in einer römiſchen Converſazione
nicht unähnlich. Wenn man aber die Figuren einzeln
betrachtet, ſo wird man große Schönheiten finden.

Der untere Theil iſt viel beſſer angeordnet. In
der Mitte ſieht man den Altar, auf dem der Kelch und
die Hoſtie ausgeſtellt ſtehen, die die Veranlaſſung zu
dem Streite unter den rund herum verſammleten Kir-
chenvätern geben, und ſogleich auf das Verſtändniß
des Ganzen führen.

Linker Hand ſieht man den heil. Hieronymus und
den heiligen Gregorius, Köpfe voller Charakter.
Das Pfäffchen hart am Altare, das mit gefalteten
Händen nachbetet, iſt von unvergleichlichem Ausdrucke.

Hinter dieſen kommen zwei ſehr ſchön geordnete
Gruppen, in deren letzterer man den Bramante ſieht,
der aus einem Buche, welches er hält, die Auflöſung
des ganzen Geheimniſſes gefunden zu haben ſcheint.
Man übergehe nicht die Figur, die dem Anſehen nach
den Streit nur auf einen Augenblick verlaſſen hat,
eiligſt die vom Bramante aufgeſchlagene Stelle ein-
ſieht, und nun mit Fingern, die ſchon zur Demon-
ſtration aufgehoben ſind, mit neuen Gründen bewaffnet, wieder forteilet. Der Jüngling neben dem
Bramante iſt eine der ſchönſten Figuren des Bildes.

Linker

Linker Hand dem Altare ſitzen Scotus und Am-
broſius. Wahreres läßt ſich nichts denken, als den
heiligen Auguſtin, der diktirt, und die eilende Sorgfalt, mit der ſein Schreiber nachſchreibt. St. Tho-
mas, Pabſt Anaclet, Bonaventura, Pabſt Innocenz der Dritte, Dante, Savanarola, ſind die bekannteſten Köpfe unter den übrigen.

Man bewundert mit Recht die Mannichfaltigkeit
und die Wahrheit des Charakters in dieſen Köpfen.
Sie ſind aber mit einem Fleiße ausgeführt, der an
Trockenheit gränzt. Dieſe Trockenheit allein kann
uns auf die Epoche ſchließen laſſen, in der dies Gemählde von Raphael verfertigt wurde. Es iſt das
erſte von ſeiner Hand in dieſem Pallaſte, folglich aus
einer Zeit, in der er wider den Geſchmack des Pietro
Perugino ankämpfte, aber den Einfluß der frühern
Erziehung noch nicht ganz überwinden konnte. Daher auch das natürliche Gold in den Glorien! Hingegen ſieht man auch die Bekanntſchaft mit den Floren-
tinern, das Beſtreben ihre Vorzüge ſich zu eigen zu
machen, in dem Stile der Gewänder, in den Formen und Stellungen der jugendlichen Figuren, und
in dem Colorit.

Es iſt äußerſt intereſſant zu bemerken, wie Raphael ſelbſt während der Arbeit an dieſem Gemählde
in der Kunſt zugenommen hat. Er fing mit der
rechten Seite an, und ſeine furchtſame und ungewiſſe
Hand wollte dem Kopfe noch nicht die rechte Folge leiſten. Aber auf der linken Seite merkt man ihm ſchon
mehr Freiheit mehr Feſtigkeit an.

Raphael hat dies Bild ſehr ungleich colorirt.
Einige Köpfe z. E. das Pfäffchen am Altare ſind ſehr
treu und wahr behandelt. An andern Figuren ver-
mißt man die Abwechſelung in den Tinten, die die
Schönheit des Colorits ausmachen. Haltung und
Beobachtung der Regeln des Helldunkeln darf man
gleichfalls hier nicht ſuchen.

Die Schule von Athen.

† Die Schule von Athen.

Nichts ſcheint weniger ein Gegenſtand der mahleriſchen Darſtellung zu ſeyn, als der Ausdruck des
Nachdenkens, und des Antheils, den die Seele an
dem Erkenntniſſe abſtrakter Wahrheiten nimmt. In
der That jede Unterſuchung, die ſich auf Aneinander-
reihung von Ideen gründet, ſetzt ruhige Kälte, Abgezogenheit von allen Dingen außer uns, und em-
pfindlichkeit gegen die Eindrücke zum Voraus, die ſie
auf uns machen können. Wenn ſich alſo auch eine
ſolche Lage des Gemüths auf unſere Geſichtszüge zeichnet, durch unſere Gebährden äußert, ſo wird man
ſich doch dieſen Ausdruck entweder nur als unmerklich,
oder als äußerſt einförmig denken.

Raphael, der ſeine Süjets nicht ſelbſt wählte,
bekam, als man von ſeiner Hand die berühmteſten
Philoſophen des Alterthums in einem Gemählde verſammelt ſehen wollte, einen deſto ſchwerern Auftrag,
als er eben mit einem Gemählde in dem nämlichen
Zimmer fertig geworden war, wobei er keine von denen Situationen ungenutzt gelaſſen zu haben ſchien, die
der Eifer der Sectirer, der Starrſinn der Halbklugen,
das Anſtaunen der Schwachen, und der Zweifel des
Weiſen der Einbildungskraft darbieten können.

Aber

Aber einem ſo fruchtbaren und ſcharfſichtigen Kopfe
wie Raphael, kam es zu, eben durch die Darſtellung
des Streits über das Sacrament ſich auf die Behandlung eines ähnlichen Gegenſtandes vorzubereiten, und
indem ſeine Hand an Feſtigkeit, ſein Geiſt an Deutlichkeit und Klarheit der Ideen gewann, zu gleicher
Zeit eine Menge neuer Erfahrungen zu ſammeln,
durch deren Anwendung die Schule von Athen, in
Rückſicht auf Mannichfaltigkeit und Wahrheit, ein
Meiſterſtück des Ausdrucks wurde.

Der Cardinal Bembo hat wahrſcheinlich Raphaeln den Gedanken dieſes Gemähldes an die Hand
gegeben. Dies benimmt dem Künſtler nichts von
ſeinem Verdienſte. Er hat dies mit einem Sha-
keſpear und mit vielen andern großen Genies gemein,
daß ſie zuweilen den Stoff zu ihren Werken entlehnten. Er ward darum nicht weniger ihr Eigenthum
durch die Art wie ſie ihn bearbeiten.

Der Grund dieſes Gemähldes, der Ort, an dem
die Handlung vorgeht, iſt ein Gebäude von ſimpler
aber edler Architektur; die Statuen des Apollo und
der Minerva bezeichnen ihn als den Ort, wo Weisheit und Wiſſenſchaft gelehrt wird.

Die Nahmen der Perſonen, die ihn anfüllen,
beruhen zwar nur auf ungewiſſen Tradicionen. Inzwiſchen will ich mich hier derſelben bedienen, weil
ſie genauer bezeichnen.

Oben an gegen die Oeffnung des Haupteingan-
ges zu, ſo daß ihre Figuren durch den blauen Horizont gehoben werden, ſtehen Plato und Ariſtoteles
als

als Perſonen, die unſere Aufmerkſamkeit ſogleich auf
ſich ziehen ſollen. Der liebenswürdige Dichter der
Philoſophie, deſſen Vernunft ſo gern auf der Leiter
der Einbildungskraft dieſer Welt entklimmte, zeigt
mit aufgehobener Hand jene obern Regionen, in denen
er ſich dem Weſen zu nähern ſuchte, von dem er ſich
als einen Ausfluß anſah. Ariſtoteles ſcheint ihm dieſe
tröſtende, aber freilich gefährliche, Schwärmerei, zu
verweiſen, er ſtreckt die Hand gegen die Erde aus,
und ſucht ihn auf die Welt, die ihn umgiebt, zurück=
zuführen.

Unter den Umſtehenden iſt der Ausdruck der Be=
wunderung und der Aufmerkſamkeit unverkennbar.
Der vordere ſchöne Alte linker Hand wird für den
Cardinal Bembo gehalten. Mir hat auch der Jüng=
ling linker Hand ſehr gefallen, deſſen Blick und über=
einandergeſchlagene Arme einen aufwiegenden Denker
anzeigen, dem man nicht leicht eine Idee aufbringt.
Der Mahler ſoll durch ihn den Alexander haben vor=
ſtellen wollen. Die beiden Perſonen, deren eine der
andern die beiden Lehrer bekannt macht, ſind der Na=
tur abgeſtohlen.

Linker Hand die Gruppe des Socrates. Dieſer
Philoſoph, der ſich eben ſo ſehr durch die Gemein=
nützigkeit ſeiner Lehren, als durch die Gabe, ſich ver=
ſtändlich zu machen, auszeichnete, zählt ſeine Lehr=
ſätze an den Fingern ab; ein Zeichen, welches nach
einem beinahe jedem Volke eigenen Sprachgebrauche
auf Klarheit und Ordnung in den Gedanken, und
auf Deutlichkeit im Ausdruck zurückführt. Unter den
Zuhörern dieſes Weiſen charakteriſirt die nachläßige

und

und doch edle Stellung des jungen Helden im Helme, den Alcibiades, den Liebling der Natur, an den sie ihre Gaben verschwendet hatte.

Man braucht kein besonderer Bemerker zu seyn, um in jenem andern Kopfe mit der Müße den halb-aufgeklärten Dünkel zu erkennen, der sich gern den Anstrich der Weisheit geben möchte, und nur hört, um Einwürfe zu machen.

Die hinterste Figur verbindet diese Gruppe mit den Personen, die durch einen Seiteneingang in das Gebäude eilen. Sie winket sie zum Socrates herzu. Der Jüngling, der dem Winke folgt, und beinahe nackt seine Schrift-Rollen unter dem Arme trägt, ist ein Bild der rohen Natur, die vor Begierde brennt, sich zu unterrichten.

Der wohlgemästete Wollüstling mit Weinlaub bekränzt, — nicht Eichenlaub, wie Bellori träumt — scheint Epicur zu seyn, nach der falschen Vorstellungs-art, die man sich dazumahl von seinen Lehrbegriffen machte. Der Alte, der mit dem Kinde auf den Armen bei ihm steht, gilt einigen für den Epicharmus, anderen, für einen Vater, der sein Kind früh in die Schule der Weisen bringt. Ich glaube, bei-des wird ohne hinlänglichen Grund behauptet: es ist vielmehr zu glauben, der Künstler habe damit sagen wollen, die Philosophie des Epicur sey eine Philoso-phie für schwache Köpfe, und selbstische Herzen der Kinder und der Greise.

Pythagoras ist der Philosoph, der die Folge einer langen Reihe von Ideen in ein Buch schreibt,

L 3   welches

welches er auf das Knie ftüßt. Neben ihm fniet ein
fchöner Jüngling, der die Tafel der muficalifchen
Nummern des Pythagoras einem Manne in mór-
genländifcher Tracht zeigt. Diefer hat ganz den Ausdruck ablauernder Myftik und Charlatanerie; Er geht
unter dem Nahmen des Averrons.

Perfonificirte Lehrbegierde zeigt fich in der Figur
des fogenannten Empidocles, der mit ängftlicher Sorgfalt fich vorbeugt, um dasjenige abzufchreiben, was
fein Lehrer aufzeichnet.

Der Weiberkopf foll Afpafia feyn. In dem
Knaben will man den Archytas fehen, wahrfcheinlich
weil die Gefchichte fagt, daß diefer Philofoph Kinder
mit phyficalifchen Experimenten von fchädlichen Be-
luftigungen zurückgehalten habe.

Der junge Mann neben ihm foll Francesco Maria
delle Rovere Duca d'Urbino feyn. Ich weiß nicht,
ob die Schönheit der Figur, und die Liebe diefes
Herrn zu den Wiffenfchaften und Künften den Raphael entfchuldigen kann, dies Portrait in eine Stellung gefeßt zu haben, wodurch es der ganzen übrigen
Handlung fremd bleibt.

Die mahlerifch fchön geftellte Figur, die den Pythagoras auf eine Stelle in einem Buche aufmerkfam
zu machen fucht, mit der Mine, als fagte er: was
du fuchft, hier fteht es! wird für den Terpander ausgegeben, der fchon vor dem Pythagoras fich durch
feine Kenntniffe in der Mufik ausgezeichnet hatte.

Epictet fißt zunächft als ein Mann, der im
Nachdenken verfunken, und in fich felbft zurück gezogen,

gen, unempfindlich gegen allen äußern Eindruck zu-
ſeyn ſcheint.

Der Cyniker Diogenes ſtreckt ſich mit anmaaßen-
der Indifferenz auf die Treppe, und überſchauet mit
trotzender Selbſtgenügſamkeit die Tafel, die er be-
ſchrieben hat. Ort und Stellung ſcheinen mir beide
im Charakter.

Hart an dem Diogenes ſteht ein Jüngling, der
Luſt zu haben ſcheint, der Secte des Diogenes zu folgen; aber ein älterer Philoſoph zeigt ihm den Ariſtoteles an. Der Ausdruck dieſer beiden Figuren iſt
unvergleichlich.

Ich komme nun auf die berühmte Gruppe des
Archimedes, die die bedeutendſten Figuren enthält,
welche nach meiner Einſicht je in der Mahlerei hervorgebracht ſind. Bramante unter der Figur des Archimedes erklärt ſeinen Schülern eine mathematiſche
Figur. Einer von ihnen, auf deſſen Stirne man
die Unfähigkeit des Geiſtes lieſt, der darin wohnt,
ohne daß jedoch der Mahler ſie mit einer Carricatur
von Stupidität gebrandmarkt hätte, ſtrengt alle die
wenigen Seelenkräfte an, die ihm die Natur verliehen hat, um die Worte ſeines Lehrers zu verſtehen.
Er zählt ſie an den Fingern nach, und huckt nieder,
um dem Ausmeſſen des Cirkels deſto beſſer nachzu-
ſtaunen. Derjenige, der bei ihm ſteht, iſt gerade in
dem Augenblicke ergriffen, wo es anfängt, hell in
ſeiner Seele zu werden: Auch er hat, um beſſer zu
ſehen, auf den Knien gelegen, aber nun hebt er ſich
in die Höhe, und die freudig geöffneten Lippen und

der Zeigefinger, der von der Nase herabsinkt, lassen die Worte hören: Ja, nun habe ich's verstanden!

Ein dritter Schüler hat die Aufgabe sich schon ganz zu eigen gemacht, er kehrt sich gegen den vierten, ihm die Erklärung mitzutheilen, und dieser zeigt in Stellung und Minen die freudige Bewunderung, die ihm die Auflösung dieses gelehrten Räthsels erweckt. In dem letzten will man den Herzog von Mantua, Friederich Gonzaga finden.

Hinter dieser Gruppe stehen noch einige Männer, in denen man den Raphael, den Pietro Perugino, neben dem Zoroaster und Giovanni della Casa erkennen will.

Unter den Figuren, die den Hintergrund füllen, zeichne ich nur den Jüngling aus, der mit Eifer dasjenige nachschreibt, was ihm ein älterer Philosoph dictirt.

Dies wäre ungefähr das Hauptsächlichste, was sich über den Gedanken und den Ausdruck dieses Gemähldes sagen ließe.

Die Anordnung ist simpel, voller Ordnung und Weisheit. Die Zeichnung ist fein, und vorzüglich in den Köpfen und Gewändern zu bewundern. Kenner wollen hie und da einige nicht ganz glückliche Verkürzungen bemerken. Das Colorit und das Hellbunkle sind nicht Hauptvorzüge dieses Gemähldes, das sehr von der Zeit und andern Unfällen gelitten hat. Jedoch sieht man der Ausführung diejenige Trockenheit nicht mehr an, die man dem Gemählde des Streits über das Sacrament vorwirft. Dem Schatten hat Raphael zuweilen durch Schraffirungen nach Zeichnungs-Art nachgeholfen.

Poesie

Poesie oder der Parnaß. Es stellt dies Gemählde den Apollo mit den neun Musen und mehrere
Poeten vor.

Es ist unter denen, die Raphael selbst gemahlt
hat, eines der schwächsten.

Apollo sitzt zwischen den Musen auf dem Parnaß.
Zu beiden Seiten stehen verschiedene Dichter, die unter Gesprächen den Berg auf und abgehen.

Ich halte mich bei der Nomenclatur der Personen, die hier einer ungewissen Tradition nach vorgestellt seyn sollen, nicht weitläuftig auf. Man findet
in der Gruppe zunächst dem Apollo Homer, Virgil,
Dante und Raphael. Unten rechter Hand Pindar
und Horaz, und linker Hand erkennt man Sappho
an der Rolle, auf der ihr Nahme geschrieben ist.

Die Geige auf der Apollo spielt, hat schon oft
den Tadel der Critiker auf sich gezogen. Sie verdient ihn, des beleidigten Costums wegen, aber noch
mehr wegen der Stellung, die der Spieler bei diesem
Instrumente annehmen muß, und die der Schönheit
und dem Reiz der Stellung sehr zuwider ist. Das
Streichen des Bogens gibt dem Arme eine wirkliche
eckige Biegung. Ueberhaupt hat diese Figur, welche
sitzend vorgestellet ist, nicht das Edle, welches man
von der Hauptfigur in diesem Gemählde erwarten sollte.

Es scheint auch, als wenn die beiden sitzenden
Musen zu seiner Seite zu symmetrisch diesen Platz ein-
nehmen. Sonst gibt es wohl zusammengestellte
Gruppen auf diesem Bilde.

Der

Der Ausdruck, die Wahl der Stellungen der Köpfe und der Formen, haben die dieſem Meiſter ge= wöhnlichen Vorzüge.

Das vierte Gemählde ſtellet einige zur Aus= übung der Gerechtigkeit erforderliche Eigenſchaften perſonificirt vor.

Die Klugheit nach der gewöhnlichen Vorſtellungs= art, die jedoch der weiſe Mahler ſo wenig unange= nehm als möglich gemacht hat, mit zwei Geſichtern. Die Figur iſt ſehr ſwelt, und vortrefflich drappirt. Ein Genius hält ihr einen Spiegel vor. Zur Seite die Mäßigkeit oder Mäßigung mit dem Zaume in der Hand, und zur andern die Standhaftigkeit, die eine Eiche beugt, deren Zweige ein Genius um ihre Stirn windet. Ein Paar Genii.

Die Zuſammenſetzung hat nichts beſonders. Inzwiſchen ſind die einzelnen Figuren unver= gleichlich.

Unter dieſen Figuren zu beiden Seiten der Fenſter ſieht man auf der einen den Kaiſer Juſtinian, der die Pandecten aus den Händen des Tribo= nians empfängt. Auf der andern den Pabſt Gregorius den Neunten, der einer Magiſtrats= perſon die Decretalen überreicht. Um ihn ſtehen Leo der Zehnte, der Cardinal del Monte, und der Cardinal Alexander aus dem Hauſe Farneſe. Dieſe Köpfe haben viel Wahrheit, wenn ſie gleich ſehr ge= litten haben. Die Magiſtratsperſon, welche die De= cretalen empfängt, trägt das Gepräge unerſchütterli= cher Anhänglichkeit an geſchriebenes Recht an ſich, und treuer Sorgſamkeit bei der Behandlung der lang=
weilig=

weiligsten Geschäffte, denen sich je der Mensch für das Beste seiner Mitbürger aufgeopfert hat.

Man sieht an dem Plafond dieses Zimmers einige allegorische Figuren der Wissenschaften, die an den Wänden behandelt sind.

Ich übergehe die Gemählde, die Poliboro da Caravaggio grau in grau als Basreliefs in diesem und den vorigen Zimmern größtentheils unter jenen größeren Gemählden ausgeführt hat. Sie sind so oft retouchirt, daß sie das Meiste von ihrem ersten Werthe verlohren haben.

* * *

Letztes Zimmer.

† L' Incendio del Borgo. Das Haupt-gemählde in dem letzten Saale.

Leo IV. soll durch seinen Segen einen Incendio del Brand in der Gegend Roms Borgo di St. Spi-Borgo. rito genannt, gelöschet haben. Diese Handlung ist der Gegenstand dieses Gemähldes.

Raphael wählte bei der Darstellung desselben dasjenige aus, was dem denkenden und gefühlvollen Zuschauer am interessantesten seyn mußte, den Aus-druck der Bewegungen, die ein so unerwartetes und so schnell um sich greifendes Uebel hervorbringen kann. Den Pabst setzte er mit seinem Wunder in den Hinter-grund. Um aber doch den Zuschauer darauf auf-merksam zu machen, hat er einige Figuren auf den Vorgrund hingestellt, die den Pabst um Beistand an-flehen, ähnliche Figuren in ähnlichen Stellungen hat

er

er auf dem Mittelgrunde wiederholt, und ſo führt er
das Auge unvermerkt auf den Pabſt, der den Segen
ertheilt, zurück.

Man kann aufs neue in dieſem Gemählde Raphaels Gabe bewundern, womit er ſein Sújet möglichſt benutzt, um eine große Menge intereſſanter Situationen herauszuziehen, und doch nicht mehr hinein-
zulegen, als jeder Zuſchauer bei einer ſolchen Scene
zu ſehen erwarten wird. Seine Compoſitionen ſind
immer vollſtändig, nie überladen.

Es iſt Nacht. Die Flammen aber verbreiten
ein Licht, das der Helle des Tages gleich kömmt.
Ein heftiger Sturmwind treibt ſie umher, und vermehrt das Schreckenvolle der Gefahr durch die
Schnelligkeit, mit der ſie ſich ausbreitet.

Auf der einen Seite hat das Feuer erſt eben einen Pallaſt ergriffen, und hier iſt man mit Löſchen,
mit Waſſertragen beſchäfftigt; Man ſchreiet nach
Hülfe, nach Arbeitern. Ein Weib, deren abglei-
tender unordentlicher Anzug anzeigt, daß ſie der
Schrecken eben aus dem Schlafe geweckt hat, treibt
blindlings ihre Kinder vor ſich her, aber — ſo ſehr hat
ihr die Beſtürzung alle Beſinnungskraft geraubt —
ſie ſucht der Flamme an dem einen Orte zu entgehen,
und eilt gerade auf die Flamme an dem andern zu.
Ihre Tochter, das älteſte Kind, ſcheint die Verwirrung zu bemerken, ſie ſieht ſich um, und fragt ängſtlich, wo ſie hin ſoll. Der weibliche Kopfputz zeigt
das Geſchlecht an, ſonſt iſt dieſes Kind nackt, und
zitternd ſucht es mit über der Bruſt zuſammengeſchla-
genen Armen einigen Schutz wider die Kälte der Nacht.

Das

Das jüngste, ein Sohn schreiet: Sein Alter scheint kein anderes Gefühl des gegenwärtigen Uebels zu kennen, als das, im Schlafe gestört zu seyn.

Auf der andern Seite zeigt sich mütterliche Liebe in aller ihrer Stärke. Ein Weib reicht von der Mauer eines Hauses, dessen Inneres schon die Flammen verzehrt haben, ihr Kind in Windeln dem unten stehenden Vater herab. Mit welcher Behutsamkeit; wie scheint sie nur zu fürchten, daß der Vater es nicht gehörig auffange! Für sich fürchtet sie nicht die Flammen, die begleitet von dickem Rauch, schon über ihren Kopf hinausschlagen. Die übrigen Bewohner dieses Hauses haben es verlassen. Ein starker nervigter Mann in der Blüthe der Jahre trägt den erschlafften, erstarrten Vater weg, der kaum noch Kräfte genung hat, seinen Träger zu umklammern. Ein muntrer Knabe, unbekümmert über seinen künftigen Wohnort, — ihm ist die ganze Welt offen — geht rasch neben ihnen her. Aber das alte Weib mit dem Korbe, in den sie einige Habseligkeiten in der Eile gepackt hat, sieht traurend nach dem Orte zurück, in dem sie ungern das Uebrige hat zurücklassen müssen. Endlich läßt sich ein Jüngling, dessen Körper Behendigkeit zeigt, von der Mauer herab. Diese Handlung bewegt eine unten sitzende Mutter mit übergebeugtem Körper ihr Kind zu bedecken, damit der herabspringende Mann beim Fallen dies einzige ihr übrig gebliebene Kleinod nicht beschädige.

In der Mitte des Bildes spreitet eine weibliche Figur ihre Hände kniend gegen den Pabst aus. Aber das hülflose Alter des Kindes ist eher berechtigt Erbar-

men

men zu erwecken; eine andere Frauensperson drückt ihr Kind zur Erden nieder, und hebt dessen gefaltete Hände zu ihrem Beschützer empor.

Dies ist ungefähr der Gedanke dieses Gemähldes.

Die Anordnung als Theil der poetischen Erfindung ist sehr gut. Die Figuren, die am meisten des Ausdrucks und der Schönheit der Stellung fähig waren, sind vor dem minder Interessanten herausgehoben; Man übersieht ohne Unordnung das Ganze, und verweilt bei dem Detail ohne Ermüdung.

Jede Figur hat ihren ihr eigenen und der Situation angemessenen Ausdruck, sowohl in Mine als Stellung.

In der Zeichnung scheint Raphael sich zu sehr an den Stil des Michael Angelo gehalten zu haben. Die Muskeln sind zu stark angedeutet, als daß sie nicht eine gewisse Härte in die Formen hätte bringen sollen. Dem ohngeachtet werden die Frau, die den Eimer trägt, die Gruppe des Sohns, der den Vater auf den Schultern fortbringt, die Frau, die mit ausgespreiteten Armen die Hülfe des Pabstes anfleht u. s. w. als Muster schön gezeichneter ganz im Stil der Antike gedachter Figuren angesehen werden können.

Die Gewänder, vorzüglich die fliegenden, sind vortrefflich. Das Bild, und folglich auch die Zeichnung, haben gelitten.

Die Farbe ist zu ziegelroth. Das Hellbunkle ist nicht beobachtet, und die Luftperspektive ist ganz verfehlt.

In

❖ ❖ ❖

Jn dieſem nämlichen Saale ſind noch folgende Gemählde nach Raphaels Zeichnungen verfertiget.

Der Sieg des Pabſtes Leo IV. über die Saracenen bei Oſtia.

Die Krönung Carls des Großen durch Leo IV.

Leo IV. der zum Beweiſe ſeiner Unſchuld aufs Evangelium ſchwört.

Man wird bei einer genauen Unterſuchung den Geiſt Raphaels in dieſen Stücken nicht verkennen. Da ſie aber ſehr beſchädigt und oft retouchirt ſind, ſo wird der Liebhaber ſich gern bei unverdächtigern Beweiſen der Kunſt dieſes großen Meiſters aufhalten wollen.

Die Decke iſt von Pietro Perugino.

❖ ❖ ❖

Michael Angelo Sirtiniſche Capelle.

Sirtiniſche Capelle.

So wie der Reiſende, deſſen Auge ſich lange am Spiegel des Genfer Sees, an der Fülle ſeiner fruchtbaren Ufer und an den röthenden Schneebergen, die ihn von ferne umkränzen, geweidet hat, nun ſich in den Gebürgen Savoyens eingeſchloſſen ſieht, wo nackte Felſen mit überhängendem Haupte ſeiner Scheitel drohen, und rauſchende Waldſtröme zu ſeinen Füſſen in Abgründe ſtürzen; ſo tritt der Liebhaber aus den Sälen der Antiken und Raphaels in die Sirtiniſche Capelle.

Die

Die Neuheit der Gegenstände, das Hebende des Außerordentlichen, das Schaurige der rohen Wild= heit ergreifen seinen Geist mit Erstaunen: aber bald wird ihm diese Empfindung gewöhnlich, der Zauber verfliegt, und er wünscht sanftern Reiz zurück, der sein Herz zu füllen im Stande sey.

Diesen Gang glaube ich, werden die Ideen des Liebhabers nehmen, wenn er seinen Geschmack durch die Schönheit der Antiken, und durch die Wahrheit des Ausdrucks in den Gemählden Raphaels gebildet hat. Sollte er aber mit dem Studio der Gemählde des Michael Angelo den Anfang machen, so fürchte ich, er dürfte das Uebernatürliche, das immer auf unsere rohe Einbildungskraft am stärksten wirkt, der Simplicität; das Uebertriebene, wofür der ungebil= dete Geist immer empfänglichen Sinn hat, dem Na= türlichen vorziehen; und so vielleicht auf immer des Gefühls des Schönen unfähig werden.

Michael An-
gelo Buona-
rotti.

Michael Angelo Buonarotti lebte von 1474 bis 1564 — Er besaß bei einer brennenden Einbil= dungskraft und einem schnellen durchdringenden Witze ein Herz, dem Begriffe von Schönheit und sanfter Grazie fremd waren. Seine Bilder steigen vor ihm auf wie magische Erscheinungen, und die Natur bil= dete sich auf der Netzhaut seines Auges wie in einer Camera obscura. Der Eindruck, den die Gegen= stände auf ihn machten, war heftig; er bemeisterte sich ihrer auffallendsten Unterscheidungszeichen, und setzte diese vor den Anblick der Zuschauer mit eben der Stärke hin, womit er sie empfunden hatte. Allein wenn er nun die feineren Züge hinzuthun wollte, die

in

in Verbindung mit den stärkern einem Gegenstand aus-
ser der Deutlichkeit auch Wahrheit geben, so war das
Bild verschwunden, und was stehen blieb, war nur
das Gerippe eines Bildes, das sein sinnreicher Verstand willkührlich auszufüllen suchte.

Michael Angelo hatte um die Kunst für die
Epoche, worin er lebte, große Verdienste. Er war
der erste, der große Flächen mit Figuren auszufüllen
wagte, die mit dem Plaße, für den sie bestimmt waren, im Verhältnisse standen. Er lehrte zuerst das
Ueberflüßige von dem Nothwendigen unterscheiden,
und das Auge durch große Massen in der Zeichnung
anzuziehen. Er brachte die Lehre von Verhältnissen
auf richtige Grundsätze, und lehrte den Zusammenhang des Knochen- und Muskelnbaues in ganzen Figuren.

Kurz! Er war der Mann von Genie, der die
Kunst aus ihrer kleinlichen Schüchternheit empor hob,
und selbst durch seine Fehler einen gegründeten Anspruch auf unsere Dankbarkeit hat, weil sie einen Raphael in der Gleise der Wahrheit erhielten.

Für den Künstler ist in den Werken des M. Angelo eine reichere Erndte als für den Liebhaber. Diesen muß man vielleicht mehr auf die Fehler unsers
Künstlers als auf seine Vorzüge aufmerksam machen,
damit das Anziehende, was jene begleitet, ihn nicht
verführe, sie mit diesen zu verwechseln.

Die Gegenstände, die den Pinsel des M. Angelo beschäfftigten, waren selten angenehm, und
wenn sie es waren, so wurden sie unangenehm durch
die Art, wie er sie behandelte.

Erster Theil.   M   Sei-

Seine Gedanken ſind oft ungeheuer, und dies, wird zuweilen mit Größe verwechſelt. Seine Haupt, abſicht ging immer dahin, Erſtaunen zu erwecken. Unſere Seele wird bei dem Anblick ſeiner Werke erſchüttert, unſere Einbildungskraft beſchäfftigt, aber unſer Herz bleibt ungerührt.

Eine Menge von Figuren in ſchweren Stellungen neben einander zu vereinigen, ſcheint das Grundgeſetz ſeiner Anordnung geweſen zu ſeyn. Seine Perſonen ſo zu ſtellen, wie es der vorzügliche Antheil, den ſie an der Handlung nehmen, oder die Regeln der Gruppirung erfordern, daran ſcheint er nicht gedacht zu haben.

Die Aeußerung eines denkenden Weſens in dem feinern Spiele der Minen entging ihm. Er legte den Ausdruck in die Stellung der Glieder, und aus Furcht, nicht deutlich zu werden, hat er ihn beinahe immer übertrieben; oft iſt er nicht ſchicklich, oft nicht einſt paſſend. Er nahm den Trotz für Heldenmuth, das Zurückſcheuchende für Majeſtät, und das Gezogene für Anmuth. Seine Formen ſind nicht einſt aus der ſchönen Natur gewählt. Seine Weiber ſind zu männlich, ſeine Jünglinge zu ſchwerfällig, ſeine Alten zu abgemergelt.

Er hatte eine genaue Kenntniß von der Form und der Lage der Knochen und Muſkeln in Ruhe. Aber er kannte ſie nur, wie man ſie durch die Zergliederung der Leichnahme kennen lernt: nicht mit den Abwechſelungen, die die Bewegungen des lebenden Körpers hervorbringen, entblößt von der weichen Haut, die ſie bedeckt.

Seine

Seine Extremitäten sind ohne Noth verdreht, und convulsivisch verzerrt; die Gewänder willkührlich geworfen, und die Falten zu ängstlich gelegt.

In seinem Colorit im Hellbunkeln scheint er sich gefärbte Wachsbilder zum Vorbilde genommen zu haben, die ein Ungefähr vereinigt hat. Diese Theile sind ohne Wahrheit, ohne Abwechselung, ohne Wahl in seinen Gemählden.

Ob Michael Angelo je in Oehl gemahlt hat? ist zweifelhaft. Die Staffeleigemählde, die man für seine Arbeit ausgibt, sind wahrscheinlicher von seinen Schülern. Sein weitläuftigstes Werk ist die Sirtinische Capelle, daraus läßt sich am sichersten sein Verdienst als Mahler bestimmen.

Ich will nun das Urtheil, das ich im Allgemeinen darüber gefället habe, durch eine detaillirtere Prüfung zu rechtfertigen suchen.

† Das jüngste Gericht.

Das jüngste Gericht

Wenn meine Einbildungskraft sich dieses Süjet mahlerisch darstellt, welches Bild steigt in meiner Seele auf?

Finsterniß, wie man sie sich nach der Zerrüttung aller Elemente denkt, umhüllet die Erde: Aber die Glorie, in der der Weltrichter in Begleitung der Auserwählten vom Himmel herabsteigt, erleuchtet hinreichend den Vorgrund mit der Handlung die darauf vorgehet. Welche Situationen! Welche Charaktere! Welcher Ausdruck! Welche Stellungen!

M 2 Hier

Hier ſteigt der Gerechte mit ruhiger Zuverſicht
aus der Gruft hervor; dort betet ein anderer dankbar
an. Geliebte, Eltern und Kinder, Brüder und
Freunde erkennen ſich wieder, eilen aufeinander zu,
und vergeſſen ſich in ihren Umarmungen. Engel tragen Gruppen von Seligen empor; der Weltrichter
reicht ihnen mit dem Ausdrucke der Güte die Hand
und ſchleudert mit zurückgewandter Rechte den Donner auf die Verdammten, die man im Hintergrunde
erblickt. Dort erleuchten die leckenden Flammen des
feurigen Pfuhls die Scene des Grauſes und des
Schreckens, hinreichend um ſie zu erkennen, aber
nicht ſtark genung, um dem vordern Lichte zu ſchaden.

Unglückliche, die ſich nun auf immer von demjenigen getrennt ſehen, was ihnen auf Erden das liebſte
war, hülflos ihre Arme darnach ausſtrecken; Andere,
die den Himmel verzweifelnd anklagen; Andere, die
mit neidiſchem Blicke auf die Seligen ſich foltern,
ſtehen auf dem zweiten Plane, und leiten das Auge
in Verbindung mit dem Ganzen auf den Hintergrund,
wo der Donner des Allmächtigen die Frevler in den
feurigen Abgrund ſtürzt. —

Aber was findet man von dieſen und andern
Ideen, wodurch dies Sujet ſo reich an intereſſanten
Eindrücken werden könnte, in dieſem Gemählde?
Nichts! Es gleicht einer Beſchreibung, wodurch
eine feurige und fruchtbare Einbildungskraft, die weder von Gefühl noch Geſchmack geleitet wird, bei langen Winterabenden, horchenden Kindern und Weibern, ein Grauſen würde abjagen wollen.

Oben

Oben in einer Glorie iſt Gott der Vater, unter
ihm der heilige Geiſt als Taube, zu beiden Seiten
ſtehen zwei Gruppen von Engeln, deren eine das
Kreuz, die andere die Säule halten, woran Chriſtus
gegeißelt wurde. Unter dem heiligen Geiſte ſitzt der
Sohn, neben ihm ſeine Mutter, die Apoſtel, die
Patriarchen, und rund herum Märtirer, und andere Heilige die ihm die Inſtrumente ihrer Marter
zeigen. Hier theilt ſich das Gemählde ungefähr in
der Mitte ab, und wird mit dem untern Theile durch
iſolirte Figuren einiger Engel verbunden, die Selige
in den Himmel heben, und Verdammte zurück ſtoßen.
Unten iſt Erde und Waſſer. Todte ſteigen aus den
Gräbern, Engel ſtreiten gegen Teufel, und nehmen
dieſen ſchon entwandte Seelen ab. Einige Verdammte werden bereits gemartert.

In dem obern Theile iſt die Anordnung ſymmetriſch, unten aber ſo unordentlich, daß der Blick ſich
immer darin verwirrt. Der Ausdruck iſt allenthalben übertrieben und oft gemein; viele Gedanken ſind
ſogar ekelhaft. Dahin gehört der heilige Bartholo-
mäus, der dem Chriſt ſeine abgeſtreifte Haut zeigt,
der Wollüſtige, dem eine Schlange in die Schaam
beißt ꝛc. Nichts iſt dem Künſtler beſſer gerathen,
als der Ausdruck der Verworfenheit in den Teufeln.

Einzelne Schönheiten, vorzüglich in Rückſicht
auf Zeichnung und Verſtändniß der Anatomie, wird
Niemand verkennen. Aber das Ganze? — Des
Mangels an Haltung, an Colorit nicht einſt zu ge-
denken.

Dies Gemählde nimmt eine große Wand dem
Eingange gegen über ein.

Am

Gemählde
am Plafond.
Am Plafond sind einige Begebenheiten aus dem ersten Buch Moses in verschiedenen Abtheilungen vorgestellt. Man lobt darin die Figuren Gottes. Allein mir scheinen sie durchaus den zurückstoßenden Ernst zu haben, der sich mehr für einen Zauberer als den Weltregierer paßt. In dem Bilde, wo der Schöpfer die beiden großen Lichter aus Firmament setzt, hat er den Anstand eines schlechten Schauspielers. Der Engel der sich in eben diesem Bilde in dem Schooße des Schöpfers aus Furcht vor dem Monde verkriecht, ist eine lächerliche Idee.

† In dem Bilde von der Erschaffung Adams hat der Künstler den Gedanken ausdrücken wollen: und er blies ihm einen lebendigen Odem ein. Der Schöpfer steht vor dem halbaufgerichteten Adam, und rührt ihn mit dem Finger an, gleichsam als würde er von der elektrischen Kraft, die aus ihm herausgeht, belebt, oder vielmehr aus dem Schlafe geweckt. Allein für einen Zuschauer, der nicht jene Worte in Gedanken hat, bleibt Adam immer ein Mensch, der sich in die Höhe richtet, und der Schöpfer immer ein Alter, der ihn mit dem Finger anrührt. Die Figur Adams ist sonst einer der richtigst gezeichneten nackten Körper neuerer Kunst.

† Auch der Fall der ersten Eltern wird der Zeichnung des Nackenden wegen geschätzt.

† In dem Gemählde von der Erschaffung der Eva hat Michael Angelo zuerst Gott den Vater von einer Gruppe von Engeln tragen lassen. Eine glückliche Idee, die hernach oft wiederholt ist.

† Rund

† Rund um den Plafond herum ſieht man mehrere Sybillen und Propheten in academiſchen
Stellungen. Sie zeichnen ſich durch eine repräſenti-
rende Anmaaßung, durch eine Anſtrengung von
Kräften aus, deren Grund man nicht abſieht, die
über die Gränze der Wahrheit verſtärkt iſt.

Man ſieht wohl ein, daß ein Menſch in einer
ähnlichen Lage ſich ſo ſtellen könnte, daß er ſich aber
gewiß nicht ſo ſtellen würde, wenn es ihm nicht darauf ankäme, recht bedeutungsvoll auszuſehen.

Der Ausdruck in den Figuren des Michael An-
gelo verhält ſich zu dem Ausdrucke in den Figuren des
Raphael, wie die Bewegung eines vorexercirenden
Flügelmanns zu den Bewegungen eines Soldaten in
Reihe und Glieder.

✳   ✳   ✳

Camera de' Papiri mit einem Plafond von Anton Raphael Mengs.

Anton Raphael Mengs erhielt mit Raphael
Sanzio da Urbino beinahe dieſelbe frühere Bildung.
Auch er wurde jung an Treue der Nachahmung und
ſorgfältige Beobachtung der Verhältniſſe gewöhnt,
auch er beſaß beinahe von ſeiner Kindheit an, ein
Auge das richtig ſahe, und eine Hand die willig
folgte; die frühere Bekanntſchaft mit den Meiſterſtü-
cken der alten und der neueren Kunſt hatte er vielleicht
zum Voraus; er ward ein großer Mahler, ein
brauchbarer Schriftſteller in ſeinem Fache; — und
ward kein Sanzio.

Anton Ra-
phael
Mengs.

M 4   Es

Es ist wahr! Niemand kannte besser als unser Landsmann die Maaße und den Umfang der Forderungen, die man an einen Künstler in Rücksicht auf das Talent der Ausführung zu machen berechtigt ist. Man darf auch dreist sagen, daß er sie in diesem oder jenem seiner Bilder in einer Vereinigung befriediget hat, die uns bis dahin unbekannt geblieben war. Allein dies gilt nur von Werken von einfacher Zusammensetzung, von einzelnen Figuren, deren wohlgefällige Gestalten sich unter dem Charakter stiller Eingezogenheit, heiterer Ruhe, und des kindlichen Reißes zeigen. In größeren Zusammensetzungen, deren Interesse auf dem Ausdruck nach außen gerichteter Affekten, vollständig sichtbar motivirter Handlungen, hoher Bedeutung, und völliger Uebereinstimmung jedes einzelnen Theiles zum Ganzen beruhet, zeigen sich alle die Mängel die das Talent von dem Genie unterscheiden.

Unterschied zwischen Genie und Talent in dem bildenden Künstler: in Rücksicht auf Erfindsamkeit, Einbildungskraft, Empfindung und Geschmack.

Mengs erfand mit Mühe: er hatte keinen Reichthum an Ideen, keine Erfindsamkeit, und was schlimmer war, er besaß keine Einbildungskraft. Ich rede von der Einbildungskraft, die eigentlich den Mahler macht: von der Gabe in unserer Seele ein Geschöpf zu brüten, zu dem vielleicht unzählige Erfahrungen im Einzelnen den Stoff gegeben haben, das aber wie ein Ganzes auf einmahl, mit allen den ergreifenden Details der Wahrheit aufsteigt, womit wir im Leben zum ersten Mahle einen Gegenstand erblicken; von der Gabe das Bild von mehreren zu einem Auftritt vereinigten Figuren jede mit ihrem eigenthümlichen Ausdruck, Form, Farbe, Beleuchtung, und dann wieder in ihrer Einheit, in ihrer Uebereinstimeinſtimmung die ganze Zeit der langwierigen mechaniſchen Behandlung hindurch unverrückt feſtzuhalten, dazu zu ſetzen, davon abzunehmen, ohne daß die erſte urſprüngliche Idee eine weſentliche Veränderung leiden könnte.

Dieſe göttliche Gabe, mit der vielleicht nie ein Menſch jenſeits der Alpen gebohren worden iſt, ſcheint mir nicht der Antheil des Raphael Mengs geweſen zu ſeyn. Sanzio ſchuf in ſeinem Kopfe und verbeſſerte nach den Antifen und den Werken ſeiner Vorgänger: Mengs las das Beſte aus den Antifen und den Neueren zuſammen, und ſchuf auf dem Plane des Bildes. Die Werke des erſten gleichen dem Guß eines Spiegels, den ein Hauch über die Fläche geblaſen hat, die Werke des letzten eingelegter Arbeit, die durch den Fleiß des Florentiners aus koſtbaren Ueberbleibſeln des Alterthums zuſammengefuget worden. Ich rede von weitläuftigen Compoſitionen.

Das Gefühl ſittlicher Schönheit, und die Empfindung des ſinnlich Schönen hängen vielleicht in dem Geiſte des Menſchen von einer und derſelben Fähigkeit ab. Die verſchiedene Richtung, welche ihr äußere Verhältniſſe und begleitende Seelenkräfte in der Anwendung geben, bringt vielleicht ihren Productionen bald den Nahmen eines ſchönen Kunſtwerks zu Wege, bald den Nahmen einer ſchönen That. Um in den ſtillen Scenen des Mittelſtandes, um im engen Cirkel häuslicher Verbindungen, als Weiſer, Freude und Heiterkeit um ſich her zu verbreiten, bedarf es nur eines ſanften Charakters, gemäßigter Affekten, und einer ruhigen Achtſamkeit auf das was

M 5 andere

andere um uns liebenswerth macht. Aber um als Held in den verwickelſten Lagen eines Staats deſſen Stütze mit Aufopferung der theuerſten Verhältniſſe zu werden, müſſen wir die Tugend mit Leidenſchaft lieben, wir müſſen ſie verkörpert ſehen, ihr Glanz muß in uns das Ideal einer Vollkommenheit wecken, das nur unſern Verhältniſſen, unſern Kräften, mit einem Worte: uns gehört. So wie der Ton eines muſicaliſchen Inſtruments den Geiſt eines Compoſiteurs in eine Schwingung ſetzt, in der er ungehörte Töne aus ſich ſelbſt hervorruft, ſo können große Beiſpiele im Einzelnen zwar die Stimmung zur Größe nicht aber ihre völlige Harmonie hervorbringen. Der Geiſt des Alexanders belebte einen Cäſar, durch Nachahmung ſeiner Thaten entſtand nur ein Carl der Zwölfte.

Mengs ſah das Schöne in den Werken der Alten ein, er begriff es, und lieferte hier und dort glückliche Nachbildungen ſchöner Geſtalten: Raphael ward durch ihren Anblick begeiſtert, er zündete, dem Prometheus gleich, ſeine Fackel an dem himmliſchen Feuer an, und ihr Abglanz warf nicht Schatten von Göttern hin, ihre Wärme belebte Menſchen, ſeine eigenen Geſchöpfe.

Wahrnehmung des Guten und Schönen heißt im Allgemeinen Geſchmack. Aber in der Art der Anwendung iſt deſſen Weſen ſehr verſchieden. Der eine Menſch hat ihn durchs Gefühl, der andere hat ihn durch Nachdenken: Der eine weiß die Gründe ſeines Urtheils trefflich auseinander zu ſetzen, der andere ſchafft ſtatt aller Antwort. Es ſcheint daß bei dem erſten die Vernunft im genaueren Verbande mit dem

Scharf-

Scharffinn ſteht, bei dem andern der Scharffinn mit dem Herzen und der Einbildungskraft. Dem bildenden Künſtler iſt die letzte Art zu wünſchen, dem Beſchauer des Gebildeten kann die erſte genügen. Mengs hat viel über den Geſchmack geſchrieben; wir vermiſſen ihn oft in ſeinen Gemählden.

Dieſe Betrachtungen können dem Urtheil über das Verdienſt unſers Mengs, als Mahler, zur Grundlage dienen. Er hat einzelne Figuren mit dem Charakter einer lieblichen Heiterkeit vortrefflich gedacht und ausgeführt. Dies erſtreckt ſich jedoch bei weiblichen und männlichen ſelten weiter als auf das Alter dem jene Eigenſchaften vorzüglich eigen ſind: des Kindes, des Jünglings, und des Mädchens, beide an den Gränzen der Pubertät. Menſchen, die bei wachſender Geiſtesſtärke Formen von hoher Bedeutung, den Ausdruck heftiger Affekten zeigen, ſind ihm ſelten geglückt. Seine größeren Compoſitionen ſind nicht häufig mit wahrer Rückſicht auf den Zweck und die Würkung der Kunſt erfunden und angeordnet, und es fehlt beinahe durchaus an jener Harmonie aller Theile zum Ganzen, die eine Arbeit zu einem Werke macht.

Mengs hatte eine harte Erziehung genoſſen, er hatte lange in Miniatur gemahlt. Seine Behandlung iſt immer ängſtlich geblieben.

Der Plafond in dieſem Zimmer iſt das ſchönſte Plafond des Werk, das wir von ihm kennen.

Mengs.

Man urtheilt ſo verſchieden darüber in Rom, einige erheben, andere erniedrigen es ſo ſehr, daß ſchon dies allein die Vermuthung erweckt, man unterſcheide scheibe bei deffen Beurtheilung nicht genungsam die verschiedenen Theile der Kunst, deren Vereinigung Vollkommenheit ausmacht.

Der Gedanke des mittelsten Gemähldes ist folgender: Die Geschichte ist im Begriff, dasjenige aufzuzeichnen, was Janus ihr dictirt. Wahrscheinlich soll Janus, der Mann mit dem gedoppelten Antlitz, hier die Scharfsichtigkeit und das Gedächtniß vorstellen. Die Zeit, ein rüstiger Alter, liegt gekrümmt vor der Geschichte, die ihr Buch auf seinen Rücken stützt. Ein Genius bringt Documente herzu. Eine Renomee, eine Fama, stößt in die Trompete, indem sie auf das Museum Clementinum zeigt, welches man im Hintergrunde sieht.

Diese Erfindung scheint mir nicht glücklich. Hier sind meine Gründe.

Vorläufige Bestimmung der Eigenschaften einer guten allegorischen Zusammensetzung für die schönen Künste. Es ist, wie mich dünkt, den schönen Künsten bis jetzt sehr nachtheilig gewesen, daß man das eigentliche Symbol von dem schönen Kunstwerke nicht bestimmt genung unterschieden hat.

Das Symbol will belehren. Es will durch anschauliche Erkenntniß den nicht sinnlichen Begriff schneller, lebhafter und mit mehr umfassender Bedeutung in die Seele bringen, mithin mehr und besser sagen, als durch bloße Worte; darum nimmt es Form und Körper zu Hülfe.

Aber das schöne Kunstwerk besorgt mein Vergnügen. Es gibt meinem Herzen, meiner Einbildungskraft Nahrung, es unterhält meinen Verstand, aber leicht, und immer, entweder mittelbar durch die Beschäfftigung, die es jenen Geisteskräften gibt, oder wenig

wenigſtens in deren Begleitung; Belehrung liegt gänzlich außer deſſen Zweck. Wenn alſo die ſchöne Kunſt
ihren Werken eine allegoriſche Bedeutung unterlegt,
ſo geſchieht es um dasjenige, was durch den ſichtbaren Ausdruck ſchon intereſſant ſeyn würde, durch Verknüpfung mit einer geheimen Bedeutung noch intereſſanter zu machen. Sucht ſie abſtrakte Ideen zu ihren ſinnlichen Bildern, ſo ſucht ſie dieſe nur um jene
zu ſchmücken, nicht um ihnen Weſen und Gehalt zu
geben.

Alle bildende Kunſt hat endlich Nutzen zum Enb-
zweck. Aber die ſchöne Kunſt nutzt im Allgemeinen,
indem ſie durch den Genuß edlerer Vergnügungen den
Keim für alles Gute und Schöne in dem Menſchen
entwickelt und erhält. Eine beſtimmtere Abſicht in
ihren einzelnen Werken aufzuſuchen leiden ihre weſent-
licheren Vorzüge nicht. Doch, dies weiter auszu-
führen, behalte ich mir an einem andern Orte vor.

Weil man meine Gründe dort prüfen kann, ſo
ſetze ich hier die Sache als ausgemacht feſt, und fol-
gere daraus einen wichtigen Unterſchied zwiſchen der
bildenden Kunſt, die für den Verſtand, für Wiſſenſchaft arbeitet, und derjenigen, die für den Sinn des
Schönen ſchafft. So wie bei den Alten das Bild,
das Zeichen einer religiöſen Verehrung, nach ganz
andern Grundſätzen verfertigt wurde, als das Werk,
das durchs Beſchauen genoſſen werden ſollte: So wie
ihnen eine Diana von Epheſus ganz etwas anders war,
als ein Antinous; ſo iſt auch noch jetzt ein Symbol
von einer ſchönen allegoriſchen Vorſtellung weſentlich
verſchieden.

Auf

Auf Münzen, auf Denkmählern, auf allen
Werken, die wiſſenſchaftliche Bedeutung, Belehrung,
Aufbewahrung des Geſchehenen zur Abſicht haben,
laufen Nutzen und Vergnügen in einander, und der
Unterſchied zwiſchen Symbol, Zeichen, und allegori-
ſcher Vorſtellung, ſchönem Bilde, wird, dem Zweck
und der Verfahrungsart des Verfertigers nach, weniger fühlbar. Hier tritt ſchriftliche und münd-
liche Ueberlieferung dem Ausdruck des Bildes zur
Seite: Die Enträthſelung der Abſicht macht keine
Schwierigkeit, und ſollte ſie welche machen, ſo
belohnt dafür der Vortheil der Belehrung, die Beſchäfftigung des Witzes in Aufſpührung ſeiner Verhältniſſe zwiſchen Bild und Gedanken. Geht darüber der Eindruck der Schönheit verlohren, wohl!
wir halten uns an den Gewinn von Ideen, die neu in
unſerm Kopfe aufſteigen.

Aber das Werk einer Kunſt, welches den Sinn
des Auges durch Schönheit der Geſtalt vergnügen,
das Herz durch den Ausdruck intereſſanter Affekten
zur Mitempfindung einladen, und die Einbildungskraft
durch Darſtellung deſſen, was ſie ſich als Bild zu
denken gewohnt geweſen iſt, ausfüllen, nicht ſpannen
will; das Werk einer ſolchen Kunſt, ſage ich, muß
auf den erſten Blick verſtanden werden. Findet der
Beſchauer nicht in ſeiner eigenen Erfahrung den
Schlüſſel zu deſſen Verſtändigung, ſoll er erſt einen
gelehrten Ausleger herbeirufen, über die Bedeutung
nachſinnen und rathen, ſo geht ſeine Begierde, von
der ſichtbaren Vollkommenheit gerührt zu werden,
verlohren, und das, was übrig bleibt, iſt nicht Vergnügen ſeines Auges und ſeines Herzens, nicht Aus-

füllung

füllung seiner Einbildungskraft; es ist kalte Beschäfftigung seines Wißes.

Wie unsicher ist die Rechnung, die der Künstler
auf das Maaß von Kenntnissen macht, die der Liebhaber zu dem Anblick seines Werkes herzubringt! Wie
abhängig von unzähligen Nebenumständen und Verhältnissen der Erziehung, des Nationalcharakters,
der Neigungen, der Beschäfftigungen! In der That
die allegorische Schrift, in so fern sie für sich steht, ist
die eingeschränkteste von der Welt, kaum einigen Personen aus einer Classe unter einem Volke verständlich!

Schon diese Betrachtung allein sollte dem Künstler die Verbindlichkeit auflegen, jenes Interesse, das
von der Kenntniß der geheimen Bedeutung abhängt,
und nur von wenigen empfunden wird, demjenigen
unterzuordnen, das dem Wesen der Kunst angemesse-
ner, von jedem wohlerzogenen Menschen getheilt wird.
Ich rede von dem Ausdruck der Affekten, die jedem
Menschen mit einem Herzen gemein sind, der sichtbare
Handlung motivirt, und von dieser wieder motivirt
wird.

Bei einzelnen Figuren fällt die Nothwendigkeit
weniger auf. Ist es nicht die Gerechtigkeit, die wir
sehen, so ist es eine schöne Frau; die Waage in der
Hand, selbst der unverständliche Strauß zu ihrer
Seite, wird den Eindruck ihrer schönen Gestalt nicht
stören. Es ist die körperliche Form, auf die wir bei
einzelnen Figuren unsere erste und hauptsächlichste
Rücksicht nehmen.

Aber ganz anders verhält es sich mit weitläufti-
geren Zusammensetzungen, mit den sogenannten histo-

rischen

riſchen Compoſitionen, mit Werken, auf denen wir
mehrere Perſonen neben einander handeln ſehen. Ein
ſolches Bild iſt für uns ein wahrer pantomimiſcher
Auftritt, nur mit dem Unterſchiede, daß die Akteurs
in einem gewiſſen Momente, wie vom Anblick des Me-
duſenkopfs gerühret, angeheftet ſtehen bleiben, und
durch Stellung, Mine und Blick die Gedanken, Lage,
und Empfindungen anzeigen, in der ſie ſich in dem
Augenblicke befanden, in dem ſie auf immer fortzu-
handeln aufhörten.

Die erſten Fragen, die nun der Zuſchauer an
dieſe bezauberten Figuren thut, ſind dieſe: Was iſt
eure Beſtimmung? Wie kommt ihr hieher? Was habt
ihr mit einander gemein, daß ich euch hier zuſammen
ſehe? Und die Antwort der Zauberin, der Mahlerei: Sie ſind von der Hülfe der Rede entblößt;
aber ſeht auf ihre Gebährden; Der Ausdruck des einen
Mimikers enthält immer den vollſtändigſten Grund
des Ausdrucks in dem andern: ſo hängen ſie zuſammen, und dieſer Zuſammenhang erklärt die Handlung, an der ſie gemeinſchaftlich Theil nehmen, als
ihre fernere Bewegung gehemmet wurde!

Nun wird der Zuſchauer über den Zweck des
Ganzen mit Leichtigkeit verſtändiget ſeyn, nun wird er
ohne Schwierigkeit den Ausdruck in jeder einzelnen
Figur prüfen, und beurtheilen. Er fühlt die Einheit
in der Mannichfaltigkeit, dieſes wichtige Beſtandtheil
der Schönheit, welches es allein entſchuldigen kann,
daß der Künſtler mehrere Figuren an einen Ort zu-
ſammendrängt, wo ſie dem Ausdruck immer ſchaden,
wenn ſie ihm nicht helfen, und wo die Schönheit der
Geſtalt

Geftalt immer durch die Vereinigung mit mehreren
Schönheiten verlieret.

Eine Darftellung nach diefen Grundfätzen ift immer als die Staffel der Kunft und des Vergnügens
angefehen worden, und derjenige, der eine Menge
perfonificirter Ideen von Symbolen nur darum an einen Ort vereiniget, weil fie fich als Begriffe in feinem
Kopfe unter einen allgemeinen Satz bringen laffen,
fcheint fich anfehnlich von derfelben zu entfernen.

Denn bleiben diefe Zeichen von Ideen in unthäti-
ger Ruhe, fo wird die Scene für lebende, aber ftumme
eingewurzelte Perfonen zu einer Gallerie ihrer fteiner-
nen Nachbildungen: und erhält jedes Symbol für
fich den Ausdruck der Würkung aus der wir uns deffen
Kraft abftrahirt haben; fo wird aus dem ernfthaften
Auftritt ein Narrenhaus, in dem jeder fich nicht ohne
Nachtheil für den andern herumtummelt, und wo der
Witz, als ein befonders dazu angefetzter Cuftode, uns
erft mit den Schickfalen und der Beftimmung eines
jeden bekannt machen muß.

Mein Rath ift alfo diefer: Wo der Mahler eine
allegorifche Bedeutung in ein Gemählde legt, das
aus mehreren Figuren zufammengefetzt ift, da ordne
er fie immer der Darftellung einer Begebenheit, eines
Vorfalls unter, der uns als Bild, wiewohl mit Ab-
wefenheit derjenigen zufälligen Beftimmungen, welche
die Allegorie bezeichnen, aus der Erfahrung des gemeinen Lebens bekannt ift, oder doch aus würklich
gefehenen Gegenftänden leicht als ein fichtbares Bild
von dem Befchauer zufammengefetzt wird. Um
recht deutlich zu werden, will ich einige Beifpiele alle-

Erfter Theil.   N   gorifcher

gorischer Gemählde anführten, welche diese Forde-
rung zu befriedigen scheinen.

Ein Kind reutet auf einem gezäumten Löwen.
Wie der schalkhafte Knabe lächelt, wie er sich seines
Spieles freuet! Wie sich das gutmüthige Thier sei-
ner Stärke gegen den neckischen Knaben entäußert!
Wie angenehm die Lieblichkeit des Kindes mit der
Majestät des Löwen contrastirt!

Aber was seh' ich? Das Kind hat Flügel, es
trägt Köcher und Bogen. Ha! es ist Amor, und
die geheime Bedeutung: Liebe zähmt Stärke.

Zwei verworfene Menschen sind im Begriff eine
hülflose Schöne in einen Abgrund zu stürzen. Sie
ist entblößt, der Raub ihres kostbaren Schmucks ist
wahrscheinlich die Veranlassung zu dieser Grausamkeit.
Die Spuhr des begangenen Verbrechens soll durch ein
schändlicheres bedeckt werden. Ich zittre, daß die
Vorsehung es zugibt, aber ich zittre umsonst: Ein
nervigtet Alter eilt zu ihrer Rettung herzu, und ent-
reißt sie dem Verderben.

Wozu trägt dieser Alte Sense und Stundenglas,
warum sind die schändlichen Verfolger der nackten
Schönen mit zugespitzten Ohren gezeichnet? Es sind
Mißgunst und Neid, welche die Wahrheit im Ab-
grunde der Vergessenheit zu begraben dachten, aber
die Zeit zieht sie hervor.

Mit der ganzen Stärke, mit aller Lebhaftigkeit
einer sinnlichen Erkenntniß überseh' ich auf einmahl
alle schrecklichen Folgen des Krieges auf einem Bilde
des Rubens in dem Pallast Pitti zu Florenz. Mars
wird

wird durch die Göttin der Rache, die flammende
Blicke und brennende Fackel verkündigen, gewaltsam
fortgerissen. Umsonst wirft sich Venus in Thränen
in die Arme des Geliebten, umsonst umschlingen Amorinen seine Knie; er zertritt mit seinen Füßen halbzer-
rissene Bücher, vor seinem Anblick stürzen Künste und
Wissenschaften zu Boden. Verzweiflungsvoll ver-
birgt ein Weib ihr Kind in ihren Busen, auf der
Schwelle des geöffneten Janustempels sitzt die trost-
lose Erde, und im Hintergrunde läßt die Flamme
brennender Dörfer ein verheertes Land und Gruppen
von Kriegern sehen.

Jedem ist die Allegorie begreiflich; aber gesetzt,
sie wäre es nicht! Werden wir darum das ganze
Bild nicht erklärbar finden, weil einige Nebenfiguren,
Nebendinge, uns ohne die geheime Bedeutung nicht
verständlich sind? Liefert die Hauptgruppe nicht einen
Ausdruck von Empfindungen, der durch den bloßen
Anblick hinreichend motivirt, durch die Vergleichung
mit den gemeinsten Erfahrungen überflüßig gerechtfertigt wird? Hat der erzürnte Held, der sich aus
den Armen seiner Familie reißt, nur denn ein Anrecht
auf unsere Theilnehmung, wenn er der Gott des Krieges, seine Gattin die Göttin der Liebe, und seine Kinder Amorinen sind? Ist es die Verknüpfung der
Ideen, die uns dieses Bild so schätzbar macht, oder
ist es die Situation, welche zum Ausdruck interessanter Affecte die Veranlassung gibt?

Genung! Jede zusammengesetzte allegorische Vorstellung, die ein Gegenstand der schönen Kunst seyn
soll, liefere uns die Darstellung eines Vorfalls, einer

Bege-

Begebenheit, einer Situation, die an sich eines zusammenhängenden, und für Herz und Einbildungskraft interessanten Ausdrucks fähig ist. Die geheime Bedeutung verstärke den Antheil, den wir an dem Sichtbaren nehmen, nie aber sey sie einziger Schlüssel, einziges Motiv, einziger Grund der Vereinigung mehrerer unthätigen oder handelnden Wesen.

So wird der Verstand nicht auf Kosten des Herzens Unterhaltung finden, so wird das Bild durch den Gedanken, der Gedanke durch das Bild gewinnen.

Und nun zur Beurtheilung des Gemähldes, das wir vor uns haben.

Fortschritt zur Beurtheilung des mittleren Gemähldes an diesem Plafond.

Ist der Gedanke der hier zum Grunde liegt, überhaupt einer Verkörperung fähig? Nein! er ist zu complicirt, um je in einer sinnlichen coexistirenden Vorstellung zusammengefaßt zu werden. Die Geschichte schreibt die Thaten auf, die Gedächtniß und Scharfsichtigkeit ihr darbieten; Sie bedient sich dazu auch der Urkunden; so firirt, so heftet sie die Zeit an, und die Renommee breitet den Ruf der Anstalten aus, die zum Besten der Geschichte gemacht sind.

Dies sind eine Menge progressiver Handlungen, die sich nicht einst in den Begriff von dem Vortheile aufbewahrter Urkunden zusammen zwängen lassen, viel weniger in ein coexistirendes, mit einem Blick zu übersehendes, Ganze vereiniget werden mögen.

Wäre aber auch die Versinnlichung möglich, so sind doch die Mittel, die Mengs dazu gebraucht hat, fehlerhaft gewählt. Es ist unnatürlich, die Befestigung

gung, das Anheften der Zeit durch die Stellung eines
rüſtigen Alten ſinnlich zu machen, den ein Foliant zu
Boden drückt. Dieſe Laſt ſteht in keinem Verhältniſſe mit der Schnellkraft ſeines Rückens.

. Nun aber denke man vollends nicht an die Allegorie. Wie kommen die Figuren zuſammen, an
welcher ſichtbar gemeinſchaftlichen Handlung nehmen
ſie Theil? Die Renommee, die auf das Muſeum
Clementinum zeigt, kann, dem Verſtändniſſe des
Ganzen unbeſchadet, ganz aus dem Gemählde weg-
genommen werden; So der Genius, der die Urkunden herzuträgt ꝛc.

Weiter! Zu welchem intereſſanten Ausdrucke geben die Beſchäfftigungen des Schreibens, des Dic-
tirens, des Zuſammentragens, ja! ſelbſt des kalten
Forſchens Veranlaſſung? Ich glaube, zu einem
ſehr geringen; und was das ſchlimmſte iſt, auch dieſer iſt verfehlt.

Die Geſchichte zeigt in Minen und Stellung eine
Begeiſterung, die nicht der kalten Forſcherin, viel-
mehr der Obendichtkunſt zukommen würde. Der
Genius, der die Urkunden herzuträgt, ſieht die Zu-
ſchauer an, nicht auf den Ort, auf den er zugeht.
Janus, der mit der Geſchichte redet, wendet beide
Köpfe ab, und dreht ihr das Ohr zu, ſo, daß wenn
man ſeiner Handlung Wahrheit beilegen wollte, man
durchaus annehmen müßte: er beſitze die ſeltene
Kunſt, durch den Bauch zu reden.

So viel über die Erfindung.

Auch die Anordnung iſt nicht zu loben. Die Figuren ſtehen zu iſolirt, ſie gruppiren nicht zuſammen.

So-

Sobald man ſich aber zu dem Einzelnen wendet, ſo erſcheint Mengs in aller ſeiner Größe.

Den Körper der Zeit allein ausgenommen — denn dieſer iſt für das Uebrige zu unedel, — zeigt ſich die ſchönſte Wahl in Köpfen und Formen. Die Zeichnung iſt äußerſt correct. Das Colorit, ſowohl an und für ſich ſelbſt als in Rückſicht auf die Schwierigkeiten der Freſco, Mahlerei erweckt durch Wahrheit, Kraft und Lieblichkeit Bewunderung, und eben dies kann man von der Haltung ſagen. Als ausgezeichnet ſchöne Theile bemerke ich die Bruſt der Geſchichte, den Kopf des Genius, die Leichtigkeit des Flügs der Renommee.

Ueber der einen Thür St. Petrus ſitzend. Ich finde ihn nicht ſehr edel, aber ſehr wahr.

Herrliche Genii und Kinder von Mengs.

Zu beiden Seiten deſſelben † zwei Genii, deren Körper zu den ſchönſten gehören, vielleicht die ſchönſten ſind, die die neuere Mahlerei aufzuweiſen hat. Die Köpfe würden noch reißender ſeyn, wenn nicht in dem Untertheile derſelben eine zu kleinliche Süßlichkeit herrſchte. Uebrigens ſind ſie mit dem Griffel der Antike gezeichnet, mit Tizians Pinſel colorirt, und mit Correggios Zauberfackel beleuchtet.

Gegen über Moſes. Man ſagt, der Kopf ſey ein Portrait des Pabſtes Lambertini. Gewiß iſt es, daß er nicht den Charakter der Größe an ſich trägt, die man von einem Geſetzgeber erwartet. Die verkürzte Hand iſt unvergleichlich, das Gewand iſt ein wenig ſchwerfällig, und die Falten ſind zu mühſam gelegt; ein Fehler, in den dieſer Künſtler öfterer verfiel.

An

An den Seiten dieſer Figur ſtehen wieder † zwei
herrliche Genii, und an den beiden Seitenwänden
† vier ſehr ſchöne Kinder.

Das ganze Zimmer iſt unter der Aufſicht des
Raphael Mengs mit vielem Geſchmack decoriret, und
ich kenne keines, in dem ich gleich beim erſten Eintritte
ſo gern geweſen wäre, als in dieſem.

❈   ❈   ❈

Kleiner Saal des Conſiſtoriums mit einem Plafond vom Guido Reni.

Saal des
Conſiſto-
riums, Pla-
fond des
Guido Reni.

Das mittelſte Gemählde ſtellet die Ausgießung
des heiligen Geiſtes vor. Es iſt ſchön angeordnet,
auch ſieht man gute Köpfe voller Ausdruck und eine
kräftige Färbung darin.

Die Verklärung und die Himmelfahrt
Chriſti zu beiden Seiten. Von geringerm Werthe.

❈   ❈   ❈

Ich übergehe eine Menge von Gemählden, die
ſich in dieſem Pallaſte finden, und die von Herrn
Volkmann, *) wiewohl in ſchlechter Ordnung, angezeigt ſind. Nach alle dem Schönen, was der Liebhaber geſehen hat, kann man billig den Vers des
Dante auf ſie anwenden:

Non raggionam' di lor', ma guarda e paſſa.

Inzwiſchen wird es gut ſeyn, zu bemerken, daß
die 25 Cartons vom Domenichino, deren Volkmann
erwähnt, und die die Aufmerkſamkeit des Liebhabers
reißen könnten, hier nicht mehr angetroffen werden.

*) Hiſtoriſch kritiſche Nachrichten über Italien. Leipzig
    Ed. von 1777. S. 102 u. f.

✻✻✻✻✻✻✻✻✻✻✻✻✻✻✻✻✻✻

Das Capitol.[1]

Beym Aufgange der Treppe, die auf den Berg führet auf dem der Pallast steht,

† Zwei Löwen aus Basalt, von großem Charakter.[2] Zur Seite an der Treppe, die nach Santa Maria della Scala führt, eine Statue von Porphyr ohne Kopf. Man hält sie für eine Roma, das Gewand ist vortrefflich.

✻   ✻   ✻

Auf der Balüstrade, die den obern Hof einfaßt, zwei Colossal=Statuen, Jünglinge, deren jeder ein Pferd hält. Man nennt sie Castor und Pollux. Auf der Stelle, wo sie stehen, thun sie Würkung. Mehr kann der Liebhaber nicht davon sagen, denn sie sind durch viele Ergänzungen zu sehr entstellt,

1) Hrn. Volkmanns Beschreibung dieses Pallasts wimmelt von Fehlern. Diejenigen, denen daran liegt, ein genaues Verzeichniß all und jeder Kunstwerke in diesem Pallaste zu haben, verweise ich auf die Descrizione delle Statue, Bassirilievi, Busti etc. che si custodiscono ne' l'alazzi di Campidoglio. Ich habe die letzte und dritte Auflage vor mir, sie ist von 1775. Freilich blos Nomenclatur und noch dazu sehr unrichtige. Allein ihre Verbesserung gehört nicht in meinen Plan.

2) Winkelmann G. d. K. S. 68. hält sie für ägyptisch,

entstellt, als daß man über ihre ursprüngliche Schön=
heit ein Urtheil fällen könnte. ³)

† Zwei schöne Trophäen. Vortrefflich
gedacht und ausgeführt. Sie werden gemeiniglich
Trophäen des Marius genannt. Winkelmann
schreibt sie dem Domitian zu. ⁴)

Zwei Söhne Constantins, die Winkelmann
vielmehr für Bildnisse ihres Vaters hält. ⁵)

Ein antiker und ein moderner Meilenzei=
ger.

✳ ❖ ✳

In der Mitte des Hofes.

† Marc Aurel zu Pferde, aus Bronze. Ritterstatue
Er streckt die Hand aus, gleich als wollte er über Marc Au-
die Welt Glück und Frieden austheilen. Dies rels.
scheint der Gedanke dieses Werks zu seyn.

Die Masse des Ganzen und besonders Marc
Aurel ist es, der die Aufmerksamkeit auf sich ziehen
soll; nicht das Pferd. Wenn dies doch diejenigen
N 5   bedäch=

3) Winkelmann G. d. K. S. 640. hält diese Statuen
für Werke aus der ältesten Zeit, und läßt die Vermuthung blicken, als ob sie dieselben wären, die
ehemals vor dem Tempel des Jupiter Tonans standen, und vom Hegesias gearbeitet waren. Wenigstens, sagt er, wären sie an diesem Orte gefunden.
Visconti Muſ. Clem. T. I. tav. 37. p. 73. hat diese
Vermuthung als ungegründet verworfen.

4) G. d. K. S. 821.

5) G. d. K. S. 866.

bedächten, die so viel an diesem Pferde auszusetzen
wissen! Ueber die Figur Marc Aurels ist stille Ruhe
und Majestät ausgegossen, sie herrscht auf seiner Mine,
sie liegt in seinem festen natürlichen Sitze. Diese
stille Größe contrastirt unvergleichlich mit dem Muthe,
mit dem Leben, die sich in jeder Muskel des Pferdes
zeigen. Zu diesem Ausdrucke trägt vielleicht selbst
die sonderbare Stellung desselben etwas bei. Es hebt
nämlich beide Füße auf eine Art, die so selten und so
transitorisch ist, daß man nothwendig eine Idee von
Unruhe und Schnelligkeit damit verbinden muß.
Uebrigens ist dies Pferd nicht schön, nicht groß. Aber
das durfte es auch wohl nicht seyn, wenn es der Würkung des Ganzen und der Hauptfigur nicht schaden
sollte. °)

✧   ❀   ✧

Das Mittelgebäude

dienet dem Senatore di Roma zur Wohnung.

An demselben, über einer Fontaine, eine
kleine sitzende Roma mit einem Gewande von
Porphyr zwischen zwei colossalischen Fluß-
göttern.

Linker

§) Man sehe darüber, was bei dem Basrelief mit
dem Brustbilde des Antinous in der Villa Albani
erinnert ist. Ohnedem scheint dies Pferd ein Portrait, und der kurze Schweif desselben damahls so
gewöhnlich gewesen zu seyn, wie jetzt unsere Stumpf-
schwänze.

* * *

Linker Flügel

enthält die Sammlung von Antiken, die unter dem Nahmen des Musei Capitolini be= kannt ist. Museum Ca-
pitolinum.

In dem Hofraume, dem Eingange gegen Marforio. über, † die collossalische Statue eines Fluß= gottes oder des Oceans. Sie ist unter dem Nah= men Marforio bekannt, [7] und scheint wahrschein= lich für eine Fontaine bestimmt gewesen zu seyn. Der Charakter ist: ehrwürdiges Alter, und dieser ist un= vergleichlich ausgedrückt. Ungeachtet der collossalen Größe sind die Muskeln sehr weich und fließend an= gegeben. Der rechte Arm und die linke Hand scheinen von einem großen Meister restaurirt zu seyn. Neu sind ferner: die Nase, und ein Theil des Fußes.

Zwei Panes, mit Fruchtkörben auf den Köpfen, als Caryatiden. Sie haben Ver= dienst.

Pan ist eine Figur mit Ziegenfüßen, mit einer raußeren, wildern Gesichtsbildung als man gemein= glich bei den Faunen oder Satyren antrifft, mit Hör= nern, starken zugespißten Ohren, sträubigten Bärten, krummen Nasen. Man hat lange solche Gestalten Satyren genannt: Allein Satyr ist der griechische Nahme der römischen Gottheit, Faun, und von die= sem an Gestalt nicht verschieden. Der Herr Hofrath Charakter
eines Pan.

Heyne

---

7) Diese Statue stand ehemals auf einem Platze, den man für das forum martis hielt, daher die cor= rumpirte Benennung Marforio.

Heyne [8]) hat zuerst, so viel ich weiß, diesen Irr-thum aufgedeckt.

❋ ❋ ❋

In dem Porticus der zur Treppe führt.

Mehrere Aegyptische Statuen aus Granit und Basalt.

Ein Sturz eines barbarischen Königs aus Pavonazetto. Er soll ehemals auf dem Triumph-bogen des Kaisers Constantin des Großen gestanden haben.

† Eine große antike Begräbnißurne, oder ein Sarcophag, auf dem Deckel, liegende Fi-guren zweier Eheleute in Lebensgröße. Man hat lange darin den Kaiser Alexander Severus mit seiner Mutter Julia Mammäa erkennen wollen. Allein Winkelmann [9]) hat mit Recht bemerkt, daß die männliche Figur in einem Alter von mehr als funf-zig Jahren abgebildet sey, und daß daher die Benen-nung jenes Kaisers, der bereits im dreißigsten Jahre seines Alters starb, auf diese Vorstellung nicht passe. Die Basreliefs haben eben so schiefe Auslegungen er-litten. Alle Figuren auf denselben sind zwar nicht zu erklären;

8) S. seine Sammlung antiquarischer Aufsätze, II. St. S. 69 u. f. Es war der Pan, sagt er daselbst, ein altes philosophisches Symbol, bald für die Na-tur überhaupt, bald für die Zeugungskraft. Erst spät wurden sie in die Bacchischen Religionsideen aufgenommen.

9) Gesch. d. K. S. 861.

erklären; allein daß die Sujets aus dem Homer genommen sind, leidet keinen Zweifel. Wahrscheinlich stellt die vordere Seite den Agamemnon vor, der die Briseis von dem zürnenden Achill fordert, während, daß diesen seine Mutter Thetis zu besänftigen sucht. Auf der rechten Seite Chryseis, die zu ihrem Vater wiederkehrt. Auf der linken Patroclus, der den Achill tröstet. Hinten Priamus, der fußfällig den Leichnahm seines Sohns vom Achill erflehet.

Der Stil dieses Basreliefs ist gut, die Ausführung aber mittelmäßig, und die Figuren am hintern Theile sind überhaupt viel schlechter, als die an den übrigen. [10])

Sturz eines Apollo, wird gelobt, steht aber so, daß man ihn nicht beurtheilen kann.

† Ein schöner Altar. Die Basreliefs stellen die Geburt und Erziehung Jupiters vor. Die Arbeit ist vortrefflich, und kann unter die besten dieser Art gerechnet werden.

† Maske eines weiblichen Kopfs. Beides, Gedanke und Ausführung, gut.

Jupiter. Die beste Vorstellung dieses Gottes in dieser Sammlung.

† Eine

10) Ueber das gläserne Aschengefäß, welches in diesem Sarcophag gefunden, (Winkelmann Gesch. d. K. S. 38.) sehe man die Beschreibung des Pallastes Barberini nach. Der Herzog von Marlborough hat es aus dem Museo der verstorbenen Herzogin von Portland erstanden.

† Eine colossalische Statue der Minerva mit einer schönen Drapperie und einem majestätischen Charakter.

† Eine Vase auf drei Füßen, die zur Fontaine dient, mit Laubwerk von erhobener Arbeit. Vortrefflich.

Eine Diana, in leichtem aufgeschürztem Gewande fortschreitend: Voller Leben und Ausdruck. Das Gewand ist vortrefflich. Aber alt scheint daran blos der Körper. Der Kopf ist wenigstens aufgesetzt, denn der Hals ist modern.

Eine andere Diana. Ihr langes simples Gewand reicht ihr bis auf die Füße. Dies Gewand ist im uralten Stile, aber schön ausgeführt. Kopf und Arme modern, daher die Benennung zweifelhaft.

Charakter der Diana. Es haben sich keine Statuen von dieser Göttin auf uns erhalten, die zu Hauptwerken gehören könnten.

Die ursprüngliche Idee der Diana war Luna, deren Strahlen durch Pfeile ausgedrückt wurden. In ihren Hainen wurden geweihete Hirsche erhalten, die vielleicht ein symbolisches Attribut waren. So kam man in der Folge der Zeit auf den Begriff einer Jägerin, einer Waldgöttin. Der Künstler fand die Natur einer weiblichen Schönheit, die sich durch Eigenschaften auszeichnet, welche die Beschäfftigung der Jagd voraussetzet und ausbildet, Schnelligkeit und Abhärtung, eines Ideals fähig. Gemeiniglich bezeichnete er sie durch den halben Mond als Hauptschmuck, durch den aufgeschürzten Rock zum bequemeren Laufe, durch Pfeil, Köcher, Bogen und Jagdhund.

† Pyrr=

† Pyrrhus, [11]) nach Winkelmann, [12]) Agamemnon, und vielleicht überhaupt nur Kriegsheld mit
Brustharnisch und griechischem Kriegsgewand.

Der Körper eines Kriegers zeichnet sich immer *Kriegersta-*
durch ausgearbeitete Festigkeit aus. Aber da man *tuen.*
immer die gemeine Natur selbst in Portraitstatuen ins *Schwierig-*
Heldenideal hineinarbeitete, [13]) so wird es schwer, ei- *keit die unbe-*
nen gewöhnlichen Krieger von einem Helden bei nack- *kleideten von*
ten Statuen zu unterscheiden. *Heldensta-*

Leichter wird die Bestimmung bei solchen Krieger- *tuen zu un-*
statuen, die in ihrer Rüstung vorgestellet sind. Denn *terscheiden.*
Vorstellungen aus einer idealischen Welt, sagt der
scharf-

11) Zu dieser Benennung haben die Elephantenköpfe
   Anlaß gegeben, die man an den Zierrathen des Har-
   nisches wahrnimmt.

12) Winkelm. G. d. K. S. 722. Die Aehnlichkeit,
   die Winkelmann zwischen der Figur Agamemnons
   auf dem obenbeschriebenen sogenannten Sarcophag
   des Alexander Severus und der unsrigen fand, dürfte
   die Benennung nicht allein rechtfertigen. Vielleicht paßt der Nahme irgend eines andern Kriegs-
   helden eben so gut darauf.

13) Vortrefflich nennt der Hr. Hofrath Heyne, S. Antiquar. Auff. II. St. S. 241. kriegerische Tugend
   die sinnlichste von allen Tugenden, die durch eine
   Menge von Nebenvorstellungen mächtig auf die
   Einbildungskraft würkte. Bewunderung des Alterthums, Dichterbegeisterung, Anhänglichkeit an
   Nationalvorurtheile, Ahnenstolz, Sitte der Vor-
   fahren. Was Wunder also, daß der größte Theil
   der Denkmähler eben dieser Tugend geweihet war!

ſcharfſinnige Autor, den ich in der Note angeführt
habe, wird man wohl nicht anders als ohne Bekleidung finden. Man will die römiſchen Krieger von
den griechiſchen an der verſchiedenen Länge des Man-
tels unterſcheiden: denn dieſer ſoll bei den Griechen
länger als bei den Römern geweſen ſeyn. [14] Die
Römer nannten den ihrigen Paludamentum.

Unſere Statue hat viel Adel und Würde, und
iſt ſelbſt in Nebenwerken ſehr fleißig gearbeitet. Die
Beine ſind unſtreitig modern, und eben dies Urtheil ſcheint auch von den Armen zu gelten.

Damit die Neugier nicht irr geführet werde, zeige ich
eine abgebrochene Säule an, worauf verſchie-
denes Handwerkszeug eines Maurers abgebildet ſtehet. Es iſt weiter nichts als der Sturz eines
cippi ſepulchralis, womit das Grabmahl eines
gewöhnlichen Maurers geziert war. Man findet ihrer mehrere mit den Werkzeugen anderer Handwerker. [15]

✣   ✣   ✣

Zimmer mit
Aegyptiſchen
Kunſtwer-
ken.

Zimmer mit Aegyptiſchen Kunſtwerken.

In der Tiburtiniſchen Villa des Kaiſer Hadria-
nus ſtand ein Tempel, welchen er Canopus nannte,
und

14) S. Winkelmann G. d. K. S. 439. Ganz richtig
dürfte dies Unterſcheidungszeichen wohl nicht ſeyn.

15) So findet man z. E. gleich hier das Grabmahl
eines Mahlers, Aper genannt, mit einem wilden
Schweine und einigen Mahlerwerkzeugen; und
oben auf der Treppe ein anderes von einem Schmiede, mit deſſen Handwerkszeuge.

und mit Statuen Aegyptischer Gottheiten besetzte. Die Figuren, die in diesem Zimmer stehen, sind von dort hergeholt. An einigen finden wir eine genaue Nachahmung des ältesten Aegyptischen Stils, und diese gehören aus Gründen, die ich bereits bei der Beschreibung der Vaticanischen Statuen angeführt habe, nicht vor unser Forum: An andern legte die griechische Kunst nur Objekte religiöser Verehrung der Aegyptier zum Grunde, und verfeinerte sie nach denen ihr eigenthümlichen Ideen von Schönheit.

Aber auch unter Werken dieser Art findet sich ein merklicher Unterschied. Entweder haben sich die griechischen Künstler mehr oder minder in die hieroglyphische Allegorie zu schicken gesucht, oder sie haben diese Fesseln ganz abgeworfen. Von dieser letzten Art zu verfahren werde ich weiter hin durch die griechische Isis und den griechischen Harpocrates auffallende Beispiele geben. Die erste finden wir an verschiedenen Statuen in diesem Zimmer beobachtet.

Die Idee deutet Barbarei an, die Ausführung Cultur: Das Steife der Stellung, das Unbedeutende der Mine und Gebährde, die hieroglyphische Zusammensetzung von Thier und Mensch, oder gar von leblosen Gegenständen mit dem Menschen, widersprechen der Regelmäßigkeit in der Zeichnung, dem Reiz in den Formen, und der Weichheit in der Behandlung.

† Canopus, ein Kopf mit zwei Angesichtern, auf einer länglicht runden Vase. Das eine Angesicht stellt eine Isis vor mit einer Lotusblume als Hauptschmuck, das andere einen Ochsenkopf. Dieses sehr

Marginalie: Griechische Bearbeitung Aegyptischer Ideen: Entweder mit Beibehaltung der Aegyptischen Vorstellungsart, oder mit Erfindung einer neuen, der Schönheit mehr angemessenen.

fleißig und artig gearbeitete Werk ist aus schwarzem Marmor.

† Ein Aegyptischer Altar. Man sieht darauf den Anubis mit einem Hundskopfe, der einen Palmzweig und einen Caduceus hält, und an den Füssen Flügel trägt. Auf einer andern Seite Harpocrates, oder Orus. Auf der dritten ein Korb, um dessen Deckel sich eine Schlange geschlungen hat, und auf der vierten die Innschrift: Lsidi Sacr:

* * *

Auf der Treppe und dem Vorplatze vor den obern Zimmern.

Zwei Basrellefs. Figuren beinahe in Lebensgröße. Es sind Ueberreste der Zierrathen an dem ehemaligen Triumphbogen Marc Aurels. Der Stil ist gut, der Zeichnung aber fehlt es an Richtigkeit, und die Figuren scheinen zu kurz. Das Schönste daran ist die Gruppe der Faustina, die ein Genius zum Himmel trägt. Sie haben sehr gelitten.

Ein altes Mosaik. Hercules spinnend und einige Liebesgötter, die einen Löwen bändigen. In Ansehung des Gedankens merkwürdig.

Einige Fragmente colossalischer Statuen, aus weißem Marmor, sind der äußerst delicaten Behandlung wegen merkwürdig.

Ein Fuß aus Bronze von ungeheurer Größe, soll, wie die meisten behaupten, zu der Statue des Cajus Cestius, die bei seinem Grabmahle angebracht war, gehöret haben.

Erstes

* * *

Erstes Zimmer.
Zimmer der Vase genannt.
Basreliefs.

† In der Mitte eins der schönsten Gefäße *Capitolini-* von denen, die sich aus dem Alterthume erhalten ha- *sche Vase,* ben, sowohl in Ansehung der Form, als der Arbeit *mit der Ara* in den Zierrathen. Es stehet auf einem Altare mit *als Fußge-* Figuren von erhobener Arbeit. [16]) Dieser ist *stell.* rund, und stellt zwölf Gottheiten aus der älteren My- thologie vor, in dem Stile, den wir unter dem Nah- men des Etruscischen kennen.

† Ein Sarcophag. Auf dem Deckel ein Bacchanal, an den Ecken Masken, auf der Urne selbst die neun Musen. Sie haben sehr reißende und unter einander abwechselnde Gesichtszüge und Stellungen. Die Gewänder sind besser gedacht, als ausgeführt. Mengs hat dieses Basrelief bei dem Plafond in der Villa Albani sehr genutzt, und sich vorzüglich in Ansehung des Costume darnach gerichtet.

An den beiden Seiten stehen Homer und Socra- tes. Wahrscheinlich ein neuerer Zusatz, wie die Ver- schiedenheit des Stils es anzuzeigen scheint.

Ein Sarcophag mit der Fabel des Endy- mions. In der Mitte des Basreliefs steht ein weib- licher Genius mit Flügeln, der auf gewisse Weise das Ganze in zwei gleiche Hälften theilt. Auf der einen steigt Diana von ihrem Wagen, und nähert sich von

O 2   Liebes-

16) Winkelmann G. d. K. S. 161. sagt, das Werk sey ursprünglich eine Brunnenrundung gewesen.

liebesgöttern geführt, dem Endymion, der in den
Armen des Morpheus ruht. Auf der andern senkt sich
Diana wieder ins Meer. Auf dem Deckel Pluto,
Proserpina und Mercur. Es verlohnt sich nicht der
Mühe, sich lange bei der Erklärung jeder einzelnen
Figur aufzuhalten, da die Zusammensetzung schwer-
lich als Muster angepriesen werden dürfte. Einzelner
Schönheiten hat es viele. Die Gewänder sind gut
gedacht, die Stellungen reitzend, und jede Figur,
selbst die Pferde, haben Handlung und Leben.

† Ein Sarcophag mit eben dieser Fabel.
Diese Vorstellung hat in Ansehung des Gedankens
Vorzüge vor jener. Die Zusammensetzung ist simpler
und gefälliger. Endymion ruht wieder in Morpheus
Armen. Ein Amor zieht Dianen herbei, seine Brü-
der halten ihren Wagen.

† Ein Sarcophag mit dem Streite der
Amazonen wider die Griechen. Ein Basrelief
von eben so trefflicher Arbeit als Zusammensetzung und
unstreitig eins der schönsten, die ich kenne. An den
Ecken zwei schöne Masken.

S t a t u e n.

† Eine schöne Figur eines jungen Mannes, der mit dem Arme auf dem Knie des Bei-
nes ruht, das er auf einen Stein setzt. Man
nennt ihn ohne allen Grund einen Pancratiasten. [17])

Das

---

[17]) Winkelm. G. d. K. S. 370. Er hat nicht einst die
geschwollenen Ohren. Andere halten ihn des Man-
tels wegen, den er weggeworfen hat, für einen
Redner, Sophisten ꝛc.

Das gekrümmte Bein, auf welches er sich stützt, ist nebst der Nase neu, und der Körper in der Mitte aus zweien Stücken zusammengesetzt. Der Kopf ist schön.

† Amor spannt den Bogen. Kopf, Leib und Schenkel sind allein antik und schön. Vorzüglich die letzten. Arm, Beine, Tronk, ein Theil der Flügel und Bogen sind modern. Man sieht aus den Spuhren, wo der alte Bogen gesessen hat, daß die Art, denselben zu spannen, ganz von derjenigen verschieden gewesen sey, die der moderne Künstler angenommen hat. Denn jetzt legt er den Bogen vor die Beine, und nach der ehemaligen Stellung müßte er ihn zwischen den Beinen gehalten haben.

† Maske eines Satyrs von gutem Charakter.

✳   ✳   ✳

Zweites Zimmer oder Zimmer des Hercules.

† Statue eines jungen Mannes, den man gemeiniglich Antinous nennt, und dessen Kopf unter dieser Benennung in Deutschland vielfältig in Gipsabdrücken verkauft wird. Man hat bereits lange den Ungrund dieser Benennung eingesehen, indem nicht die geringste Aehnlichkeit zwischen diesem und andern als solchen anerkannten Köpfen sich findet. Der Ort, wo die Statue gefunden worden, nämlich die Villa Hadrians zu Tivoli, kann das Gegentheil allein nicht darthun, führt aber auf eine andere Vermuthung, die viel mehr Wahrscheinlichkeit zu haben

den man Capitolinischer Antinous.

O 3   scheint.

scheint. Man glaubt nämlich den Kopf des Kaisers Hadrian als Jüngling darin zu sehen. Ich vermag darüber nicht zu entscheiden. So viel scheint mir gewiß, daß der Kopf das idealisirte Portrait eines jungen Mannes vorstellt. Die Augenbraunen sind so wie die Augäpfel angedeutet. Der Kopf ist augenscheinlich aufgesetzt, er ist aber darum nicht weniger antik, und wahrscheinlich ist er für die Statue selbst ursprünglich bestimmt gewesen.

Die ganze Stellung zeigt einen Menschen an, der von aller Anmaaßung zu gefallen entfernt ist, und diese Nachläßigkeit ist voller Reitz. Die Umrisse sind äußerst fließend.

Der Marmor ist schön, und die Arbeit vortrefflich. Das eine Bein, beide Füße, ein Arm, und die beiden ersten Finger der rechten Hand sind neu.

Man kann von dieser Statue nicht sagen, daß ihre Schönheit an das hohe Ideal reiche, aber sie zieht dem ohngeachtet sehr an, und vielleicht eben darum, weil sie uns nicht zu sehr über das gewöhnliche Maaß menschlicher Schönheit hinaus rückt.

Was man am meisten daran lobt, sind die guten Verhältnisse: Darum haben Fiammingo und Poussin auch viel nach ihr studirt. Sonst wirft man der Lage und der Form der Muskeln mit Recht einige Unbestimmtheit vor.

Ein colossalischer Apollo. Er lehnt den einen Arm auf den Kopf, mit der Hand des andern hält er eine Leier; zu seinen Füßen steht ein Greif. Es kömmt mir vor, als sey die Stellung unedel, und als
contrastire

contraſtire die Weichheit der Form mit der Größe der Figur. Die Bruſt iſt nicht genung erhoben. Die ganze Figur hat ſehr gelitten.

Ein Hercules als Knabe, der die Schlangen erdrückt. Der Kopf, der ein Portrait zu ſeyn ſcheint, hat viel Charakter, aber der Körper, etwas ſchlauchartig, kömmt ihm an Schönheit nicht bei. Der rechte Arm iſt modern.

Ein altes Weib mit einer Flaſche, aus dem Pallaſt Veroſpi. Der Kopf iſt mit Weinlaub bekränzt. Es hat wenig Verdienſt in Anſehung der Kunſt, auch ſcheinen mir ſowohl der Kopf als die eine Hand und der eine Fuß modern zu ſeyn.

Ein Kind, das ſich mit der Maſke bedeckt. Ein ſehr ſchönes Werk, woran die Beine modern ſind.

Hercules, der die Hydra tödtet, und zwar ſo, daß er die Köpfe der Schlangen mit einer Fackel verbrennet. Sie ſtand ehemals im Pallaſt Veroſpi. Kopf und Rumpf ſind allein antik, und nicht außerordentlich. Der antike untere Theil dieſer Statue findet ſich in dem Porticus des Hofes dieſes Pallaſtes. Der moderne iſt vom Algardi.

† Das ſchönſte Kind, was ſich aus dem Schönen Alterthume erhalten hat, mit einem Schwane Kind. ſpielend. [18]) Man hat Recht, ſich auf daſſelbe gegen das gemeine Vorurtheil zu berufen, als hätten die Alten keine ſchönen Kinder gebildet. An dem unſrigen iſt der Ausdruck vortrefflich, und das Fleiſch von großer Wahrheit.

D 4 † Pſyche

[18) Winkelmann, S. 489. G. d. K.

† Psyche mit Papillons = Flügeln. In dem Augenblick, wo sie dem fliehenden Amor nachsieht. Der Ausdruck ist eben so schön als die Stellung. Man sieht eine Wiederholung dieser Statue in Florenz, unter der Sammlung der Statuen, die zur Gruppe der Niobe gehören, aber sie kömmt dieser an Schönheit nicht bei. Der linke Arm, und die rechte Hand, die auf die Brust gelegt ist, sind modern, und moderne Unwissenheit war es, durch die man bei der Restauration eine starke Warze in die Brust fügte, die sich mit dem zarten Alter der Schwester und der Gespielin der Grazien nicht räumen läßt.

Venus und Mars. Beide Köpfe sind Portraits. Der Kopf der Venus gleicht der Faustina, welches auch das Diadem anzudeuten scheinet. Der Kopf des Mars ist von gemeiner Natur, und trägt einen Kniebelbart. Wahrscheinlich sind beide Figuren ohne Köpfe gefunden worden. Man hat sie für eine Faustina mit dem Gladiator gehalten, und ihnen in Gemäßheit dieser Idee zwei für sie nicht passende Köpfe aufgesetzt. Die Italienische Beschreibung nennt diese Gruppe Coriolan mit der Mutter, ohne allen Grund. [39]) Die Hand, womit Mars die Lanze hält,

39) Winkelmann, Vorrede zur Gesch. d. K. S. XII. sagt: weil man sie für ein römisches Werk ansah, hielt man es für schlechter als es ist. Herr Hofrath Heyne, Samml. Antiq. Auff. I. Stück. S. 162. bemerkt die Lächerlichkeit der Idee: die unartige Leidenschaft der Kaiserin durch Statuen dem Volke zur Schau ausgesetzt anzunehmen. Er hält es für glaublicher, daß auf Faustina und Marc Antonin ange=

hålt, iſt neu. Die Figur der Venus iſt dadurch
noch merkwürdiger geworden, daß Winkelmann [20])
in dem unterſten der beiden Gürtel, von denen die
weibliche Figur einen hart unter den Brüſten, den
zweiten über den Hüften trägt, den berühmten Ceſtus
der Venus zu finden glaubte.

, Coloſſaliſche Statue eines Jägers, der
an einen Baum gelehnt, einen Haſen in die
Höhe hålt. Sie muß aus einem Basrelief in der
Villa Albani erklärt werden. Dort iſt ein Hund hin=
zugefügt, der nach dem Haſen ſpringt. Hier aber
iſt der Hund verlohren gegangen. Doch findet man
auf der Baſe noch die Spuhr, wo derſelbe geſtanden
hat. Die Figur des Mannes, an der ſich keine
Hauptergänzungen finden, iſt von ſchöner, jedoch nicht
über die Natur gehobener Form.

† Amor und Pſyche. Amor drückt Küſſe
auf Pſychens Lippen. Eine bekannte Gruppe, an
der Gedanke und Ausdruck mehr als die Ausführung

O 5   zu

angeſpielt ſey. Man habe, ſagt er, ein Paar bekannte Münzen von der Fauſtina, worauf dieſe
Gruppe vorkomme; auf der einen ſtehe veneri victrici. S. C. etc. Wahrſcheinlich ſtellten die Statuen
eine Venus Victrix vor, die den Mars liebkoſet.
S. Villa Borgheſe.

20) S. d. K. S. 404. Der Herr Hofrath Heyne hat
dieſe gewagte Erklärung widerlegt. Samml. Ant.
Aufſätze, St. I. S. 148. in der Note. Er hält es
für unerwieſen, daß der untere Gürtel der Venus
allein eigen ſey, und κεϛος heiße.

zu loben sind. Andere nennen diese Figuren Kaunus und Biblis: Ohne hinreichenden Grund. [21])

Ein Dreifuß mit drei Greiffen.

† Eine schöne Büste, der man den Nahmen Miltiades beilegt, und die vielmehr ein Hercules zu seyn scheinet.

† Eine schöne Herme eines sogenannten Plato, oder vielmehr eines Jupiter placibus.

Jupiter placibus, terminalis, sonst auch Plato genannt. Ueber Hermen und Termen überhaupt.

Daß diese Köpfe nicht den Plato vorstellen, hat Winkelmann [22]) ausgeführt. Es sind Hermen mit dem Kopfe irgend eines Gottes, entweder des Jupiters, oder auch des indischen Bacchus.

Hermen sind ursprünglich Pfähle in Gestalt eines Cubus, und in Athen Sinnbilder des Mercurs gewesen. Bei der Verfeinerung der Kunst hat man diesen Pfählen Köpfe gegeben, und da man nachher fand, daß dieses eine bequeme Art sey, einen Kopf aufzustellen, so schränkte man sich nicht blos auf den Mercur ein, man gab auch den Köpfen anderer Götter, ja der Helden und berühmter Leute überhaupt, solche Untergestelle. Sie wurden vorzüglich in Gymnasien und Bibliotheken sehr gebräuchlich. Die Römer benutzten nachher diese Vorstellungsart bei der Bildung ihrer Termen, ihrer Gränzsteine: Termen, beruhen auf religiösen Ideen, sind selten Gegenstand der schönen Kunst, und den Griechen nicht bekannt gewesen.

Wer

21) Eine andere schönere Gruppe vom le Gros als Biblis und Kaunus restaurirt, ist nach England gegangen.

22) G. d. K. S. 466.

Wer also mit Bestimmtheit sprechen will, wird
Herme und Terme nicht verwechseln. Allein dem
Liebhaber, der sich nach dem gemeinen Sprachge-
brauch richtet, gelten beide Nahmen für einen Kopf
auf einem viereckigten Pfeiler, der sich nach unten zu-
spitzt, und mit dem er zusammenhängt.

Diejenigen, welche unter dem Nahmen Plato
bekannt sind, werden durch einen gütigen offenen Blick
voll Adel, durch einen geraden und zugespitzten Bart,
und durch lange vorn auf die Brust theils hinten her-
abhängende Locken, die sich an den Tronk anschließen,
bezeichnet. Man kennt sie auch unter dem Nahmen
eines Jupiter terminalis.

Zwei junge Faunen als Flötenspieler. Wie-
derholung des berühmten Flötenspielers in der Villa
Borghese. Der Kopf des einen, zu dessen Füßen ein
Ochse ruhet, ist modern.

Ein schöner weiblicher Kopf, Sappho genannt, als Herme. Die Haare hängen theils hinten lang herunter, theils in zwei gekräuselten Locken
auf die Brust. Ich halte diesen Kopf für ein Ne-
benstück des Jupiter terminalis.

† Eine weibliche sitzende und drappirte Figur, die unter dem Nahmen Agrippina bekannt ist.
Die Stellung hat Wahrheit, und die Wahl in dem
Wurfe der Gewänder und in der Faltenordnung weisen ihr einen vorzüglichen Platz in der Sammlung dieser Statuen an. Die Idee, den Arm in der um den
Stuhl geschlagenen Drapperie ruhen zu lassen, ist sehr
glücklich.

Großer

❋　❋　❋

Großer Saal.

Die beiden Päbste Innocenz X. und Clemens XII. aus Bronze. Die Statue Innocenz des X. ist vom Algardi, und hat den Vorzug einer sehr weisen und wohlverstandenen Composition. Sie ist auch sehr richtig gezeichnet. Inzwischen scheinet ein Mantel von reichem Stoffe nie ein schicklicher Gegenstand für den Meissel zu seyn. Er gibt große häßliche Massen von Falten, die eher Felsen als Gewändern gleichen.

Die Bildhauerkunst folgt in der Wahl der Gewänder andern Gesetzen als die Mahlerei.

Die Bemerkung, daß in der Mahlerei diese grossen Flächen sehr geschickt sind, das Licht oder den Schatten zusammen zu halten, hat die Bildhauer, welche die Gränzen ihrer Kunst verkannten, zur Nachahmung dieser Behandlung der Gewänder verführt. Allein sie haben dadurch nicht allein dem Auge dasjenige entzogen, was es in der Bildhauerei am liebsten zu sehen wünscht, die Formen nackter Körper, sondern sie haben auch die Wahrheit in Darstellung der Stoffe verfehlt, welche in der Mahlerei durch Farben sinnlich gemacht werden, in der Bildhauerei aber durch die Schlaffheit, womit sie sich den Formen fester Körper anschmiegen.

Der Ludovisische Fechter.

† Der sterbende Fechter, sonst auch der ludovisische genannt, weil er ehemals in der Villa Ludovisi stand. In Ansehung der historischen Bedeutung dieser Statue beziehe ich mich auf die Note. ²³)

Denn

23) Ich gestehe, daß ich mich an die Benennung des Fechters halte, weil ich keine schicklichere weiß. Der

Grund,

Das Capitól.

Dem Liebhaber der Kunst stelle sie einen sterben-
den Menschen vor, der niedergefallen, noch einmahl
alle seine Kräfte zusammenrafft, um sich wieder empor zu heben, aber unter Schwäche erliegt.   Dieser
Aus-

Grund, den Winkelmann[a]) zur Widerlegung dieser
Meinung angibt, thut mir kein Genüge, so wenig
als seine neue Erklärung.   Denn daß gerade diese
Statue aus den blühendsten Zeiten der Kunst unter
den Griechen seyn müsse, in denen keine Fechterspiele bekannt waren, läßt sich so wenig von dieser
als von den meisten andern Statuen mit Zuverlässigkeit behaupten.   Daß Cteßlas, unter dessen Statuen ein vulneratus deficiens berühmt war, keinen
Fechter gebildet habe, will ich gern glauben.   Aber
daraus folgt noch nicht, daß unsere Statue nicht
von einer andern Hand nach einem Fechter gebildet
seyn könnte.   Was seine Erklärung anbetrifft, daß
nämlich diese Figur nach dem Stricke um den Hals
und dem Horne zu urtheilen, ein Herold sey, und
zwar ein bestimmter Herold aus der Geschichte:
So hat der Herr Hofrath Heyne[b]) das Gewagte
dieser Muthmaßung hinreichend gezeigt.

Da der Herr Hofrath Heyne an gedachter Stelle
wünscht, daß Reisende genau darauf achten möchten,
was an dieser Statue alt oder neu sey; so will ich
diejenigen Bemerkungen hersetzen, die ich darüber
zu machen Gelegenheit gefunden habe.

Die Hauptschwierigkeit bei dieser Figur macht der
Kopf, dessen Knebelbart die Antiquarier so wenig
als den Strick um den Hals zu erklären wissen.
Daß

a) Gesch. d. K. S. 661.
b) Antiquar. Abhandl. II. St. S. 233.

Ausbruck ist unvergleichlich, und kann der Natur nicht näher kommen. Ein Rest von Wuth zwängt seine Augenbraunen zusammen, sonst liest man in jeder Muskel das Ohnmächtige der letzten Spannung. Man muß vorzüglich die Kunst bewundern, mit der der Künstler das Schlaffe desjenigen Theils des Körpers ausgedrückt hat, den er beim Heben nicht besonders anstrengt. Die Zeichnung ist sehr richtig, und das Spiel der Muskeln vortrefflich. Wenn Winkelmann

Daß dieser Kopf gerade unter dem Stricke von dem Rumpfe einst abgesondert gewesen sey, erkennt man an den nicht ganz verdeckten Fugen. Man bemerkt sogar an diesem Halse Spuhren von einem Stücke abgebrochenen Marmors, womit der Kopf leicht mit etwas anderm zusammen gehängt haben könnte. Inzwischen läßt sich darum gar nicht behaupten, der Kopf gehöre nicht zu dem Körper. Denn auf der andern Seite spricht wieder die Uebereinstimmung, die sich sowohl was Stil als Marmor anbetrifft, zwischen dem Kopfe und dem Rumpfe findet, für ihre ursprüngliche Bestimmung für einander. Ja, was diese Meinung außer Zweifel setzt: Es haben sich auf dem Rumpfe ausgesprungene Stücke von dem Stricke erhalten, die bei der Restauration in denjenigen Theil des Stricks, der an dem Kopfe sitzen geblieben war, wieder eingepasset sind. Der Kopf gehört also, wie ich gläube, der Statue an. Der rechte Arm ist modern, und so sind die Zehen beider Füße, wie auch der dußere Rand der Bäse, worauf er liegt, nebst einem Stücke des Degens und des Schildes. Der größte Theil des Horns ist unstreitig alt.

mann [24]) sagt, daß dieses Werk nicht aus der besten
Zeit der Kunst sey, so hat er in diesem Urtheile auf
den Mangel des Adels im Ausdrucke und auf den
Mangel des Ideals der Schönheit Rücksicht genommen. Diese beiden Stücke fehlen freilich. Der ganze
Körper ist von gemeiner Natur, und vorzüglich der Kopf
mit dem Knebelbarte. Aber in Ansehung der äußerst
wahren Nachahmung der Natur, die vielleicht in diesem Stücke so hoch als je in einem andern getrieben ist,
wird es ein merkwürdiges Denkmahl jenes Zeitalters
bleiben, in dem die Künste blüheten.

Man wird vielleicht die Frage aufwerfen: Warum ich nicht bei den Werken des Alterthums, mehr
Rücksicht auf die Bestimmung der Epochen nehme,
in denen sie verfertigt worden; auf Feststellung von
Stilen nach verschiedenen Zeitaltern. Es scheint,
daß nach dem was Winkelmann darunter vorgearbei-
tet hat, die Sache an sich leicht, und ohne besondere
Schwierigkeit seyn dürfte. Allein man darf nur den
vortrefflichen Aufsatz des Herrn Hofraths Heyne [25])
über die Künstlerepochen beim Plinius lesen, um
meine Behutsamkeit in diesem Stücke zu billigen.
Nach diesem Aufsatze leidet es keinen Zweifel mehr,
daß

Warum der
Autor es nur
selten wagt,
die Epoche
anzugeben,
in der ein al-
tes Kunst-
werk verfer-
tiget ist.

24) Siehe dessen Annotazioni sopra le Statue di Ro-
　　ma, hinter seinen Briefen an einen Freund in Lief-
　　land. Coburg 1784. S. 40. Ich bemerke übrigens,
　　daß diese blos hingeworfenen Blätter, die nie zum
　　Druck bestimmt waren, billig demselben nicht hät-
　　ten überliefert werden sollen.

25) Antiquarische Aufsätze I. Stück, dritte Nummer.

daß der ganze historische Theil im Winkelmannischen Werke so gut wie unbrauchbar ist.

Es ist keine Sache für den Liebhaber, die Prüfung der Quellen, und darnach eine bestimmte Zeitordnung der Künstler, von deren Werken noch Nachrichten vorhanden sind, vorzunehmen. Den rohen Anfang der Kunst können wir allerdings von ihrer Ausbildung, und diese wieder von ihrem gänzlichen Verfall unterscheiden: und Werke, welche diese Abstufung anzeigen, sind auch mit diesem charakteristischen Unterscheidungszeichen, da wo sie vorkommen, angezeigt. Aber die feinern Nüancen, die Grade der Vollkommenheit und des Abfalls in ununterbrochener Folge zu bestimmen, leidet die Absicht dieses Werks nicht: theils der Unsicherheit, theils des wenigen Nutzens wegen, den es für die Kenntniß des Schönen haben dürfte.

Ein anderer Gladiator, an dem Kopf, Arm und Beine neu und von Monot ergänzt sind. Der Ergänzung nach, hat er die Stellung eines Menschen, der im Liegen sich gegen einen Angriff, der von oben kömmt, vertheidigt. Der Stil hat in dem was alt ist, etwas ähnliches mit demjenigen, den wir in einigen Söhnen der Niobe bemerken, daher man ihn zu der Classe dieser Statuen rechnet. Andere halten ihn, der Aehnlichkeit wegen mit der Statue im Pallast Massimi, ursprünglich für einen Discobolus.

Die beiden Centauren des Furietti aus schwarzem Marmor. Der Stil ist etwas trocken, und beide Figuren haben sehr gelitten. Sie stellen einen alten und einen jungen Centauren vor. Der
jüngere

jüngere schlägt einen Schnipper mit den Fingern, dem
ältern sind die Hände auf den Rücken gebunden. [26])
Der jüngere hat ganz den Charakter eines Fauns und
sogar kleine Hörner auf der Stirne.   Man sieht an
beiden Spuhren, daß ein Amor auf ihrem Rücken ge=
sessen hat.   Man fand sie mit hohlen Augen, und
setzte ihnen Augäpfel von Christall ein.   Sie sind an
Schönheit beide weit unter dem Centauren in der
Villa Borghese.

An dem Sockel steht der griechische Nahme des
Meisters.   Ich führe dies nur an, um für das Vor=
urtheil zu warnen, daß der beigefügte Nahme des
Künstlers immer auf einen besondern Grad der Vor=
trefflichkeit eines Kunstwerks schließen lasse.

† Eine colossalische Statue eines jungen
Mannes im Aegyptisch=griechischen Stile. Viele
nennen dieselbe einen Aegyptischen Priester; andere
einen Antinous.   Sie hat einen außerordentlichen
Ausdruck von Stärke, den der Künstler herausge=
bracht hat, indem er das Aegyptische Idol das er
wahrscheinlich zum entfernten Vorbilde hatte, veredelte,
und das Unbehülfliche an jenem hier in stämmige
Statur, die steife Stellung in festen Antritt umschuf.

Ueberhaupt sieht man an dieser Figur die deutliche
Vermischung des Aegyptischen und griechischen Stils.
Sie trägt einen Schurz und einen Aegyptischen Kopf=
putz.   Wahrscheinlich diente sie zur Caryatide, wel=
ches die Aehnlichkeit mit den beiden Statuen aus ro=

Warnung
für das Vor=
urtheil: daß
der beige=
fügte Nah=
me des
Künstlers
ein Beweis
der Vortreff=
lichkeit des
Werks sey.

theut

26) Winkelmann, S. 841. b. S. b. K. hält ihn des
    Hirtenstabes wegen für einen Chiron.

Erster Theil.   P

them Granit, die ehemals zu Tivoli standen, und jetzt im Museo Vaticano aufgehoben werden, noch mehr bestätigt. Die unsrige soll aus zwei Stücken in der Mitte zusammengesetzt seyn. [27])

Eine Muse mit drei Federn auf dem Kopfe zum Zeichen des über die Syrenen erhaltenen Sieges. Die Drapperie ist unvergleichlich. Die Hände sind restauriret mit Attributen einer Ceres.

Hygea. Die Hände sind modern, so wie die Attribute. Drapperie und Kopfputz schön. Der Kopf scheint ein Portrait.

Die berühmte Praefica. Ein ekelhaftes altes Weib. Die Ausführung ist so schlecht als die Idee. [28])

Marc Aurel. Der Torso schön.

Ein junger Mann mit einer Hauptbinde. Arm und Beine modern. Man nennt ihn: Ptolomäus. Ich halte ihn für die Siegerstatue eines jungen Athleten. Denn dies bezeuget nicht nur die große Aehnlichkeit zwischen dieser Statue und den andern, die im Pallast Farnese als Ringer anerkannt werden, sondern selbst die Hauptbinde. [29]) Die Haare sind in länglich-

27) Siehe Winkelmann Gesch. d. K. S. 93. und 97.
28) Winkelmann G. d. K. S. 419. hält diese Figur für eine Hecuba, die ihr Haupt in die Höhe gerichtet hat, als wenn sie ihren Enkel Astianax von Trojas Mauren herunterstürzen sähe.
29) Die Kopfbinden bezeichneten den Sieg der Ringer. Polyclets Diadumeni waren wahrscheinlich junge Ringer, die sich die Kopfbinde umbanden. S. Herrn Hofraths Heynen Antiq. Aufsätze. S. 257. II Stück.

länglichte Locken reihenweise neben einander gelegt,
und unten geringelt. Der Stil hat ein wenig
Härte. ³⁰)

† Die berühmte griechische Isis. ³¹) Die Griechische
Hände mit einem Theile des Armes sind neu. Sie Isis.
ist vorzüglich wegen des Eigenthümlichen der Kleidung
merkwürdig. Sie trägt einen Schleier auf dem
Kopfe, der mit Frangen gezieret ist, und oben darauf eine Lotusblume. Unter diesem Schleier hervor
fallen zwei Locken auf die Schultern. Sie trägt ein
Unterkleid von feiner Leinewand, dessen Ermeln wahrscheinlich an den Knöcheln eng zugegangen sind. Der
Mantel ist auf eine der Isis ganz eigenthümliche Art

P 2 umge-

30) Ich wünschte sehr, daß ich einige Antiquaren **Eine gewag-**
darauf aufmerksam machen möchte, ob nicht die **te Erklärung**
Kopfbinde und die reihenweis neben einander ge- **der soge-**
legten Locken, nach welchen Kennzeichen man ge- **nannten**
meiniglich die Köpfe Ptolomäer tauft, Ringersta- **Ptolomäer,**
tuen anzeigen, Diese Lage der Haare findet sich **als Ringer-**
nicht nur an den vier Statuen im Pallast Farnese, und **statuen, und**
einigen andern in der Villa Borghese, sondern auch **Muthmaas-**
an dem Genius oder sogenannten, deus praelles, **sung über**
in Florenz, den der Herr Hofrath Heyne mit so **deren Wie-**
vielem Rechte unter die Classe der Ringer zählt. **dererken-**
Th. II. Antiq. Auff. S. 255. Imgleichen an einem **nungszei-**
Kopfe in dem Zimmer der Miscellanien, gleichfalls **chen.**
mit der Kopfbinde; und an einer Statue, an die
wir gleich kommen werden, mit eben diesem Hauptschmuck.

31) Die Griechen verfeinerten die Idee der Aegyptier.
Man erkennt sie hauptsächlich an der Kleidung, die
ich daher in dem Texte genau beschrieben habe.

umgeworfen, und hat wahrscheinlich vier Zipfel ge=
habt. Zwei davon sind über die Schultern geschla=
gen, und in der Mitte der Brust in einen Knoten zu=
sammen geschürzt.

Diese Statue ist ein Beispiel einer nach griechi=
schen Begriffen umgeformten Vorstellungsart einer ur=
sprünglich Aegyptischen religiösen Idee.

Ein Apollo der die Leier anschlägt, und den
Blick gen Himmel kehrt. Der Kopf hat einen schö=
nen Ausdruck. Der Kopfputz ist zu bemerken, denn
die Haare sind hinten zusammen und aufgebunden,
wie es sonst bei den Statuen der Grazien und der
Venus gewöhnlich ist. Zu den Füßen dieser Statue
ein Schwan. Der Charakter des Apollo ähnelt hier
dem Bacchus. [32])

Eine bekleidete Muse, deren Gewand schön
geworfen ist. Sie ist als Ceres, den modernen
Händen nach, restauriret. Der Kopf ist aufgesetzt,
und scheint eine Lucilla, Gemahlin des Lucius Ve=
rus, zu seyn.

Ein junger unbekleideter Mann, dem man
den Kopf eines Augustus aufgesetzt hat. In den mo=
dernen Händen hält er eine Weltkugel und einen
Scepter.

Eine stehende bekleidete männliche Figur,
Consular=Statue. Man hat ihr einen sehr aus=
druckvollen Kopf aufgesetzt, und ihr deswegen ohne
weitern Grund den Nahmen Marius beigelegt. [33])

† Ein

32) Winkelm. Gesch. d. K. S. 285.
33) Winkelm. G. d. K. S. 786.

· † Ein Faun, der sich auf einen Stamm lehnt,
die linke Hand in die Seite stützt, und in der rechten
eine Flöte hält. Ich habe keine beträchtliche Ergänzungen daran bemerkt. Unter den vielen Wiederholungen ähnlicher Vorstellungen, die man in Rom
siehet, ist diese unstreitig die schönste. Das Gesicht
hat etwas sehr gefälliges, und nichts von dem bäurischen Lächeln, das man gemeiniglich in andern Statuen von Faunen siehet. Es ist vielmehr die Darstellung einer schönen aber unverfeinerten Natur.

Ich habe bereits oben den ungegründeten Unter- Charakter
schied bemerkt, den man gemeiniglich zwischen Fau- der Faunen.
nen und Satyren macht. Der Herr Hofrath
Heyne [34] hat, wie mich dünkt, unwiderlegbar dar-
gethan: daß Faun der römische Nahme des griechischen Satyrs sey. Der allgemeine Charakter der
Faunen oder Satyren überhaupt ist ländliche Einfalt,
unverfeinerte Natur: Die auffallendsten Bestim-
mungszeichen sind spitze Ohren und Geisschwanz, imgleichen Warzen unter dem Kinn, (letztere sind jedoch
an den edleren Figuren selten,) die sie wahrscheinlich
der Bekleidung roher Menschen mit Thierhäuten zu
verdanken haben.

Allein es ist mir keine Vorstellungsart unter den
Antiken bekannt, die die alten Künstler von der rohen
bäurischen Ausgelassenheit an, bis zur Grazie ländli-
cher Unbefangenheit auf so mannichfaltige Art modifi-
ciret hätten. Der Faun in Florenz und der Faun im
Capitol scheinen kaum Wesen einer Art zu seyn.

P 3

Dieser

34) In dem II. Stück seiner Antiquar. Aufsätze.

Dieſer letzte, (Muſ. Cap. nr. 32.) iſt aber derjenige, deſſen Charakter und Stellung am häufigſten
wiederholt ſind, und von ihm und ſeinen Geſellen gilt,
was Winkelmann [35]) ſagt: Da ſich in Rom über
dreißig Statuen junger Satyre oder Faunen befinden,
die ſich ähnlich im Stande und Gebährden ſind, ſo iſt
glaublich, daß das Original dieſer Figuren der berühmte Satyr des Praxiteles geweſen ſey.

Der Herr Hofrath Heyne [36]) äußert die Vermuthung, daß die Faunen dieſer Art Copeien nach
dem Gemählde des Protogenes, eines an einer Säule
ruhenden Satyrs mit einer Flöte in der Hand, des
Anapavomenos, ſeyn könne. Auf unſern Satyr
paßt ferner jenes andere Zeugniß Winkelmanns, daß
ſich unter den jungen Faunen ſo ſchöne finden, daß ſie
mit dem Bacchus verwechſelt werden können.

Juno aus   † Juno, ehemals im Pallaſt Ceſi. Die eine
dem Pallaſt   Bruſt, beide Arme und der eine Fuß ſind modern.
Ceſi.   Sie wird für eine der ſchönſten Statuen in dieſer
Sammlung gehalten. Die ganze Figur prägt Ehrfurcht ein, ohne etwas zurückſtoßendes zu haben. Es
iſt die Schönheit des reiferen Alters. Das Gewand
iſt vorzüglich ſchön, doch ſcheint es ein wenig zu ge-
künſtelt.

† Eine weibliche bekleidete Figur, die in den
Händen, um die ſie den Mantel gewickelt hat, ein
Gefäß trägt. Man nennt ſie des Schleiers wegen,
Veſtalin, und gibt ihr ſogar, ohne allen Grund,
                                    den

35) G. d. K. S. 275.
36) am angef. Orte.

den bestimmten Nahmen Tuscia. [37] Der Gedanke
ist reitzend, und das Gewand sehr schön. Der Kopf
der sehr gefällig ist, scheint ein Portrait zu seyn. Die
Arme sind in Proportion mit der übrigen Figur zu
kurz.

† Eine Amazone. Unten stehet die Innschrift:
CΩCIKΛH.   Die Mine hat etwas melancholisches.
Sie blickt auf eine Wunde, die sie auf der Brust hat,
und diese Wendung ist reitzend. [38a]

Ein junger Mann mit einer Hauptbinde.
Einige Haare fallen in länglichten reihenweise neben
einander gelegten und unten geringelten Locken auf die
Schultern.   Der Kopf und Körper beide schön, haben doch eine gewisse Härte, die auf einen ältern Stil
schließen läßt.   Die Haare über der Schaam sind
angegeben.

Ich halte diese Figur wieder für einen Ringer.
Sie ist als Apollo restaurirt, und wird gemeiniglich:
Ptolomäus genannt.

Venus in der Stellung der Mediceischen,
aber sehr viel größer.   Der Torso ist schön.   Kopf
P 4   und

37) Winkelmann glaubt, es sey Psyche mit dem Gefäße
   voll Wassers aus dem unterirrdischen Flusse Cocytus.
   S. Annotazioni sopra le Statue di Roma. p. 41.

38a) Die descrizzione gibt dieser Statue einen Köcher
   auf der linken Seite, Schild und Helm zu den
   Füßen und eine Streitaxt am Tronk. Diese Attribute finden sich nicht bei dieser Statue, sondern bei
   der Statue im Museo Clementino. Winkelmann,
   S. 313. behauptet: der Kopf gehöre nicht zu dem
   Rumpfe.

und Arme können modern seyn. Sie stand ehemals in der Villa Este.

Eine coloßalische weibliche Statue mit einem schönen Gewande. Man nennt sie Clementia. In dem Museo Capit. wird sie Juno genannt. Die Arme sind modern.

† Harpocrates. Unter der Figur eines zwölfjährigen Knabens. Auf dem Kopfe trägt er eine Lotusblume, und seine Haare hängen lang herab. Er ist ein wenig zu feist, zu wohl genährt: Die Muskeln sind zu ungewiß angegeben. Die Behandlung des Marmors ist vortrefflich. Die Figur hat sich beinahe unbeschädigt auf uns erhalten. Auch hier ist die gänzliche Umschaffung einer ursprünglich religiösen Idee der Aegyptier nach griechischen Schönheitsbegriffen auffallend.

Bedeutung des Harpocrates, frühere und spätere Bildung desselben.
Harpocrates war das Sinnbild der Sonne, die sich nach dem kürzesten Tage dem Aequinoctio nähert: Orus aber Sinnbild der Sonne, die sich nach dem längsten Tage dem Aequinoctio nähert. Ursprünglich saß er mit krummen Beinen den Finger am Munde auf einer Lotusblume. Er hatte einen kahlen Kopf, eine Locke auf der rechten Seite und krumme Beine. Die Griechen verfeinerten die Vorstellung, und legten ihr die fremde Bedeutung des Stillschweigens bei.

❖   ❖   ❖

Zimmer der Philosophen.

Man sieht hier einige sehr schöne Basreliefs, die aus einem Tempel des Neptuns genommen sind, und allerhand Opfergeräthe vorstellen, imgleichen Schiffsschnabel, Anker und dergleichen. Sie sind gut gearbeitet.

An

An Statuen finden sich in diesem Zimmer:

Ein Sohn und eine Tochter der Niobe. So nennt man in Rom diejenigen nackten Statuen, die ihrer Stellung nach zu jener Fabel passen, und in dem Stile, der etwas hart und trocken ist, den Figuren der Gruppe in Florenz nahe kommen. Daß das unglückliche Schicksal der Kinder der Niobe ein oft wiederholter Gegenstand der alten Kunst gewesen sey, leidet keinen Zweifel. Darum möchte ich aber die Gewähr nicht übernehmen, daß alle die Figuren, die man für zerstreute Ueberbleibsel solcher Vorstellungen ausgibt, es würklich sind. Die männlichen werden gewiß oft mit Ringern verwechselt, und die weiblichen haben schon oft für Psyche u. s. w. gelten müssen.

Ueber die Statuen die man für Ueberbleibsel ehemaliger Gruppen der Familie der Niobe hält.

Sonderbar sind hier die angedeuteten Haare über der Schaam des Jünglings.

† Eine stehende bekleidete Figur eines alten Mannes, wahrscheinlich eines Philosophen, bekannt unter dem Namen Zeno. Eine Statue voller Wahrheit. Die Zeichnung ist sehr richtig, und das Gewand vortrefflich. Als Vorstellung des ernsten, nicht über die gemeine Natur erhabenen, Alters, kann man dieses Werk classisch nennen. Der Nahme ist ihm ohne Grund beigelegt.

Zeno.

Büsten.

Unter der großen Menge von denen, die hier stehen, und die größestentheils Dichter, Philosophen und griechische Helden abzubilden scheinen, bemerke

P 5   ich:

ich: Epicur und Metrodor, eine Herme mit zwei Köpfen, Diogenes, Mithridates, und den letzten unter den vier Köpfen Homers, als die vorzüglichsten.

Wie Büsten, als Bildnisse bestimmter Personen, interessiren können, wenn wir gleich von den wenigsten den Nahmen mit Gewißheit anzugeben im Stande sind: Gründe dieser Ungewißheit:

Inzwischen verdienen die meisten eine besondere Aufmerksamkeit. Ich kenne nichts Interessanteres, als in Gesichtsbildungen aus so entfernten und das Gefühl der inneren Würde des Menschen so hebenden Zeiten, Seelen aufzuspühren, die wir nach unserer durch Erfahrung unterstützten Einbildungskraft passend für sie halten.

Das Vergnügen würde unstreitig um ein großes lebhafter seyn, wenn wir mit einiger Gewißheit den Charakter, den jede Figur in ihrem Leben behauptet, die Rolle, die jede in der Geschichte gespielet hat, angeben wüßten. Allein darauf müssen wir gemeiniglich Verzicht thun, und uns den Genuß genügen lassen, den der Anblick einer edeln aber unbekannten Gesichtsbildung denen gewährt, die Sinn für das äußere Gepräge der Seelengröße haben.

Selbst die von Alters her eingegrabenen Nahmen entscheiden nichts für die Treue der Nachbildung.

Wir folgen bei der Bezeichnung einer Büste mit einem gewissen Nahmen immer nur sehr unsichern Wegweisern. Die Nahmen, die sich auf der Base der Büsten eingegraben finden, sind selten alt, und wenn sie es sind, so gehören oft Kopf und Base nicht zusammen. Ja! schon in alten Zeiten waren die Bildnisse großer Männer oft verlohren gegangen, und die Begierde, ihr Andenken lebhaft zu erhalten, verführte zuweilen die Liebhaber großen Nahmen eine Bildung andichten zu lassen, mit der man sich ungefähr ihren bekannten Charakter zusammen denken konnte.

Eine

Eine andere Erklärungsart nimmt man von den Bildnissen auf Münzen, die mit den Büsten, die man erklären will, einige Aehnlichkeit haben. Allein, wie verschieden ist das Gefühl für Aehnlichkeit bei der verschiedenen Art zu sehen der meisten Menschen. Die kleine Form der Bildnisse auf Münzen, ihre zum Theil unbestimmte Zeichnung macht die Wiedererkennung sehr unzuverläßig. Sie sind selbst unter einander in der Bildung einer und eben der Person verschieden. Oft bringt das Alter allein diese Verschiedenheit hervor. Oft die Erhöhung der gemeinen Natur zum Ideal. Selbst die Uebereinstimmung in der Kleidung, in dem Kopfputze mehrerer Personen desselben Zeitalters muß zu Verwechselungen und folglich auch zu Irrungen verführen. Zu geschweigen, daß sich von berühmten Männern nur wenige ungekrönte auf Münzen finden.

Bei Erklärungen, die man von geschnittenen Steinen hernimmt, wird die Schwierigkeit der richtigen Bestimmung noch durch die Besorgniß vor Betrug in dem Urbilde, das man zum Grunde legt, vermehrt.

* * *

Das Zimmer der Kaiser.

Unter den Basreliefs sind zwei mit Figuren wenig unter Lebensgröße merkwürdig.

Das eine stellet Perseus und Andromeda vor. Perseus hilft der befreieten Andromeda von dem Felsen herabsteigen. Das Ungeheuer liegt todt zu seinen Füßen.

Füßen. Dieses Basrelief hat unserm Mengs zum Sujet eines Gemähldes gedienet. ²²ᵇ)

† Der

Perseus und ³⁸ᵇ) Mengs ging inzwischen, — wie man mir sagt,
Andromeda; denn gesehen habe ich das Bild nicht, — von dem
Gemählde Basrelief, selbst in Rücksicht des Gedankens ab.
von Mengs. Er ließ den Perseus der Andromeda zwar die Hand
reichen, das Gesicht, und den Blick aber von der
Schönen abwenden. Eine Heldenseele wie Perseus,
angefüllt mit griechischen Ideen von Anstand, wird
es nicht gewagt haben, seinen Blick auf Andromeda
zu werfen; er wird ihr die Verwirrung haben er-
spahren wollen, sich nackt vor ihrem Beschützer sehen
zu lassen; er wird sie auch auf die entfernteste Art
nicht an die Rechte haben erinnern wollen, welche
die empfangene Wohlthat ihm über die errettete
Schöne gab.

So dachte Mengs. Aber dachte er recht? Ich
zweifle. Wenn auch keine Kälte auf dem Bilde
geherrscht hat, wie doch alle versichern die es gesehen haben, wenn es auch würklich wahr ist, daß die
Griechen so gotisch edel gehandelt haben; durfte der
Künstler durch den Ausdruck einer sittlichen Schönheit, die in den stummen Künsten zur Unempfind-
lichkeit wird, seinen Zeitgenossen, welche die Wahrheit des Affects in der dargestellten Person nach demjenigen beurtheilen, der sie selbst bei einem ähnlichen
Vorfall in Bewegung gesetzt haben würde, die sich
schlechterdings in dem Acteur wieder finden wollen;
durfte Mengs, frage ich, diesen unverständlich werden? Läßt sich denn der Eindruck den die Schönheit auf uns macht, an dem der sie empfindet, nicht
anders ausdrücken, als durch thierische Begierde,
oder durch prahlenden Uebermuth?

† Der schlafende Endymion. Sein treuer Hund scheint gegen die sich nähernde Luna anzubellen, und seinen Herrn vertheidigen zu wollen. Diese Figur hat viel Ausdruck, und die Stellung ist schön. Schade, daß der Kopf mit dem Rumpfe nicht recht zusammenhängt.

Eine wilde Schweins-Jagd von guter Anordnung und gutem Ausdruck. Alles hat Leben.

Stätuen.

† Eine drappirte Muse, dem Kopfe und den Capitolini-Händen nach als Flora restaurirt. Denn, man behauptet, daß diese beiden Theile entweder ganz modern oder doch angesetzt sind. Andere wollen hingegen, nur die linke Hand sey modern. [38c] So viel ist gewiß, die rechte Hand ist schön. Das Gewand ist im kleinlichen Geschmacke gedacht, aber in der Ausführung ein Beispiel von Gedult. *be-sche Flora.*

Ein junger Hercules von grünem Basalt. Die linke Hand, in der er die Aepfel hält, und der rechte Arm sind modern. In Ansehung der Schönheit von geringem Werthe.

† Be-

[38c] So Winkelmann, welcher behauptet, die Hand mit dem Blumenstrauß sey modern. Den Kopf mit dem Blumenkranze scheint er für antik, aber nicht von idealischer Schönheit, sondern für ein Portrait einer schönen Person zu halten. G. d. K. Wiener Edit. S. 309. Fea in der italienischen Uebersetzung, T. I. p. 323. hält sie mit dem Abbate Visconti für eine Polyhmnia. Warum?

Capitolini-   † Venus in der Stellung der Mediceiſchen,
ſche Venus. das iſt, eines entkleideten Weibes, die ſich überraſcht
ſieht, und im Gefühl der Schaamhaftigkeit, ohne
welches der Liebreiß ſich nicht denken läßt, die Bruſt
und die Natur bedeckt. Neben ihr eine Vaſe, auf die
ihr Gewand gefallen iſt, und daher deutlich zeigt, daß
ſie aus dem Bade kömmt, oder im Begriff iſt, ins
Bad zu ſteigen. 39ª) Es iſt nichts daran neu, als
zwei

39ª) Der Herr Hofrath Heyne Sammlung Antiquariſcher Aufſätze II. Stück S. 118 und 145 glaubt annehmen zu dürfen, daß alle Vorſtellungen der Venus auf dieſe der unſrigen ähnliche Art, die Venus
aus dem Bade kommend bezeichnen. Er verwirft
die Erklärung der Mediceiſchen Venus zu Florenz,
als einer ſolchen, die aus der See hervorkömmt,
ganz, weil ſie ein ſo ſchön geflochtenes Haar hat.

Ich geſtehe es gern, daß dieſer Grund mir jene
Idee des Emporſteigens aus dem Meere nicht ganz
benehmen könne. Der Herr Hofrath Heyne wird
ſchwerlich eine Statue von Werthe anzeigen können,
an der das triefende Haar einer Venus Anadyomene, das doch auf Münzen, geſchnittenen Steinen und Basreliefs vorkömmt, ausgedrückt wäre.
Die Urſache liegt offenbar darin, weil ein ſolches
Haar in Strippen herabfallend in ganz rundeß
Bildhauerwerken einen Uebelſtand machen würde.
Sollte der Künſtler dieſem Uebelſtande nicht einen
Fehler wider das Coſtume aufgeopfert haben? Vorzüglich hier, wo er ein Portrait bildete? Vielleicht
dürfte man auch dann, wann man ins Bad geht,
die Haare nicht ſo künſtlich flechten. Wozu der
Delphin? Der Herr Hofrath Heyne ſagt: es iſt
ein

zwei Finger der linken Hand, und vier Finger der rechten. [39 b])

Die Größe dieser Figur schadet ihrer Schönheit, und der Kopf, der zu wenig weiblichen Reiz hat, scheint ein nicht einst idealisirtes Portrait zu seyn. Dem ohngeachtet verdient diese Figur in denjenigen Theilen, die an der Mediceischen theils ergänzt, theils übel angesetzt sind, z. E. Arme und Schenkel, den Vorzug vor ihrer Nebenbuhlerin. Der Marmor der unsrigen ist bei weitem nicht so schön, als an jener.

Büsten.

Im Ganzen kann man sich auf die Nahmen, die sie führen, mehr als auf diejenigen der Büsten in dem vorigen Zimmer verlassen. Allein hin und wieder ist auch hier große Ungewißheit. Z. E. Eine der Lucillen ist wahrscheinlicher eine Sabina; Einer der Hadrianen ein Commodus; und die Büste des Nerva, was

ein allgemeines Attribut der Venus. Recht wohl! aber woher ist es anders entlehnt, als von ihrer Herkunft aus dem Meere? Und dann! konnte der Künstler nicht eben so gut, als andere vor, oder nach ihm an ähnlichen Statuen gethan haben, eine Vase neben ihr stellen, die ihr statt Tronks diente? Worin liegt der Grund der Abweichung?

39 b) Fea in der neusten Uebersetzung der Winkelmannischen G. d. K. L. V. c. II. T. I. p. 315. Note A. behauptet, die Nase sey angesetzt, und zwar schlecht, so daß ihr dies viel von ihrer ursprünglichen Schönheit nehme.

was auch immer Winkelmann [40]) davon sagen mag, ein neueres Werk des Algardi.

Die vorzüglichste Aufmerksamkeit verdienen:

† Ein junger Marc Aurel.

† Die jüngere Faustina.

† Commodus.

† Caligula aus Basalt.

† Messalina.

† Nero, Drusus und Germanicus. [41])

✦ ✦ ✦

Die Gallerie.

Unter den Statuen, Büsten und Basreliefs sind wenige außerordentlich. Ich will einige davon bemerken.

Eine Muse, die einen jungen Nero auf dem Schooße hält. Eine würdige Erzieherin eines jungen Prinzen! *)

Eine

---

40) G. d. K. S. 825.

41) Winkelm. G. der K. S. 787. erwähnt eines Kopfs des M. Agrippa. Er sey schön, sagt er, und gebe das deutlichste Bild des größten Mannes seiner Zeit. Ich erinnere mich nicht, ihn hier bemerkt zu haben.

*) Vielleicht stellt aber auch die Figur eine Venus Genitrix vor, in dem Verstande, da sie zu Ehren der Kaiserinnen, als Kindbetterinnen mit ihren neugebohrnen Kindern auf dem Schooße vorgestellt wird. Man vergleiche Hrn. Hofraths Heyne Antiquar. Aufsätze. I. Stück. nr. 2. S. 160.

Eine Marciana, wie andere wollen, eine Ju=
lia, Tochter des Titus, oder vielmehr richtiger eine
Venus, der man einen fremden Kopf aufgese=
tzet hat.

† Eine schöne Büste einer Muse mit durch=
bohrten Ohren zu Ohrgehängen.

Ein Jupiter und ein Aesculap, beide aus
schwarzem Marmor.

Noch eine Muse mit durchbohrten Ohren.

Eine Diana Lucifera.   Sie trägt in der rech= Diana Luci-
ten Hand eine Fackel, und mit der linken ein Gewand, fera.
das über dem Kopfe zirkelförmig flattert.   Der Vor=
stellungsart wegen merkwürdig, die eine individuelle
Bestimmung anzuzeigen scheint.   Vielleicht hat das
Gewand die Nacht, die Fackel das Mondenlicht an=
zeigen sollen.

Eine unbekannte weibliche Büste, von schö=
nem Charakter.

Ein sogenannter Scipio Africanus, Büste.

Nereiden.   Basrelief von guter Zeichnung
und Arbeit.

✠   ✳   ✳

Zimmer der Miscellaneen.

† Ein Faun aus rothem Marmor, der eine
Traube in die Höhe hält; zu seinen Füßen ein Korb
nebst einem Bocke.   Im Museo Clementino ist ein
ähnlicher.   Der Stamm des Baums, ein Arm,
beide Beine, jedoch ohne Füße, sind modern, und

Erster Theil.   Q   von

von Cavaceppi sehr gut restaurirt. [42]) Er ist vorzüglich der Marmorart wegen merkwürdig.

Er stehet auf einem Altare mit einem Basrelief von gutem Stile.

† Ein schöner Kopf einer Bacchantin mit hohlen Augen.

Kopf Alexanders des Großen.

† Ein sehr schöner Kopf Alexanders des Großen, im Charakter des Jupiter Serapis. Der Haarwuchs ist nicht nur der den Köpfen dieses Gottes gewöhnliche, sondern man sieht noch Spuhren, wo der modius und die Radii gesessen haben. In der Mine viel Melancholisches.

Tauben die aus einem Gefäße trinken: ein berühmtes antikes Mosaik.

† Ein antikes berühmtes Mosaik. Tauben, die aus einem Gefäße trinken. Das Hauptverdienst dieses Werks bestehet in der feinen Zusammenfügung der harten natürlichen Steine. Denn übrigens kommt es an Wahrheit der Schattirung, und an Mannichfaltigkeit in einander fließender Tinten, unsern modernen Mosaiken aus verglaseter Composition nicht bei.

Hecate.

Diana triformis oder Hecate, aus Bronze. Es sind drei kleine Statuen, die durch den Rücken zusammenhängen. Die eine mit einer Lotusblume auf dem Kopfe hält zwei Fackeln in der Hand; die andere hält einen Schlüssel und eine Schlinge, und die dritte, deren Kopf mit einer Art von Phrygischer Mütze bedeckt ist; an welcher Strahlen befindlich sind, ein Schwerdt und eine Art von Bohrer, den einige für eine Schlange halten. Dieses sonderbare Denkmahl ist auch in Ansehung der Kunst nicht ohne Werth.

† Ein

42) Andere sagen von Bracci.

† Ein sehr schönes Gefäß von Bronze. Mi- Schönes Ge-
thridates schenkte es, der Innschrift nach, einem Gym- fäß aus
nasio, welches er gestiftet hatte.   Auf dem Rande Bronze.
stehen auf Griechisch die Worte: Halte es rein.   Die
Handgriffe und der Fuß sind modern.

Ein Basrelief mit mehreren Vorstellungen aus
der Iliade, verdienet in Ansehung der Kunst keine
Aufmerksamkeit.

Ich komme nun zu den Büsten, die rund im
Zimmer herum stehen.   Ich will aber nur die vorzüglichsten herausheben.

Ein Kopf eines Mercurs.

Ein unbekannter Kopf, mit einer Art von
Perücke.

Ein Kopf, der viel vom Charakter einer der
Töchter der Niobe hat.

Ein sogenannter Marcus Brutus.

Ein Pompejus der Größe.

Eine schöne Bacchantin.

Ein Faun.

† Ein Paris mit der Phrygischen Mütze;
Schön, und voller Charakter.

Ein schöner Jupiter Hammon.

Am Fenster auf dem zweiten Absatze.

† Ein unbekannter Kopf von vortrefflichem
Charakter.

Eine Matidia.

† Der darauf folgende unbekannte Kopf
ist vortrefflich.

† Zwei schöne Köpfe von Amazonen. Ich
habe bereits bei dem Museo Clementino bemerkt, daß

Q 2   Köpfe

Köpfe dieser Art sich außer der Vermischung des männlichen Charakters mit dem weiblichen auch noch besonders durch eine Art von Kante oder Einfassung um Augenlieder und Lippen unterscheiden.

Ein sogenannter Cecrops, der aber vielmehr ein Kopf aus der Familie Hadrians ist.

Ein lachender Faun.

Ein Apollo, dessen Haare auf dem Kopfe zusammen gebunden sind.

Kopf eines Ringers mit einer Hauptbinde. Wahrscheinlich Zeichen des Siegers.

Kopf der Ariadne.

Zuletzt bemerke ich † den herrlichen Kopf der Ariadne mit herabhängenden geringelten Locken voll hoher Schönheit, der oft copirt und in Gips geformt in und außer Italien zu sehen ist.

Zwischen den Büsten stehen noch ein Paar kleine Statuen.

Ein Kind das mit einer Taube scherzet, und zwei Ephesische Dianen, deren ... Kopf, Hände und Füße von Bronze hat. Die andere, und von beiden die schönste, steht auf einem Altare, worauf ein Basrelief mit einem Opfer befindlich ist.

✳   ✳   ✳

Rechter Flügel.

Pallast de' Conserva-tori.

Pallast de' Conservatori.

In dem Porticus.

Cäsar und ein August, an beiden vielleicht nichts als der Torso alt. Letzterer hat ein Steuerruder

ruder zu seinen Füßen, als eine Deutung auf die Schlacht bei Actium. [43])

❖   ❖   ❖

In dem Hofe.

Mehrere colossalische Hände und Füße, der Weichheit der Behandlung wegen merkwürdig. [44])

Ein antiker Löwe, der ein Pferd anfällt. Der Löwe ist voller Ausdruck, aber das ganze Hinter= theil desselben, Kopf und Beine des Pferdes sind neu.

Eine sitzende Roma, woran Kopf und Hände neu sind. Auf der Base sitzt eine schöne überwundene Provinz bei einer Trophäe. Sie ist oft und vorzüg= lich auf geschnittenen Steinen copirt. Der Ausdruck und der Gedanke sind schön. Kopf und Hand neu.

Zwei gefangene Könige, von schwarzem Marmor.

Zwei Aegyptische Statuen.

Ein großer colossalischer Kopf von Bronze. Man legt ihn ohne Grund dem Kaiser Commodus bei. [45])

Vor der Begräbnißurne der Agrippina, des großen Weibes des Germanicus, wird niemand un= gerührt vorbei gehen, ob sie gleich in Ansehung der Kunst ohne besondern Werth ist.

Begräbniß= urne der Agrippina.

Q 3   Ein

43) Winkelm. G. d. K. S. 784.
44) Winkelm. G. d. K. S. 49⬛
45) Winkelm. G. d. K. S. 541.

Ein colossalischer Kopf, den man für einen Domitian hält, und darunter wieder eine Provinz, von der es jedoch glaublicher ist, daß sie nur einen jungen Mann vorstelle, dessen Brüste ein wenig stark angegeben sind.

Mehrere schöne Fragmente von Colossal-Statuen in Marmor und Bronze.

❖ ❖ ❖

Beim Hinaufsteigen auf die Treppe trifft man eine Columna Rostrata an.

Ferner, vier schöne Basreliefs mit Figuren in Lebensgröße. Sie sind von dem Triumphbogen Marc Aurels genommen. Das erste stellt diesen Kaiser vor, dem Rom die Weltkugel überreicht. Im zweiten reitet er neben einer andern Figur, die man für den Antoninus Pius hält. Zwei gefangene Könige liegen zu seinen Füßen, und mehrere Soldaten sind um ihn. In dem dritten wird Marc Aurel in einem mit vier Pferden bespannten Triumphwagen gezogen, eine Victoria krönt ihn. [46]) Auf dem vierten opfert Marc Aurel den Göttern. Dies letzte ist das schönste. Man wird darauf einen Flamen bemerken, dessen Mütze oder Helm, wie man behauptet, zu der Form der heutigen Bischoffsmützen die Veranlassung gegeben haben soll. Alle diese Basre-

[46]) Die sitzende Roma zwischen dem Neptun und einer Minerva, sind als Basrelief auf diesem Wagen ausgedrückt. Wßmann begeht einen lächerlichen Fehler, diese Figuren als den Triumphwagen begleitend anzuführen.

Basreliefs sind gut zusammengesetzt, und wegen der schönen Köpfe, der guten Drapperien und vorzüglich des Costums wegen äußerst merkwürdig. Inzwischen wird man finden, daß die Figuren hin und wieder zu kurz und in einzelnen Theilen verzeichnet sind.

Man siehet hier auch ein ziemlich mittelmäßiges Basrelief, welches einen Curtius vorstellen soll.

*   *   *

In dem großen Saale hat Giuseppe d'Arpino verschiedene römische Geschichten gemahlt. Man sieht diesen Gemählden an, daß der Meister Raphaeln und die Florentiner studirt hat, und da, wo er sich einer von ihnen vorgezeichneten Parthie erinnerte, hat er zuweilen einen glücklichen Zug angebracht. Aber im Ganzen sind diese Gemählde recht Handwerksmäßig gemahlt, und der Künstler ist hin und wieder bis zum Tapetenanstreicher erniedrigt. Nirgends ist Wahrheit anzutreffen. Inzwischen sind die Schlachten das Beste darunter. Sie sind mit einem Feuer entworfen, das nur durch Correktion und Studium in den wahren Schranken hätte gehalten werden müssen. Man trifft gute Pferde darin an, die der Künstler vorzüglich gern mahlte.

Man wird selten finden, daß die Mahler, welche Pferde in ihren Gemählden angebracht haben, in ihrer Wahl auf eine glückliche Race gefallen sind. Gemeiniglich sind sie von Schlage, breiten Köpfen, zottigen Mähnen, behangenen Beinen, und krausen Schweifen. Im Ganzen scheinen Pferde dieser Natur mahle-

Ueber die Gattung von Pferden, welche die Mahler vorzüglich gern in ihren Ge-

Q 4

mahlden an- mahlerischer zu seyn, als jene glatten, feinen, die we-
bringen. niger Abwechselung in Formen, und Licht und Schatten zulassen. Ein anderer Grund aber liegt darin,
daß zu der Zeit, als die Künste in Italien und den
Niederlanden blüheten, Friesische Pferde, welche von
starkem schwerfälligem Schlage sind, sowohl zu Zug-
pferden, als ihrer besondern Dauerhaftigkeit und
Stärke wegen im Kriege sehr geschätzt wurden.

Die Thüren sind in Holz nach Zeichnungen des
Fiamingo geschnitzt, und haben viel vom Stil alter
Basreliefs.

Man findet hier vier Statuen einiger Päbste.
Die beste darunter ist Urban der Achte vom Cavaliere Bernini.

✤   ✤   ✤

Folgendes Zimmer.

Die Mahlereien, die sehr schlecht sind, sind
von Tomaso Laureti.

Die Büsten und Statuen, von denen Volkmann
sowohl als die Descrizzione reden, stehen hier nicht
mehr; es ist nichts darin befindlich, als zwei Säulen von Verde Antico, auf welchen zwei Köpfe,
deren einer einen Septimius Severus vorstellet, stehen,
und vom Cardinal Albani hieher geschenket sind.

✤   ✤   ✤

Folgendes Zimmer.

Daniel da Volterra hat in den Friesen den
Triumph des Marius vorgestellet. Der Stil ist
gut,

gut, inzwischen find fie manierirt, und die Zeichnung
ist nicht correkt.

† Hier stehet jetzt die berühmte Wölfin **Berühmte**
aus Bronze, welche den Romulus und Remus säu- **Wölfin aus**
get. Sie ist am linken Hinterfuße beschädiget, daher **Bronze.**
man fie für dieselbige hält, welche am Tage des Todes
Cäsars vom Blitz getroffen worden. [46 b] So interessant dieses Stück in Ansehung der Geschichte seyn
kann, so wenig ist es in Ansehung der Kunst von Bedeutung.

† Die berühmte Statue des sitzenden Kna- **Spinarius.**
ben, den man für einen jungen Hirten hält,
und der sich einen Dorn aus dem Fuße zieht.
Er wird deswegen Spinarius genannt. Er ist in
dem Alter der Pubertät, und in natürlicher Größe.
Seine Augen sind ausgehöhlt. Der Ausdruck ist vortrefflich. Die Umrisse und das Spiel der Muskeln
sind mit einer Zartheit behandelt, von der man in
Bronze wenig Beispiele findet. [47 a] [47 b]

Q 5 *Hecate*

46ᵇ) Diese Vermuthung hat wenig Wahrscheinlichkeit
für sich. S. Fea's Uebersetzung der Gesch. d. Kunst.
1783. T. I. L. III. c. III. p. 202. nota *

47ᵃ) Winkelmann G. d. K. S. 541.

47ᵇ) Richardsons Urtheil Traité de la peinture etc.
p. 180. wodurch diesem Werke eine gewisse Härte
vorgeworfen wird, die man als eine Folge der Kindheit der Kunst ansehen könne, worin sie verfertigt sey,
ist ungerecht. Die Formen sind nicht bis zum Ideal
erhoben, aber auch keineswegs hart und steif.

Hecate triformis aus Marmor. Beinahe eine Wiederholung der ähnlichen Vorstellung in Bronze im andern Pallaste. Doch findet sich einige Verschiedenheit in dem Kopfputze.

Camillus.   † Ein sogenannter Camillus oder Opferknabe von Bronze. Eine Figur mit einem aufgeschürzten Unterkleide; von angenehmer Form, und wohl behandeltem Gewande. [48]) Sie steht auf einem Leuchter von gutem Stile aber mittelmäßiger Ausführung.

† Ein schöner Kopf aus Bronze, welcher den Lucius Junius Brutus vorstellen soll. Mit Augen von verglaseter Composition. [49])

❧ ❧ ❧

In dem Audienzzimmer.

Eine moderne aber gute Büste einer Meduse.

Der Kopf des Michael Angelo von Bronze.

Eine

48) Winkelmann, G. d. K. S. 541.

49) Die Benennung mag wohl ziemlich zweifelhaft seyn. Winkelmann G. d. K. S. 541. sagt: Ein Brustbild unter dem Nahmen Brutus. Richardson Traité de la peinture. p. 177. beruft sich auf die Aehnlichkeit mit einer Medaille, die Marcus auf diesen seinen Ahnherrn soll haben schlagen lassen. Wer weiß, wie viel Aehnlichkeit schon jenes Bildniß mit dem wahren Urbilde gehabt haben mag?

Eine Büste eines jungen Hercules aus rothem Marmor.

Zwei Gänse, vielmehr Enten, aus vergoldeter Bronze; sehr schön.

Ein Isiskopf als Vase mit Ohrgehängen, Gleichfalls aus Bronze.

Die heilige Familie, welche man für die Arbeit des Giulio Romano ausgibt, scheint nicht einst nach diesem Meister copirt zu seyn.

❖   ❖   ❖

In dem Zimmer der Tapeten werden Friesen gezeiget, welche die Thaten des Scipio vorstellen, von Annibale Caraccio, wie man sagt: Wenigstens ist es nicht seine beste Arbeit.

Unter den vier Büsten, die in diesem Zimmer stehen, ist der Kopf der sogenannten Ariadne die beste. [50])

❖   ❖   ❖

Zimmer des Hercules.

Hier sieht man Mahlereien, die für die Arbeit des Pietro Perrugino ausgegeben werden. Sie sind sehr schlecht.

Ferner

50) Herr Volkmann macht hier einen lächerlichen Fehler. Die italienische Beschreibung setzt zur Erklärung dieses Kopfes hinzu: Ariadne, welche einst dem Theseus den Faden gab, (diede) und führt sie ausdrücklich als eine Büste auf. Herr Volkmann der dieses übersetzt, macht eine Statue daraus: Ariadne, die dem Theseus den Faden gibt. Ueberhaupt ist Herr Volkmann bei dieser ganzen Beschreibung voller Unrichtigkeiten.

Ferner eine gute Büste Hadrians.

Hercules
aus Bronze.

† Hercules aus vergoldeter Bronze, über lebensgröße. Er hält Aepfel in der linken, und die Keule in der rechten Hand. Mehr des Metalls als der Schönheit wegen merkwürdig. Der eine Arm würde weniger steif scheinen, wenn man die Keule, so wie sie ehemals war, (denn sie scheint wenigstens angesetzt) auf einem Piedestal hätte ruhen lassen. 51)

Drei sitzende Statuen, die man, das Still-schweigen, Cybele, und Ceres nennet, sind sehr mit-telmäßig und sehr restaurirt.

Eben dieses gilt auch von den beiden Consular-Statuen.

❉   ❉   ❉

Wir gehen nun endlich zu demjenigen Theile des Capitols über, in dem

Gemählde-
sammlung.

Die Gemähldesammlung

befindlich ist.

Diese Sammlung von Staffeleigemählden ge-hört im Ganzen nicht unter die vorzüglichsten von Rom, und wenn man erwägt, daß sie die einzige öffentliche daselbst ist, so muß man sie gar unbeträchtlich nennen.

Inzwischen hat diese Sammlung doch den Vor-zug, einige der besten Gemählde des Giorgione, Tin-toretto, und Paolo Veronese zu enthalten, die wir von diesen Venetianischen Meistern in Rom haben. Sie
sind

51) Der Kopf, sagt Winkelmann, S. 745. der G.
d. K. ist verhältnißmäßig kleiner als am Farnesischen Hercules.

sind freilich weder außerordentlich in Vergleichung mit
andern außerhalb Roms, noch hinreichend, den Geist,
den Charakter ihrer Urheber kennen zu lernen. Aber
sie geben mir die Veranlassung, meinen Lesern dasjenige mitzutheilen, was ich über die Vorzüge und die
Fehler der genannten Meister an andern Orten bemer-
ket habe. Die Absicht dieses Werks umgreift allerdings auch die Vorbereitung des Liebhabers auf die
Kenntniß des Vorzüglichen in der Kunst in dem übrigen Italien.

Giorgio Barbarelli da Castel Franco, Giorgione.
gemeiniglich Giorgione genannt, lebte von 1478 bis
1512. Seine ächten Werke und vorzüglich größeren Compositionen sind selten. Das Wenige, was
ich davon gesehen habe, scheint nicht viel Talent dafür
zu verrathen.

Sie haben weder das Verdienst einer guten Anordnung, noch eines wahren Ausdrucks. Giorgione
zeichnete schwerfällige Figuren, und noch dazu unrichtig. Aber er war der erste, der in Venedig einen
wohlgenährten Pinsel mit Freiheit führen lehrte. Er
nahm den Umrissen der Figuren die Härte, die sie
bis dahin gehabt hatten, er rundete sie, hielt Lichte
und Schatten in größern Massen zusammen, und
brachte vorher unbekannte Drucker, Blicke, Halbtin-
ten an: Kurz! den Dienst, den Michael Angelo
der Zeichnung leistete, den leistete Giorgione dem Colorit: er führte einen größeren Stil ein. Man legt
ihm auch die Erfindung des Contraposto und der Repoussoirs bei, allein sie gehört eher dem Correggio.

Inzwi-

Inzwischen ist der Stil des Giorgione doch nur Manier, Schein von Wahrheit, nicht die Wahrheit selbst. Seine Färbung fällt im Lichte zu sehr in brennende Röthe, und im Dunkeln zu sehr ins Schwarze.

Man wird in seinen Gemählden oft Federbüsche und Panzer finden. Es ist zuweilen gut, sich dergleichen Wiedererkennungszeichen zu merken.

Tintoretto. Giacomo Robusti, il Tintoretto, genannt, lebte von 1512 bis 1592 und war ein gebohrner Venetianer.

Er lernte die Kunst unter Tizian: Aber bald verfiel er darauf, die Vorzüge mehrerer Meister mit einander vereinigen zu wollen. Er war einer der ersten Eclectiker in der Mahlerei. Er folgte dem Correggio in der Zusammensetzung und im Hellbunkeln, dem Michael Angelo in der Zeichnung, dem Tizian, und vielleicht noch mehr dem Giorgione, im Colorit. Was folgte daraus? Daß er den Schein ihrer Vorzüge: Das Auffallende ihrer Werke in die seinigen übertrug, und im Ganzen mittelmäßig blieb.

Tintoretto hatte einen großen Reichthum an Ideen, und einen großen Mangel an Gefühl, und Bildern. Er verstand vortrefflich die Züge, durch die sich jede Sache unserer Erinnerung einprägt, auszuwählen, und sie nach den Begriffen, welche die größten Mahler unter seinen Vorgängern darüber gehabt hatten, zu reproduciren. Durch häufiges Studium hatte er sich ein Alphabet von Formen, von colorirten Parthien, und erleuchteten Massen gebildet, mit dem er seine Gedanken sehr deutlich aufschrieb.

Wir

Wir verstehen sie, ohne überzeugt zu werden. Sein ungebändigter Witz wirft die Figuren zusammen, die den Platz, nicht aber die Vorstellung ausfüllen, die wir uns von der Begebenheit machen, an der sie Theil nehmen. Seine Formen sind ohne Wahl: Seine Köpfe haben Leben, Charakter, aber selten passenden Ausdruck; und seine Stellungen sind übertrieben. Seine Zeichnung ist oft incorrekt, nie aber bestimmt oder fein: Der Fältenschlag im kleinlichen Stile, ohne Zusammenhang, ohne Deutlichkeit. Sein Colorit hat einen Schein von Wahrheit, fällt aber gemeiniglich ins Gelbe und ins Schwarze; oft ist es schmutzig. Sein Helldunkles ist conventionell, aber es thut Effect. Er liebte die Verkürzungen, wie man sie bei einem hoch angenommenen Horizont antrifft. Er stellt den Zuschauer zu nahe an seine Figuren; auf dem Vorgrunde gleichen sie Riesen, auf dem Hintergrunde Zwergen, und hier findet man gemeiniglich die interessantesten. Fertigkeit in Behandlung des Pinsels ist das Hauptverdienst dieses Meisters.

Mit einem Worte: Tintoret war ein sehr erfindrischer Handwerker, dessen broßirte Skizzen von weitem frappiren: Man nähert sich und der Zauber verschwindet. Inzwischen ist er sich selbst sehr ungleich in seinen Werken, von denen die größeren bei weitem die bessern sind.

Paolo Caliari, von seiner Vaterstadt Veronese Paolo Veronese. genannt, lebte von 1532 bis 1588. Er ist in der Kunst das, was die Sophisten in der Philosophie waren. Er hatte die Lieblingsschwächen des größern Haufens

fens ſtudirt: Er wußte, daß wer dieſen ſchmeichelt,
für beleidigte Wahrheit leicht Nachſicht erhält. Er
ſuchte die Phantaſie des Pöbels unter den Zuſchauern
zu entflammen; er ſuchte zu verblenden, und es iſt
ihm nur zu oft, und zu lange geglückt.

Nichts zieht Menſchen von ungebildetem Gefühle
ſo ſehr an, als Pracht und Reichthum. Dies war
Hauptzweck der Zuſammenſetzungen unſers Meiſters.
Die Gelegenheit, Pomp und Aufzüge anzubringen,
leiteten ihn in der Wahl ſeiner Gegenſtände. Gemeiniglich ſtellte er Gaſtmähler vor, wo reich bekleidete Figuren in großer Menge an wohlbeſetzten Tafeln in Sälen
von ſchimmernder Architektur ſitzen. Sie ziehen durch
dieſelbe Empfindung an, die den Pöbel zu den öffent-
lichen Tafeln der Großen ruft. Selbſt dann, wann
ihm irgend eine intereſſante Begebenheit zur Behandlung in die Hände fiel, ſo ſcheint Spectakel, Pomp,
ſtets ſein Hauptaugenmerk geweſen zu ſeyn.

Die poetiſche Erfindung iſt ſelten glücklich in ſeinen
Gemählden. Ein gemeinſchaftlicher Antheil an einer
Handlung vereinigt nie die Figuren, mit denen er ſie
ausſtaffirte. Selten ſtellte er ſie dahin, wo ſie des
mehreren oder minderen Intereſſe wegen, welches der
denkende Zuſchauer an ihnen nehmen kann, ſtehen ſollten. Die mahleriſche Anordnung in ſo fern ſie ſich
damit beſchäfftigt, die Gruppen eines Bildes zu einem
Ganzen aneinander zu hängen, durch Abwechſelung
der Größen einzelner Figuren und der Lage ihrer Gliedmaaßen angenehme Formen einzelner Parthien zu bilder, verſtand er deſto beſſer.

In

In diesem Theile der Mahlerei kann Paolo Veronese zum Muster dienen. Er war darin Schüler des Correggio, und ward Meister der Carracci.

Den Ausdruck suchte er in der Stellung. Denn dadurch wird er dem unaufmerksamen Zuschauer am auffallendsten. Was wahr ist, darum bekümmerte er sich nicht, was wahr scheint, was Würkung thut, war der Gegenstand seiner Sorge. Ein gefährlicher Betrüger!

Seine Köpfe haben Charakter: Aber es ist der Charakter eines für sich bestehenden Bildnisses: Nicht der, den die Handlung erfordert. Darin unterschied sich seine Verfahrungsart von der eines Raphaels. Beide brachten oft Bildnisse in ihren Gemählden an, aber der eine modificirte ihre Züge nach den Verhältnissen, in die er sie setzte, der andere begnügte sich gemeiniglich sie so hinzustellen, wie er sie sahe.

Dieses Mittel gibt inzwischen seinen Figuren einen Charakter individueller Wahrheit: So viel Köpfe, so viel Portraits. Idealisirte Formen dürfen wir nicht suchen, aber der ungebildete Zuschauer will diese auch nicht finden. Natur! Natur! ruft er: die ist mir lieber, als eure colorirten Statuen. Er hat Recht, wenn die Darstellung der Antike ohne Ausdruck, wenn das Ideal blos Copei bleibt: Allein auch die Natur ohne den Ausdruck, den die Handlung erfordert, verliert den Vorzug der Wahrheit: und Copei für Copei, ist die eine dem aufmerksamen Beobachter so viel werth als die andere. Aber freilich, das sind die wenigsten, und dies sichert bei dem großen Haufen der ersteren den Vorzug vor der letzten.

Erster Theil.   R   Die

Die Zeichnung des Paolo Veronese ist ohne Bestimmtheit, und oft incorrekt. Allein auch hier sind wieder die Fehler für ein ungeübtes Auge nicht so auffallend, den Eindruck des Ganzen zu zerstöhren.

Er liebte Köpfe in einer niedergebückten Stellung zu mahlen, und überhaupt Verkürzungen, wie man sie von einem hohen Standorte ab an Figuren auf einem niedrigem Horizonte erblickt. Sie setzen am meisten in Verwunderung, und ungeübte Zeichner können hier der Richtigkeit der Formen und der Verhältnisse am wenigsten nachspühren. Allenthalben Blendwerk!

Seine Gewänder sind schlecht geworfen: Sie entziehen dem Auge beinahe immer die Umrisse des Nackten: Dabei schlagen sie sich in kleinliche Falten. Aber er mahlte schöne reiche Stoffe: Auch das verblendet.

Sein Colorit ist mehr glänzend als wahr. Es fällt zu sehr ins Rothe in den Lichtern, und zu sehr ins Violette in den Schatten. Seine Halbschatten aber zeichnen sich durch schöne perlgraue und durchsichtige Tinten aus.

Das Helldunkle ist conventionell, aber oft thut es Wirkung. Zuweilen zerstöhren die gar zu glänzenden Farben die Harmonie.

Das Costume ist auf das gröbste in allen seinen Gemählden beleidigt. Gemeiniglich trifft man Humbe darauf an. Ich führe beides an, mehr als Wiedererkennungszeichen, als in der Absicht ihm einen Vorwurf darüber zu machen.

Ein

Ein Hauptvorzug unsers Meisters ist die vortreffliche Behandlung des Pinsels. Er arbeitete äußerst
geschwind, und mit großer Zuverläßigkeit. Wahrscheinlich legte er seine Gemählde, und vorzüglich die
Gewänder mit gewissen breiten Massen von Mittel-
farben an, auf die er hernach mit der festen Hand
eines Schreibmeisters die Pinselzüge, die dem Bilde
Leben und Rundung geben sollten, aufsetzte. Durch
diese einfache Verfahrungsart erhielten seine Farben
das frische reinliche Ansehen, das selten mit oft wiederholter Bearbeitung geht.

Erstes Zimmer.

Venus führt den Bacchus zur verlaßnen *Beurthei-*
Ariadne. Ein Gemählde des Guido. Dies Bild *lung der Ge-*
ist so schwach von Farbe, daß es nur angelegt zu seyn *mählde.*
scheint. Um so mehr fallen die Fehler der Zusammensetzung auf. Viele Figuren können nach ihrer Bestimmung keinen Antheil an der Handlung haben, und
die ihn haben könnten, drücken ihn nicht aus. Es
gibt aber einige sehr schöne Frauensköpfe auf diesem
Bilde, die uns mit dem Uebrigen aussöhnen.

† Die Persische Sybille, vom Guercino. *Die Persische*
Es ist ein hübsches kleines Gesicht voller Physiogno- *Sybille.*
mie, das wahrscheinlich nach der Natur gemahlt ist.
Das Gefällige der Mine, und das gute Colorit hat
dieses Bild vorzüglich Liebhabern sehr angenehm gemacht, so daß es mit zu den berühmten Bildern gehöret, deren Copien in und außer Italien so äußerst
häufig sind. Ich bitte diejenigen, welche die Kälte
beleidigen könnte, mit der ich von diesem Kopfe

R 2 spreche,

spreche, um Verzeihung: aber eine einzelne Figur auf einem Bilde, und nun gar ein Bruststück, kann nur durch Hoheit des Ausbrucks, oder ibealische Schönheit meinen Enthusiasmus rege machen. Man vergleiche mit dieser Sybille eine Magbalena von Guido, oder eine der vorzüglichen antiken Büsten, und ich stehe gewiß gerechtfertigt.

† Die heilige Helena, von Paolo Veronese. Es ist das beste Gemählbe, was man von diesem Meister in Rom kennt. Der Schein von Wahrheit, der in diesem Bilde herrscht, die schönen Stoffe und die meisterhafte Behanblung geben ihm vorzüglich bei Künstlern einen großen Werth.

Der heilige Hieronymus, aus der ersten Manier des Guido.

Eine heilige Magbalena vom Albano, halbe Figur, Lebensgröße.

Eine heilige Familie vom Garofalo.

Verlöbniß der heiligen Catharina, von demselben.

† Ein schönes Brustbild eines Mannes der mit seinem Hunde spielt, von Ludovico Carraccio.

† Eine heilige Magbalena, halbe Figur, vom Tintoretto. Abel des Ausbrucks muß man hier nicht suchen, aber es ist unbegreiflich, wie der Künstler mit so wenigen Pinselstrichen den niebrigen, ben es hat, anbeuten, und so viel Leben in das Ganze habe legen können.

Eine heilige Cäcilia von Romanelli.

† Eine heilige Cäcilia von Romanelli. Man sieht nicht gleich das ganze Verbienst bieses

Kopfes

Kopfes ein. Aber man wird es voll Seele und Ausdruck finden, wenn man es länger betrachtet, und
dieser Vorzug hat um so mehr Anrecht auf unsere Bewunderung, da er selten in andern Gemählden dieses
Meisters angetroffen wird. Das Gewand ist schlecht.

Taufe Christi, vom Tizian.

Ein kleines Gemählde, vom Augustino
Carraccio. Es stellt die Communion des heiligen
Hieronymus vor, und ist deswegen merkwürdig, weil
man behauptet, Domenichino habe die Idee zu seinem
Gemählde, welches eben dieses Sujet vorstellet, von
diesem Gemählde entlehnet. Ich will mich weiter
darüber erklären, wenn ich an das berühmte Gemählde
des Domenichino komme.

Zwei halbe Figuren, deren eine auf der
Flöte spielt. Wahrscheinlich Portraits aus der
Venetianischen Schule, und schön.

Eine heilige Magdalena, Skizze des Guido.

Ein Sabinen-Raub, von Pietro da Cortona. Die Zusammensetzung und die Anordnung
sind vortrefflich, auch ist die Färbung harmonisch;
aber übrigens sind Zeichnung, Ausdruck, Colorit und
das Hellbunkle gleich conventionell.

Hochzeit der Rahel und Jacobs, vom
Ciroferri.

Kopf eines Jünglings, aus der Venetianischen Schule.

Romulus und Remus mit der Wölfin.
Schule des Rubens.

Die

Die Darstellung im Tempel, von Giovanni Bellino, wie man behauptet. Sonderbar ist der heilige Rochus, der hinter dem heiligen Simeon stehet, und zu dessen Füßen nicht allein sein Hund, sondern auch ein Crucifix lieget. In wie fern dergleichen Fehler wider die Zeitrechnung dem Künstler angerechnet werden können, in wie fern sie das Verdienst eines Gemähldes bestimmen, darüber werde ich mich bei dem Pallast Boccapadouli erklären.

Die Entführung der Europa, von Guido.

Zwei schöne Köpfe von Ludovico Carraccio.

Eine heilige Cäcilia von demselben. Eine angenehme Figur, obgleich die Zeichnung etwas trocken und die Färbung zu grau ist.

Der Triumph der Flora, von Poussin. Schön gedacht und angeordnet.

Ein Genius. Skizze von Guido.

Eine heilige Familie mit vielen Heiligen. Man gibt sie für ein Werk des Paolo Veronese aus, sie ist aber wahrscheinlich nur eine Copie.

Hagar und Ismael.

Ahasverus und Esther. Zwei mittelmäßige Gemählde von Mola.

† Die Madonna, die den Christ das Lesen lehrt. Ein großes Gemählde vom Giorgione. Es wird von Künstlern sehr geschätzt.

Zwei Landschaften, von Annibale Carraccio. In der einen ist eine heilige Magdalena.

Joseph

Joseph wird von seinen Brüdern ver=
kauft, von Testa. [52])

Der Triumph des Bacchus, von Pietro
da Cortona.

Flora, Lucretia, Cleopatra, drei halbe Fi=
guren von Guido, aber nur angelegt.

Das Opfer der Polyrena, von Pietro da
Cortona. Es hat sehr gelitten, und es fehlt an
Ausdruck.

† Magdalena im Hause des Pharisäers,
von der Frau des Subleyras, hat als Miniaturge=
mählde Verdienst.

Kopf eines Frauenzimmers, von Bron=
zino.

† Eine liegende Frauensperson mit Kron
und Scepter zu ihren Füßen. Oben liest man:
Omnia vanitas. Es wird für Tizians Arbeit ge=
halten, verdient aber nicht von diesem Meister zu
seyn.

Einige Aussichten, von Vanvitelli. [53])

R 4   † Die

---

52) Pietro Testa, gebohren zu Lucca 1611. gestorben zu Pietro.Testg.
Rom 1648. Anfangs Schüler des Domenichino,
nachher des Pietro von Cortona. Er übertrieb den
Ausdruck bis zur Carricatur; sein wildes Feuer ver=
führte ihn zu abentheuerlichen Gedanken und Un=
richtigkeiten in der Zeichnung, und es fehlte ihm
durchaus an Wahrheit und Lieblichkeit des Colo=
rits, und an Haltung.

53) Guaspro Vanvitelli, genannt degli Ochiali, lebte
um das Jahr 1700. Ein guter Architekturmahler.

† Die Providenz von Ludovico Carraccio. Hamilton hat es in der Scola Italiana stechen laſſen.

† Eine heilige Familie mit St. Catharina und dem heiligen Antonius von Pabua, von Annibale Carraccio, aus der Zeit als er die Venetianiſchen Meiſter ſtudirte. Man erkennt ihn nur in dem Kopfe des heiligen Antonius wieder. Die Compoſition iſt ſchön. Der Chriſt und die heilige Catharina ſind von lieblichem Charakter. Der Kopf der Madonna iſt des Meiſters nicht würdig.

Ein ſeltenes Bild eines Apoſtels, Grau in Grau, von Polidoro da Caravaggio.

❖   ❖   ❖

Zweiter Saal.

† Die Entführung der Europa. Ein großes Gemählde von Paolo Veroneſe. Die Zuſammenſetzung iſt mittelmäßig, ſo wie die Zeichnung. Die Gefährtinnen der Europa ſind voller Affectation. Aber die Würkung dieſes Bildes und die vortreffliche Behandlung der Farben und des Pinſels, machen es ungemein ſchätzbar.

Die Schlacht des Darius und des Alexanders, von Pietro da Cortona. Eine Menge auf einander gehäufter Figuren, denen zuſammengezogene Augenbraunen, aufgeſperrte Mäuler, geſchwollene Augen ſtatt Ausdrucks dienen.

Die heilige Maria aus Aegypten, die ſich geißelt, aus der Schule des Guercino.

† Der

† Der heilige Sebastian und ein Patri-
arch. Zwei Bilder, Figuren beinahe in Lebensgröße
von Giovanni Bellino. ⁵⁴) Diese Gemählde verdienen eine desto größere Aufmerksamkeit, da sie von
kräftiger Farbe sind, und so frisch, als ob sie eben
aus der Hand des Mahlers gekommen wären.

Die Geißelung und die Dornenkrönung,
beide vom Tintoret.

Eine Wiederholung der Cäcilia des Domenichino im Pallast Borghese. Viele halten sie für
ein Original.

Eine Landschaft von Pietro da Cortona.

Ein Portrait des Giovanni Bellino mit
seinem Nahmen, von ihm selbst gemahlt.

Eine Madonna mit dem Kinde: Ein Engel führt den heiligen Franciscus herbei. Ein
schön componirtes Bild von Annibale Carraccio.

Cleopatra zu den Füßen Cäsars vom Guercino, in seiner rothen Manier.

† Johannes der Täufer mit einem Bock,
von Caravaggio. Eine Wiederholung desjenigen
Bildes, welches im Pallast Doria unter dem Nahmen der Wollust und der Unschuld bekannt ist.
Schön.

R 5 Einige

54) Giovanni Bellino lebte bis 1514. Er that was   Giovanni
wenige thun, er verbesserte seine Manier in seinem   Bellino.
Alter, und zwar nach seinen Schülern, dem Giorgione und Tizian. Die erste war trocken und hart,
und hatte viel von der Manier der alten deutschen
Schule. In der letzten bekam seine Färbung mehr
Saftiges, Frisches, Kräftiges.

Einige Skizzen zu Plafonds, von Paolo Veronese.

Der Christ und der heilige Johannes als Kinder, Skizze des Guido.

Erminia mit dem Hirten von Lamfranco.

Ein sitzender Soldat und eine Zauberin. Beide vom Salvator Rosa.

Amor in der Schmiede Vulkans, schöner Bassan.

Galathee nach Raphael von Pietro da Cortona.

Der heilige Matthäus mit dem Engel, vom Guercino.

David, der den Saul verläßt, um in den Streit gegen Goliath zu eilen, und der Triumph Davids nach dem Siege; zwei Gemählde aus der Schule des Pietro da Cortona.

Zwei gute Köpfe voller Charakter, aus der deutschen Schule.

Eine heilige Familie von Schiavone.

Der Teich zu Bethesda. Skizze vom Domenichino.

Ein heiliger Sebastian aus der Schule der Carracci.

Noch ein heiliger Sebastian, wahrscheinlich aus derselben Schule.

Eine heilige Magdalena. Manier des Paolo Veronese.

Ein Bildniß des Michael Angelo, schön gezeichnet und voller Charakter. Man sagt, es sey von ihm selbst, aber da es sehr zweifelhaft ist, ob er je

in

in Oehl gemahlt habe, so geht man sicherer, wenn man es für ein Werk aus seiner Schule hält.

† Zwei allerliebste Landschaften des Domenichino.

Ein heiliger Johannes vom Salviati.

Das schönste Bild in diesem Pallaste ist † die berühmte Fortuna des Guido Reni. Sie fliegt um den Erdball herum, und Amor sucht sie bei den Haaren und bei dem Schleier festzuhalten. Der Gedanke ist vortrefflich, nur Schade, daß der Mahler die Hälfte ihrer Beine hinter die Weltkugel versteckt hat, denn dadurch sehen sie wie in der Mitte abgeschnitten aus. Der Kopf der Fortuna ist nicht besonders schön, aber die Stellung ist sehr reißend, und die Umrisse sind sehr zwelt. Der Amor ist äußerst lieblich. Die Zeichnung ist mehr fein als correkt, aber die Färbung ist frischer und kräftiger als in den meisten Bildern dieses Meisters. Das unsrige ist aus seiner hellen Manier. Die Figuren haben viele Rundung.

Judith im Dankgebeth für die Rettung ihres Vaterlandes und ihrer Unschuld, die ihr durch ihre Hand verliehen ist, eine Copie von Carlo Maratti nach dem berühmten Gemählde des Guido Reni im Pallast Spada.

Fortuna des Guido Reni.

Pallast

Pallaſt Borgheſe.

Wichtigkeit und Größe der Gemähl-ſeſammlung in dieſem Pallaſte. Keine Gemähldeſammlung in Rom kömmt derjenigen, die ſich in dieſem Pallaſte befindet, an Größe und Wichtigkeit bei, und man hält ſie mit Recht für eine der erſten in Europa.

Man wird nicht leicht einen großen Meiſter aus irgend einer Schule Italiens nennen können, den einzigen Correggio ausgenommen, von dem hier nicht vorzügliche Werke anzutreffen wären. Allein die Menge der Tizianſchen Gemählde, die man hier häufiger als in andern Gallerien Roms antrifft, giebt mir beſonders Gelegenheit, eine Anleitung zur Kenntniß dieſes großen Mahlers vorauszuſchicken.

Tizian Vecelli; Unterſcheidungs-zeichen ſeines Stils, Tiziano Vecelli da Cadore, deſſen Nahme Tizian, mit dem Begriffe eines unendlichen Werthes in der Mahlerei, in unſere Sprache aufgenommen iſt, lebte von 1477 — 1576. Giovanni Bellini, nicht Gentile Bellini, wie d'Argensville irrig ſchreibt, war der erſte Meiſter unſers Künſtlers. Sein trockener, kleinlicher Stil zeigt ſich in den Umriſſen der erſten Werke des Schülers, ſo wie die übertriebene Kraft in der Färbung, die er vom Giorgione entlehnte. Doch ſind Werke dieſer Art außerhalb Venedig äußerſt ſelten.

In der Folge ward die Natur ſeine einzige Führerin, und da dieſe ſich unter unendlichen Abwechſelungen zeigt, keine einſeitige Art die Gegenſtände zu ſehen und darzuſtellen zuläßt; ſo darf man auch eine gewiſſe

beſtimmte

beſtimmte Manier in den Gemählden aus der zweiten Epoche nicht ſuchen.

Im Alter verließ er ſich zu ſehr auf ſeine erlangte
Fertigkeit, vernachläßigte die treue Nachfolge der Natur, und ward unbeſtimmt.

Ohngeachtet dieſer Abwechſelung in der Verfahrungsart unſers Meiſters, laſſen ſich doch gewiſſe
Kennzeichen angeben, an denen man ſeine Werke wieder erkennt. Nur erinnere ich hier wieder an den Unterſchied, den man zwiſchen Vorzügen und Fehlern
machen muß, die von der Wahl des Künſtlers abhängen, und ſolchen, die blos Werk des Zufalls ſind.

Ich habe einige vortrefflich gedachte Gemählde
Tizians geſehen, aber noch viel mehr, die von Seiten
der poetiſchen Erfindung keinen Werth hatten. Einen
vortrefflichen Compoſiteur darf man ihn nicht nennen.

In der mahleriſchen Anordnung folgte er blos dem
Grundſatze, ſolche Gegenſtände zuſammen zu ſtellen,
die ſich durch ihre Localfarben wechſelſeitig hervorheben.
Dieſer Grundſatz iſt zu eingeſchränkt, vielen andern,
die bei dieſem Theile der Kunſt in Betrachtung kommen, zu untergeordnet, als daß man auch hier einen
Hauptvorzug Tizians auffuchen könnte.

Ich habe es ſchon öfterer bemerkt, es gibt einen
doppelten Ausdruck: Den Ausdruck der Seele in Ruhe,
den Ausdruck der Seele in der Thätigkeit, welche die
Handlung erfordert, bei der ſie intereſſirt iſt. Der
erſte iſt der Charakter, den jeder Portraitmahler ſeinen Figuren geben ſollte: Der letzte, der Affect, nach
welchem jeder Hiſtorienmahler den Charakter in Darſtellung der Begebenheit, wobei die aufgeſtellte Perſon
eine

eine Rolle ſpielt, modificiren ſollte. Der Ausbruck
eines denkenden Weſens in Ruhe iſt dem Tizian beſſer
und öfterer geglückt, als der Ausbruck einer beſtimmten Thätigkeit.　Er mahlte viel Bildniſſe, und ſtellte
den Menſchen dar, wie er ſich am bequemſten beob-
achten läßt.

　　In der Wahl ſeiner Formen folgte er der ſchönen
Natur ſeines Landes.　Er mahlte ſeine Weiber mit
den Reitzen, die auf die gröbern Sinne Eindruck machen: nicht mit ſolchen, die den Geiſt entflammen.
Ein gewiſſer Nationalcharakter, den man in allen ſeinen Köpfen wieder findet, macht dieſe ziemlich unter
einander ähnlich.　Die Körper ſind fleiſchigt, die Arme
ſtark, und die Finger etwas zu länglicht.

**Tizians Kin-
der.**　　Tizians Kinder haben von jeher den größten
Künſtlern zu Modellen gedient, und, wie man be-
hauptet, hatte er den Begriff der Schönheit dieſes
Alters von ein Paar antiken Basreliefs in der Kirche
Sta. Maria de' Miracoli in Venedig entlehnt. [1]

　　　　　　　　　　　　　　　　　　　Männer

**Nachricht
von zwei an-
tiken Basre-
liefs mit
Amorinen
in Venedig.**　　[1] Da, ſo viel mir bekannt iſt, noch keine genaue
Nachricht über dieſe beiden Basreliefs gedruckt iſt,
ſo will ich kurz die Bemerkungen, die ich darüber
bei meiner Durchreiſe durch Venedig zu machen
Gelegenheit gefunden habe, hieher ſetzen.
　　Sie ſtehen im Chor der Kirche St. Maria de'
Miracoli, und ſtellen beide Amorinen vor, auf
jeglichem zwei, die mit den Waffen des Mars beladen ſind.　Dasjenige, auf welchem Amorihen
den Köcher des Gottes wegtragen, hat einen großen
Vorzug vor demjenigen, wo ſie mit dem Wegſchlep-
pen ſeines Schwerdtes beſchäfftigt ſind.　Die Köpfe
　　　　　　　　　　　　　　　　　　　　ſind

Männer reiferen Alters haben auf feinen Gemählden zuweilen viel Edles.   Aber ich erinnere mich nicht
einen ſchönen Jüngling von ihm gemahlt geſehen zu
haben; es müßte denn auf Bildniſſen ſeyn.

Tizian zeichnete mit dem Pinſel, und folgte hauptſächlich ſeinem Augenmaaße.   Da dieſes ziemlich richtig war, und da er ſorgfältig ſchwere Stellungen ver-
mied, ſo fallen die Incorrektionen ſeiner Zeichnung
nicht ſo ſehr auf.   Unbeſtimmt iſt ſie inzwiſchen immer,
wozu auch der Umſtand vieles beitrug, daß er die Umriſſe ſehr in den Grund zu vertreiben ſuchte.   Die
Haare und Nebenwerke vernachläßigte er.   Seine
Gewänder ſind ſchlecht geworfen, und die Falten ohne
Deutlichkeit angegeben.   Aber die Behandlung der
Stoffe iſt äußerſt wahr.

Tizians größtes Verdienſt beſteht in der Vortrefflichkeit ſeines Colorits.

Es wird ſchwer, etwas Befriedigendes über die
Grundſätze zu ſagen, die er dabei befolgt hat.   Die
größten Meiſter haben Mühe, ihm mit dem Pinſel
zu folgen: Wie wäre es möglich, mit Worten ſeine
Verfah-

*Tizians Co-
lorit. Von
den   Erfor-
derniſſen ei-
nes guten
Colorits
überhaupt.*

ſind ſehr beſchädigt, und wenn ich mich nicht irre,
ſo iſt ſogar ein Kopf an dem einen der Amorinen
bei dem Köcher ganz neu.   Die Natur und die Verhältniſſe des Alters ſind ſo gut beobachtet, als in
irgend einer Vorſtellung deſſelben unter den Neueren.
Das Fleiſch iſt weich ohne ſchlaff zu ſeyn, und die
Arbeit leicht und doch beſorgt.   Sie verdienen das
Lob unter die vorzüglichſten antiken Abbildungen des
kindlichen Alters zu gehören.

Verfahrungsart zu entziffern? Inzwiſchen, da es hier
nur darauf ankömmt, dem Liebhaber die Verdienſte
unſers Künſtlers um dieſen Theil der Kunſt zu entwickeln, und ihm zugleich eine Richtſchnur zu geben, wor-
nach er die Verdienſte ähnlicher Art bei andern Meiſtern prüfen kann; ſo will ich kurz die einfachſten Erforderniſſe eines guten Colorits in Erinnerung bringen,
um ſo mehr, da wir uns ohne vorläufige Beſtimmung der Schwierigkeiten, ſchwerlich über das Lob,
ſie überwunden zu haben, verſtehen würden.

Colorit iſt die Bekleidung eines Gegenſtandes mit
den Farben, die ihn in der Natur von andern ſichtbaren Gegenſtänden unterſcheiden.

Jeder Gegenſtand hat ſeine ihm eigenthümliche
Farbe, aber das unaufmerkſame Auge übergeht die
Nüancen und theilt ſie nach einigen Hauptfarben ein,
als ſchwarz, weiß, gelb, roth u. ſ. w.   Zur Wiedererkennung iſt dies genung, aber nicht zum Gefühl
der Wahrheit.   Es gibt unzählige Nüancen einer
Hauptfarbe, und nirgends äußert ſich dieſe Verſchiedenheit auffallender und ſtärker als in der Carnation.
Jedes Glied des menſchlichen Körpers, jedes Alter,
jede Conſtitution, jede Leidenſchaft haben ihre eigenthümliche Farbe, die wir alle unter dem allgemeinen
Nahmen: Fleiſchfarbe begreifen.

Dieſe eigenthümliche Farbe nun findet ſich ſelten
rein auf der Palette: ſie muß gemeiniglich gemiſcht werden: und wenn wir von Localfarben reden, ſo iſt dies
nicht in der Maaße zu verſtehen, daß man eine Farbe,
ſo wie ſie eines der Reiche der Natur liefert, wie ſie der
Mahler auf die Palette bringt, gerade zu auf die
                                            Fläche

Fläche des Gemähldes auffetzen könnten: ſondern ſie wird nur in Verhältniß mit andern mehr gemiſchten Farben im höchſten Lichte, im Halbſchatten, im ganzen Schatten: Localfarbe genannt. [1b] Localfarbe iſt alſo die Farbe, die wir in größeren Parthien auf der Fläche des Gegenſtandes antreffen, die weder durch eine merkliche Erhöhung oder Vertiefung eine Veränderung von Licht und Schatten erfordert; von der wir annehmen, daß jeder Theil unter denſelben Geſichtspunkt gebracht, ihr ähnlich ſeyn würde; und die mithin den Ton des Ganzen beſtimmt.

Localfarbe.

Es iſt ſchon eine große Kunſt, die jedem Objekte eigenthümliche Localfarbe zu wählen, oder zu miſchen; und darin war Tizian Meiſter.

Allein, das iſt noch bei weitem das Geringſte von dem, was zu einem guten Coloriſten erfordert wird. Der Mahler, der ein Objekt auf einer Fläche vorſtellt, muß mir daſſelbe rund erſcheinen laſſen; das heißt, er muß durch die Modification von Licht und Schatten mir alle Umriſſe der Profile zeigen, die der runde Gegenſtand haben würde, wenn ſich das Auge oder der Gegenſtand darnach drehete. Er muß Erhöhungen und Vertiefungen zeigen, die dann nothwendig eine Veränderung in der Localfarbe hervorbringen, ohne daß ich ſie aller dieſer Veränderungen ohngeach-

Modification der Localfarbe vom höchſten Lichte an bis zum ſtärkſten Schatten: Farbenmiſchung, Färbung, im eigentlichſten Verſtande.

[1b] Die Localfarbe wird auf der Palette gemiſcht: Die vollſtändige Miſchung der Farben, wie ſie zu einem guten Colorit erfordert wird, geſchieht halb auf der Palette, halb auf der Fläche des Gemähldes, und hier hauptſächlich.

Erſter Theil.

geachtet je vermiſſen darf. Mit einem Worte, im
höchſten Lichte und im tiefſten Schatten muß ich die
Localfarbe immer deutlich wieder erkennen.

Die Art, wie die Römiſche und Florentiniſche
Schule darunter zu Werke ging, widerſprach der Natur. Sie mahlten jeden Gegenſtand, als wenn die
Brechung der Lichtſtrahlen auf jede Farbe nur einerlei
Veränderung hervorbrächte: ſie höheten alles mit
Weiß, verdunkelten alles mit Schwarz. Dies iſt
falſch. Jede Localfarbe, auch des einfachſten Gewandes erfordert im Schatten und im Lichte einen Zuſatz frember, zuweilen, dem erſten Anſchein nach,
ganz heterogener Farben. Allein hier ſind die Neueren
wieder ausgeſchweift. Um Abwechſelung hervorzubringen, ſind ſie oft bunt geworden, ſo daß ihre Lichter und ihre Schatten wie aufgeheftete Lappen koſtba-
rer Stoffe ausſehen, während daß Raphaels und
Michael Angelos Gemählde wenigſtens den Vorzug
wohlgetuſchter Zeichnungen haben. Beides muß vermieden werden. Blicke, Localfarbe, Halbſchatten,
Drucker, Alles muß ein harmoniſches Ganze ausmachen, das mir die Ueberzeugung gibt, es liege blos
an meiner Stellung, daß ich gewiſſe Stellen dunkler,
andere heller an Farbe ſehe. Aber eben dieſe Blicke,
dieſe Halbſchatten, dieſe Localfarben, dieſe Drucker
müſſen auch ſo abwechſelnd unter einander ſeyn, daß
ich die Verſchiedenheit der Farbe eines Gegenſtandes
von der Farbe eines andern, in jeder Modification des
Lichts und des Schattens, für ſich betrachtet, wieder
erkenne. Vielleicht iſt kein Mahler in der Welt dem
Tizian hierin gleich gekommen.

Die

Die große Kenntniß, die unſer Künſtler von dem
Effect jeder auch der feinſten Nüance der Farben hatte,
in wie fern ſie durch ſich ſelbſt, ohne Zuſatz von Weiß
und Schwarz hervorſticht, oder zurückweicht, je nachdem man ſie nur bei einer andern hellern oder dunklern
hinſtellt, zeigt ſich am auffallendſten in der Wahl ſeiner Gewänder. Wie oft hat er das Blut in den
Adern hervorſcheinen laſſen, blos durch das weiße Gewand, womit er nackte Körper bekleidete! Allein bei
einer genaueren Prüfung wird man die ganze Würk-
kung ſeiner Carnation beinahe auf keinen andern Grundſatz als den eines feinen Contraſts verſchiedener Nüancen gebauet finden. Da ſind eine Menge heller Tinten neben einander geſtellt, die man, einzeln betrachtet,
wenig verſchieden von einander findet. Aber zuſammen geſtellt, heben ſie ſich wechſelſeitig und mit bewun-
dernswürdigem Effect hervor.

Durch dies Geheimniß unterſtützt, konnte nun
Tizian die ſtarken breiten Schatten zur Rundung bei-
nahe ganz entbehren. Selbſt die perlgrauen Halb-
ſchatten hat er nur ſelten gebraucht. Alles ſcheint
Licht, und doch iſt alles rund. So ſieht man die
Gegenſtände in der Natur bei Tage, wo ein ſtarker
Schatten ſelten, und der Schönheit gewiß nicht vor-
theilhaft iſt.

Auch ließ Tizian dies Licht von oben herabfallen,
und ſtellte ſeine Figuren ganz hinein. Daher die
ſchönen breiten und hellen Parthien, die ein fröhliches
Anſehen geben: Man verfolgt ſie unmerklich in die
röthlichen Halbſchatten, die bis hart an den Umriß
fortlaufen, und ſich dort in den bräunlichen ſchmalen

S 2 Haupt-

Hauptſchatten verlieren, der wieder den Uebergang in den Grund macht. Doch iſt er ſich hierin nicht gleich; einige ſeiner Bilder ſind in einem helleren, andere in einem dunkleren Tone gemahlt.

Seine Behandlung war vortrefflich: Wahrſcheinlich legte er ſeine Gemählde ſehr hell an, und arbeitete ſie zu mehreren Mahlen über. Er wandte eine unglaubliche Sorgfalt darauf. Inzwiſchen bemerkt man ſie nicht. Alles ſcheint auf den erſten Strich, mit einer Lage, fertig gemacht zu ſeyn: Kaum daß das grobe Tuch, auf dem er öfters mahlte, mit Farbe bedeckt zu ſeyn ſcheint.

Daß Tizian ſeine Figuren für ſich zu runden wußte, haben wir geſehen; aber das eigentliche Geheimniß des Helldunkeln beſaß er nicht. Man findet in ſeinen Werken wenig Spuhren von Reflexen.

Tizian iſt der größte Portraitmahler geweſen, der je gelebt hat. Er war aber auch, bis auf die Luftperſpektiv, die er wenig beobachtete, ein guter Landſchaftsmahler. Paul Brill, Breughel, Rubens und die Carracci haben dieſe Art von Mahlerei in ſeinen Werken ſtudirt. Ein Wiedererkennungszeichen ſeines Stils in der Landſchaftsmahlerei iſt die unverhältnißmäßige Größe der Blätter gegen den Stamm der Bäume. [1]c)

Erſtes

1 c) Man vergleiche mit dieſer Beurtheilung Tizians, das, was Zanetti, della Pittura Veneziana e delle opere pubbliche de' Veneziani Maeſtri in Venezia 1731. p. 95. über dieſen Meiſter geſagt hat.

Erſtes Zimmer.

Petrus und der Engel von Mola. [2]) Es iſt eins der beſten Bilder dieſes Meiſters in Rom. Der Engel ſteigt auf einer Wolke herunter, und bei ſeiner Annäherung zerſpringen die Feſſeln des Petrus. Man ſieht beide Figuren über einander in der Verkürzung. Sie iſt dem Mahler zwar wohl gelungen, aber ſie gibt der Gruppe keine angenehme Form. Die Farbe iſt übertrieben, die Schatten haben nachgeſchwärzt.

Tizian mit ſeinem Weibe. Ob die Farbe gleich gelitten hat, ſo erkennt man doch die Manier wieder. Der Kopf des Mannes iſt ſchön.

† Judith und ihre Magd, von demſelben, ein ſchönes Gemählde. Der Kopf der Judith iſt ein Portrait voller Charakter, und gut gezeichnet. Die Färbung fällt etwas ins Gelbe; die Schatten ſind ſehr durchſichtig; der Rücken des Weibes tritt ungemein vor.

Die Heimſuchung Mariä von Sebaſtiano del Piombo. [3]) So geben es die Kenner an.

S 3 Die

2) Pietro Franceſco Mola, ward zu Colbre' im Mailändiſchen 1621. gebohren, und ſtarb zu Rom 1666. Er war ein Schüler des Albani und des Guercino. Sonderbare Anordnung, gemeine Natur, ſchwerfällige Zeichnung ohne auffallende Fehler, und dunkle Färbung zeichnen dieſen Meiſter aus.

3) Fra (Frate) Sebaſtiano del Piombo, geb. 1485. zu Venedig, geſt. 1547. zu Rom. Anfangs Zögling der Venetianiſchen Schule. Nachher Schüler des

Die Anordnung iſt ziemlich gut, aber der Ausdruck fehlt; die Zeichnung iſt hart und ſteif, und die Färbung äußerſt ſchwach).

Die **Himmelfahrt Mariä** von **Palma** dem ältern: *) iſt äußerſt zweifelhaft.

Eine **heilige Familie,** wird ohne Grund dem **Andrea del Sarto** zugeſchrieben.

Wir haben von dieſem Meiſter in Rom kaum ein einziges Werk, das man mit Zuverläßigkeit für das ſeinige ausgeben kann, vielweniger eines ſeiner vorzüglichen. Man muß ihn nach demjenigen beurtheilen, was man von ſeiner Hand in Florenz ſieht.

Andrea

Michael Angelo Buonarotti. Dieſer Mahler beweiſet, wie ſchwer es iſt, in mehreren Theilen der Mahlerei zu gleicher Zeit groß zu ſeyn. Als er Venedig verließ, hatte er die ganze Stärke der Venetianiſchen Färbung. Er wollte es dem Michael Angelo in der Zeichnung gleich thun, und durch die Vereinigung dieſer beiden Vorzüge hoffte er dem Raphael den Preiß abzugewinnen. Raphael ſagte: Poca lode ſarebbe a me, di vincere uno che non ſa diſegnare. Fra Sebaſtiano erreichte nie ſeinen Zweck in der Zeichnung, und verlohr ſein kräftiges Colorit. Seine Zuſammenſetzung iſt gemeiniglich ſteif, ſein Ausdruck kalt. In Bildniſſen war er glücklicher. Man nannte ihn Fra del Piombo von der Stelle, die ihm der Pabſt anvertrauete.

4) Giacomo Palma il Vechio geb. 1540 zu Serinalto im Gebiet Bergamo, geſt. zu Venedig 1588. Schüler Tizians, dem er in ſeinen beſten Werken ſo nahe kömmt, daß man ſie mit des Meiſters gewöhnlichen verwechſelt.

Andrea del Sarto ward gebohren 1488. Er Andrea del bildete ſich hauptſächlich nach Leonardo da Vinci, aber Sarto. er nußte auch die Werke des M. Angelo, des Fra Bartholomeo und Raphaels. Die meiſten ſeiner Gemählde waren beſtellte Werke, die Aſſembleen von Heiligen, ohne Verbindung durch eine gemeinſchaft- liche Handlung, vorſtellen. Dabei konnte er keine Stärke in der Compoſition zeigen.

Seine Anordnung iſt zu ſymmetriſch. In ſei- nen Köpfen herrſcht zu wenig Abwechſelung. Der Charakter iſt kleinlich, und kränklich furchtſam. Man bemerkt, wenn ich ſo ſprechen darf, einen Leonardiſch ſüßlichen Zug darin.

Als auffallende Kennzeichen kann man die knörp- lichten, eckigen Naſen, die hagern Wangen, und die hoch liegenden Augenknochen anſehen.

Er zeichnete mit vieler Feinheit, aber nicht ganz richtig. Seine Extremitäten ſind zu knöchern. Die Gewänder haben viel vom Geſchmack des Fra Bar- tholomeo, aber ſie ſind viel ſtudirter und weniger wahr. Seine Färbung iſt ſehr angenehm, friſch, durchſich- tig und harmoniſch. Aber in den Schatten fällt der Ton zu ſehr ins gräulich blaue. Wenige Mahler ha- ben ihre Farben ſo in einander zu vertreiben gewußt, und ſo friſche durchſichtige Halbſchatten gemahlt; dieſe ſind inzwiſchen zu bläulich.

Andrea del Sarto war ſich ſelbſt ſehr ungleich in ſeinen Werken. Man hat Figuren von ihm, die Nichts zu wünſchen übrig laſſen, in denen ſogar eine Niederländiſche Rundung herrſcht: Andere wieder ſind verzeichnet, hart in den Umriſſen, ohne Harmonie,

und

und abgeſtanden in der Färbung. Er ſtarb 1530.
Seine beſten Gemählde ſind zu Florenz.

Tobias mit dem Engel, vom Rafaelino da
Reggio. ⁵) Ich zeige dieſes Bild an, weil es
Auguſtino Caraccio in Kupfer geſtochen hat.

Carita Ro-
mana, vom
Guercino.

Das ſchönſte Bild in dieſem Zimmer iſt † ein alter
Greis in Feſſeln geſchlagen, der den Kopf um-
drehet, während daß eine junge Frauensperſon
durch das Gitter des Fenſters des Gefängniſ-
ſes guckt. Dies Bild iſt vom Guercino. Man
nennt es gemeiniglich eine Carita Romana. ⁶) Da
die Bedeutung zweifelhaft iſt, ſo mag ich nicht über
die Richtigkeit des Ausdrucks urtheilen. Jeder Kopf
für ſich betrachtet, iſt voll Charakter und Wahrheit.
Die Muſkeln fließen vortrefflich in einander, und ſind
mit der ſchönſten Haut bedeckt. Die Färbung iſt aus
des Meiſters beſten Zeit; vorzüglich aber muß man
das Hellbunkle und die Behandlung bewundern. Ich
werde Gelegenheit finden, von dieſem Meiſter noch
anderswo zu reden.

Zwei-

5) Rafaele Motta, gemeiniglich Rafaelino da Reggio
genannt geb. 1552. geſt. 1580. Schüler der Zucheri
und ihrer Zeitgenoſſen. Stil der Nachahmer Raphaels und der Florentiner in der Zeichnung; des
Baroccio im Colorit.

6) Carita Romana nennt man die Vorſtellung der
zärtlichen Tochter, die ihren Vater, der verurtheilt
war, im Gefängniſſe Hungers zu verſchmachten,
mit ihrer Milch ernährte.

✦ ✦ ✦

Zweites Zimmer.

† Der ſogenannte Schulmeiſter. So nennt Ein ſchönes
man das Bildniß eines Mannes, welcher ſitzend ein Portrait, be-
Buch hält. Viele nehmen es für ein Werk Tizians kannt unter
an, aber von dieſem Meiſter iſt es gewiß nicht. An- dem Rah-
dere legen es dem Moroni [7]) bei. Endlich hat Mengs men: der
es für ein Werk des Guido erkannt, und dieſem trete Schulmei-
ich, der Behandlung des Pinſels wegen, bei. Das ſter.
Verdienſt dieſes Gemähldes rechtfertigt die Sorgfalt,
mit der man den Nahmen des Meiſters auffucht.
Stellung und Geſichtszüge kündigen den Pedanten an.
Dieſer Kopf iſt ſehr beſtimmt gezeichnet, und von
ſchöner Färbung. Man ſollte glauben das Werk ſey
von einem Niederländer, ſo weiſe iſt das Hellbunkle
behandelt, mit ſo vieler Liebe ſind die Beiwerke ausgeführt.

† Ein anderes Bildniß eines dicken Mannes, der in einem Brevier lieſet. Eine Innſchrift nennt wahrſcheinlich den Meiſter des Bildes,

S 5   der

7) Giovanni Battiſta Moroni, gebohren zu Albino
im Gebiet Bergamo — geſt. 1578. aus der Venetianiſchen Schule. In Bildniſſen vorzüglich berühmt. Man kennt ſeine Werke unter Tizians
Werken vielleicht nur an der ſchwächern Färbung
aus. Mir ſind wenige zu Geſicht gekommen, die
man ihm mit Zuverläßigkeit hätte beilegen können.
Niuno ſi accoſtò più a Tiziano nei rittratti del
celebre Giam battiſta Morone d'Albino. Zanetti
della Pittura Veneziana. p. 99.

der ſich ſelbſt gemahlt hat, J. P. Licinio anno ae-
tatis 55. Man hat alſo Recht, dieſes Bild einem
der Pordenone beizulegen. Es frägt ſich nur, welchem? In der Note *) wage ich darüber eine
Muthmaaßung. Die Zeichnung iſt gut, und der
Ausdruck vortrefflich. Die Färbung fällt ins
Rothe.

Eine heilige Familie. Der Chriſt ſchläft,
eine Heilige hält ihn, die Madonna betet ihn
an,

*) Es gibt zwei Künſtler, die man von dem gemein-
ſchaftlichen Geſchlechtsnahmen, Licinio, von der gemeinſchaftlichen Vaterſtadt im Friaul, Pordenone
nennt. Der berühmteſte von beiden, und Lehrmeiſter des andern, hieß Giovanni Antonio Licinio.
Dieſer ſoll nachher ſeinen Nahmen, aus Haß gegen
ſeinen Bruder, in Regillo verwandelt haben. Andere nennen ihn auch, Cucitello, ja noch andere,
Sachi. Er lebte von 1480 — 1540. und näherte
ſich in ſeiner Manier ſeinem Lehrmeiſter Giorgione.
Von dieſem aber kann das oben angezeigte Bild
ſchwerlich ſeyn; denn 1) treffen die Anfangsbuch-
ſtaben J. P. nicht mit den Vornahmen Giovanni
Antonio zuſammen, 2) ſcheint es nicht glaublich,
daß Regillo, der nur 56. Jahr alt geworden iſt,
wenn er ſeinen Nahmen verändern wollte, ihn noch
bis auf das Jahr vor ſeinem Tode beibehalten haben würde. Ich rathe daher eher auf ſeinen Vetter
Giulio Licinio; denn hier trifft der eine Vornahme
zu, und wenn die übrigen uns zwar ſo wenig als
ſein Geburtsjahr bekannt ſind, (er ſtarb 1561.) ſo
treffen wir wenigſtens in ſeiner Lebensgeſchichte keine
Umſtände an, die der Angabe des Bildes widerſpre-
chen.

an, und der kleine Johannes küßt ihm die
Füße. Kenner halten dies Bild für ein Werk Tizians, geſtehen aber, daß es keins ſeiner ſchönſten ſey.

† Eine andere heilige Familie, wo die
Mutter gleichfalls den Chriſt anbetet. Die
übrigen Figuren ſind, ein kleiner heiliger Johannes,
eine heilige Catharina, und ein heiliger Auguſtin.
Dies Bild iſt ungezweifelt vom Tizian, und eins ſeiner ſchönſten aus der dunklern Manier. Die Köpfe
des heiligen Auguſtins und der heiligen Catharina ſind
ſchön und wahr. Es iſt viel Harmonie in dieſem
Bilde, und die Schatten ſind ſehr durchſichtig. Der
Chriſt auf einem weißen Küſſen, ohne alle dunkle
Schatten, hebt ſich durch die unerklärbare Gradation
der Tinten.

Der Chriſt auf einem Throne, ein Buch
in der Hand. Auf der einen Seite die Apoſtel,
auf der andern eine Frau auf den Knien, ein
Mann im reifen Alter, der die Hand auf die
Bruſt legt, und ein Jüngling. Wahrſcheinlich
aus der Venetianiſchen Schule. Viele halten es für
ein Werk Tizians, und es iſt ſeiner nicht unwerth.
Die Figur des Mannes, der die Hand auf die Bruſt
legt, iſt edel und wahr.

Chriſt am Kreutze zwiſchen der Jungfrau
und dem heiligen Johannes, angeblich vom
Giulio Romano. Ich halte es für ein Werk der
Florentiniſchen Schule. Der Ausdruck fehlt ganz
und gar.

Eine Hirten-Anbetung, eins der ſchönſten Bilder des Baſſano, Man muß die leichte Behandlung

lung des Pinſels, die Kraft und den Auftrag der Farben bewundern. Außerdem herrſcht eine gewiſſe niedrige Wahrheit darin, die das Verdienſt einer getreuen Nachahmung hat. Der Chriſt ſcheint in der Nähe ein Fleck hingeworfener ungemiſchter Farbe, der zu unſerm Erſtaunen Wahrheit und Leben in der Ferne erhält. Ein junger Hirt, und der Kopf des Joſephs, ſind gleichfalls nicht aus der Acht zu laſſen. Ich werde weiter unten von dieſem Meiſter reden.

Meiſterſtück des Garofalo.

† Ein todter Chriſt mit der Mutter und mehreren Heiligen. Ein Meiſterſtück des Garofalo. [9]) Erfindung und Anordnung ſind zwar nicht zu loben; auch iſt die Luftperſpektiv nicht beobachtet, und die Zeichnung trocken und ſteif. Allein das Bild hat doch viele einzelne Schönheiten. Die Stellung der Magdalena iſt ſehr reißend, und der Ausdruck zutreffend. Der heilige Hieronymus hat einen ſchönen

9) Benvenuto Garofalo genannt Tiſio, ward zu Ferrara 1481. gebohren und ſtarb 1559. Ob die Nelke, die er ſo gern in ſeinen Gemählden anbrachte, ein Anagram ſeines Nahmens oder Grund ſeines Beinahmens geweſen ſey? iſt zweifelhaft. Er hat unſtreitig den größten Theil ſeiner Ausbildung dem fleißigen Studio nach den Werken Raphaels und zwar aus beſſen früheren Manier zu verdanken. Ein Verdienſt, welches alle ſeine Bilder haben, iſt die reine, dauerhafte Localfarbe der Gewänder, vorzüglich der rothen und der grünen. Sie haben ſich bis auf dieſe Stunde ſo friſch erhalten, als ob ſie eben gemahlt wären. Man trifft auch zuweilen einen ſchönen Kopf, ſelbſt eine ſchöne Figur in ſeinen Gemählden an. Nur das Ganze iſt ſelten zu loben. Die Ausführung iſt gemeiniglich trocken.

nen Kopf, und bei dem heiligen Johannes ſcheint der
Mahler ſehr glücklich einen der Söhne des Laocoon
zum Vorbilde genommen zu haben. Die friſchen
Localfarben, welche immer das charakteriſtiſche Verdienſt unſers Meiſters ausmachen, ſind auch in dieſem Bilde unſerer Aufmerkſamkeit werth.

Moſes, der Waſſer aus einem Felſen
ſchlägt; (auf Seide) Wahrſcheinlich von Lucas
von Leiden, [10]) denn es iſt ſein Stil, und man ſieht
einen L. mit der Jahrzahl 1527 darauf. Die Kinder Iſrael ſind alle in Spaniſcher Tracht vorgeſtellt.

Die Anbetung der Hirten von Bronzino.
Die Zeichnung iſt trocken, und ohne Ausdruck, die
Engel, die über dem Chriſt fliegen, ſind beſſer ge-
dacht als ausgeführt.

Der Chriſt vom Engel geſtärkt, vom
Paolo Veroneſe.

† Alle Welt betet den Herrn an, von Pe-
regrino Tibaldi, wie folgende Aufſchrift lehret: Pe-
regrinus Tibaldi Bonon. faciebat Anno aeta-
tis ſuae 22. MDXLVIII. Vorn ſitzt eine Sybille,
die auf den Chriſt zeigt, zu ihren Füßen liegt ein Zet-
tel mit lateiniſchen Verſen, welche anzeigen, daß der
Herr

10) Lucas von Leiden in Italien Luca d' Ollanda genannt, geb. 1494. geſt. 1533. aus der ältern Nie-
derländiſchen Schule. Nichts iſt gewöhnlicher, als
daß man in den Gallerien Roms jedes ältere Niederländiſche Werk, deſſen Nahmen die Cuſtodes nicht
wiſſen, dem Luca d' Ollanda beilegen hört. Allein
die wenigſten können ihm mit Gewißheit zugeſchrieben werden.

Herr bei ſeiner Ankunft auf Erden, Gläubige und Ungläubige richten werde. Die Bilder dieſes Meiſters ſind ſehr rar, vorzüglich in Rom. Dieſes hier enthält eine Menge Academiſcher Figuren, die ſo ſehr im Stile des Michael Angelo gezeichnet ſind, daß man ſie beinahe dieſem Meiſter zuſchreiben ſollte.

Stil des Tibaldi.

Wenn Tibaldi der Manier des M. Angelo gefolgt iſt; ſo muß man doch geſtehen, daß er mehr im Geiſte ſeines Lehrers gedacht, als ihn ſclaviſch nachgeahmt hat. Daher nannten ihn auch die Carracci: il M. Angelo riformato. Durch ihn erhielt ſich der große Stil in Bologna.

Diana mit ihren Nymphen von Domenichino.

† Diana die ihren Nymphen, die nach einem Ziele ſchießen, Preiſe austheilt. Da dies Gemählde unter die vorzüglichſten Werke des Domenichino gerechnet wird, ſo glaube ich berechtiget zu ſeyn, es etwas genauer zu beurtheilen.

Das Sujet iſt gut gewählt. Es bietet dem Künſtler ein weites Feld dar, den Ausdruck der Geſchicklichkeit, der Aufmerkſamkeit, des Frohſinns bei einem unterhaltenden Spiele, und ſchöne weibliche Körper in reitzenden Stellungen zu zeigen. Wir wiſſen aber ſchon, daß die Wahl des Vorwurfs der geringſte Theil bei der dichteriſchen Erfindung des Mahlers iſt; es kömmt bei ihm hauptſächlich auf die Erfindung der einzelnen Theile an, wodurch er den Vorwurf ſinnlich macht: und hier wollen wir unſern Künſtler zuerſt verfolgen.

Er wollte uns auf Dianen, als Göttin, als diejenige, welche die Preiſe austheilt, auf die Hauptperſon in dem Bilde vorzüglich aufmerkſam machen.

Er

Er hatte den Gedanken des Dichters vor Augen:
Hoch ragt Diana über ihre Nymphen empor. Und
wie drückte er ihn aus? Er ſtellte die Göttin auf den
dritten Plan ſeines Gemähldes, und gab ihr eine
Höhe, mit der ſie die Bäume ausgleicht, und die
Nymphen, die ſie umgeben, zu Zwerginnen verklei-
nert. Unſtreitig überſchritt hier Domenichino die
Gränzen ſeiner Kunſt. Denn eine Figur, die an dem
Orte, wo ſie ſteht, nach den Regeln der Perſpektiv
ungeheuer wird, zerſtöhrt den Sinnebetrug, und alle
Würkung, die wir von einer wohlgeordneten Gruppe
erwarten. Mehr Adel, mehr Würde in Mine und
Bildung würde die Göttin hinreichend von den umſtehenden Nymphen unterſchieden haben. Allein gerade daran fehlt es unſerer Diana. Ihr Kopf iſt ohne
Ausdruck, die Figur wird vorzüglich durch das ſonder-
bar geworfene Gewand ſchwerfällig; die Stellung iſt
gezwungen, und die Hände ſind incorrekt gezeichnet.

Unter den umſtehenden Nymphen gibt es herrliche
Köpfe, und der Ausdruck des freudigen Erſtaunens,
mit welchem die eine die Geſchicklichkeit ihrer Geſpie-
lin bewundert, iſt unvergleichlich.

Etwas weiter zur linken auf dem zweiten Plane
ſieht man die Gruppe der Nymphen, die würklich
mit Schießen beſchäfftigt ſind, oder doch näheren Antheil daran nehmen. Sie hat ganz meinen Beifall.
Es herrſcht in Minen und Stellungen die größte
Wahrheit und Mannichfaltigkeit des Ausdrucks. Die
eine Nymphe hat gerade den Pfeil abgedrückt, der
den aufgeſteckten Vogel getroffen hat: Ihr Arm liegt
noch in der Stellung des Abſchnellens. Eine andere
macht ihr freudig den glücklichen Schuß bemerklich.

Eine

Eine dritte, die mit ihr geſchoſſen hat, ſcheint ihr das Verdienſt des Treffens abzuſtreiten. Eine vierte zieht einen Pfeil aus dem Köcher, und eine fünfte betrachtet mit beſorglichem Intereſſe den Flug des Pfeils. Vielleicht rückte der Mahler bei der Darſtellung dieſer letzten Figur die Handlung um einige Augenblicke zurück, und vergaß, daß die Mahlerei ſich mit Darſtellung einer ſichtbar ſtehenden Handlung begnügen muß. Die Nymphe ſieht, daß der Vogel getroffen iſt, wie kann ſie noch beſorgen, daß er nicht getroffen werden möge? Hinter dieſer Gruppe zwei Figuren, die beifällig zuſehen.

Auf dem Vorgrunde eine dritte Gruppe. Von zwei Nymphen, die ſich baden, ſucht die eine die andere auf den glücklichen Schuß aufmerkſam zu machen. Dieſe beiden Figuren ſcheinen mir vorzüglich ſchön. Der Schlagſchatten, der von den Bäumen auf ſie fällt, thut eine ſehr gute Würkung. Vielleicht aber ſind die Köpfe zu groß. Eine dritte Nymphe, die den Schuß anlegt, und die man von hinten zu ſieht, iſt im Halbſchatten gehalten, und zeigt bei den reitzendſten Formen eine Menge der zarteſten Tinten. Zwei Schäfer, die im Buſchwerk verſteckt ſind, belauſchen die Badenden, und die Färbung ihrer Köpfe iſt äuſſerſt kräftig. Ein Hund, der auf ſie zuſpringen will, wird mit aller Stärke von einer Nymphe aufgehalten. Form und Ausdruck dieſer Figur ſind vortrefflich.

So viel von der poetiſchen Erfindung dieſes Bildes, wobei ich beiläufig ſchon einige Fehler gegen andere Theile der Kunſt gerügt, und einige Vorzüge in Anſehung eben dieſer Theile herausgehoben habe.

Die

Die mahleriſche Anordnung iſt im Ganzen keineswegs zu billigen. Die Gruppen haben nicht die Verbindung mit einander, die das Gemählde als ein Ganzes beim erſten Anblicke darſtellen ſollte. Auch ſind zu viel Figuren auf dem Bilde: im Hintergrunde iſt Gewühl. Aber einzelne Gruppen ſind vortrefflich componirt.

Von dem Ausbruck habe ich bereits geredet; er iſt vortrefflich. Man findet Köpfe von großer Schönheit. Die Zeichnung iſt fein, aber nicht ganz ohne Incorrektionen. Die Gewänder ſind ſchlecht. Das Colorit iſt angenehm, aber nicht immer wahr; die Beleuchtung hin und wieder glücklich geleitet: Allein im Ganzen mangelt es doch an Harmonie, und eben dies kann man noch dem Colorit vorwerfen. Auch die Luftperſpektiv iſt vernachläßigt.

❖ ❖ ❖

Drittes Zimmer.

† Zwei Portraits auf einem Bilde, halbe Figuren. Die eine Figur mit dem Siegel in der Hand ſcheint den Fra Sebaſtiano del Piombo vorzuſtellen, die andere aber den Cardinal Hippolytus di Medices.

Fra Seba ſtiano und der Cardinal Hippolytus bi Medices, gemeiniglich Borgia und Machiavell genannt.

Man hat dies Bild, ſeiner Vortrefflichkeit wegen, oft dem Raphael zugeſchrieben. Allein es iſt wahrſcheinlicher vom Fra Sebaſtiano del Piombo. Das Siegel in der Hand zeigt ſein Amt und ſeinen Beinahmen an. Hippolytus, deſſen Nahme auf dem Bilde ſteht, war des Sebaſtiano Gönner. Wir wiſſen, daß dieſer ihn gemahlt hat, und daß er in Bild-

Erſter Theil.　　T　　niſſen

niſſen ſeine größte Stärke beſaß. Für einen Raphael
iſt die Zeichnung vorzüglich, an den Händen nicht beſtimmt genung: die Färbung hingegen für ihn zu kräftig.

Man nennt die Perſonen auf dieſem Bilde auch
Machiavell und Borgia, aber ohne Grund.

† Das heilige Abendmahl von Schia-
vone. [11]) Ein Bild, welches von Tizian zu ſeyn
verdiente: So ſchön ſind die Köpfe, ſo wahr und
mannichfaltig die Charaktere, obgleich von gemeiner
Natur, ſo kräftig iſt die Färbung.

† Ein ſchöner Moseskopf von Guido Reni,
aus ſeiner dunkeln Manier.

† Lucine und Norandin welche, in Schaafs-
fellen gehüllet, unter der Heerde des Rieſen aus ſeiner
Höhle zu entfliehen ſuchen. Eins der beſten Gemählde
des Lanfranco in Oehl. Die Figur des Rieſen iſt gut,
die andern haben Ausdruck. Vielleicht hätte dies
Süjet, welches aus dem 17ten Buche des Arioſts
entlehnt iſt, nicht gemahlt werden ſollen.

Simſon, eine Academie, die man dem Tizian
zuſchreibt. Der Nahme des Meiſters iſt zweifelhaft.

Joſeph

11) Andrea Schiavone (geb. 1522. zu Sebenigo in
Dalmatien, geſt. zu Venedig 1582.) Die berühmteſten Meiſter der Venetianiſchen Schule waren ſeine
Lehrer. Kräftige Färbung war ſein Hauptverdienſt,
dabei ahmte er die Natur ſo genau nach, als es
ſeine geringe Fertigkeit in der Zeichnung zulieſ.
Gemeiniglich mahlte er nur kleine Figuren 1 oder
2 Fuß hoch, und die unbeſtimmt gezeichneten Extremitäten bei der kräftigen Färbung können den
Meiſter nachweiſen.

Joſeph und Potiphars Frau von Lanfranco.
Loth zwiſchen ſeinen Töchtern von Hont=
horſt. [12])

Ein Lamm, das von einem Schaafe ge=
ſäuget wird, von Paolo Veroneſe.

Cleopatra und ein Ecce Homo, zwei Ge=
mählde vom Tizian. Der Nahme iſt zweifelhaft.

† Eine junge Nonne, die man gleichfalls dem
Tizian zuſchreibt. Färbung und Hände beweiſen den
Ungrund dieſer Angabe. Sie iſt wahrſcheinlicher von
Vanni da Siena. [13]) Es iſt eine ſehr angenehme Fi=
gur, die ſich ihrer Reitze nicht bewußt zu ſeyn ſcheint.

† Der Leichnam Chriſti zwiſchen zwei En=
geln, auf Kupfer, von Guercino. Ein Gemählde
aus ſeiner guten Zeit.

† Eine heilige Familie in einem ovalen Rah=
men. Man hält ſie für Raphaels Werk, aber die

T 2 Zeich=

---

12) Gerhard Honthorſt, in Italien Gherardo della
Notte genannt, geb. zu Utrecht 1592. geſt. nach Honthorſt
1662. Ein Schüler des Caravaggio, dem er in
der niedrigen Wahl der Gegenſtände, des Ausdrucks
und der Formen, auch in dem Grundſatze folgte,
durch pikante Würkung des Lichts und Schattens
zu gefallen. Er mahlte hauptſächlich Nachtſtücke;
daher der Beinahme. Sein Colorit fällt zu ſehr
ins Gelbe und Rothe, und iſt, mit allem Scheine
von Wahrheit, doch conventionell. Schalken hat
unendlich mehr Wahrheit.

13) Francesco Vanni da Siena, geb. 1563. geſt. 1609.
Schüler des Salimbene und vorzüglich des Baro=
zio, deſſen Colorit er jedoch milderte, und mit einer
correkteren Zeichnung verband.

Zeichnung iſt nicht correkt genung, um es für etwas mehreres, als für ein Werk aus ſeiner Schule zu halten. Einige Kenner behaupten, es ſey ein höchſt ſeltenes Oehlgemählde vom Polydoro da Caravaggio. Der Kopf der Madonna iſt gut.

✳ ✳ ✳

Viertes Zimmer.

Gemählde Raphaels aus ſeiner erſten Manier.

† Ein bewaffneter Ritter, der in einer Landſchaft ſchläft, und von zwei Heiligen bewacht wird. Dies kleine Gemählde iſt ſehr intereſſant, weil es aus der erſten Manier Raphaels iſt, wahrſcheinlich als er noch unter ſeinem Meiſter Perugino arbeitete. Es hat viel ähnliches in der Behandlung mit dem heiligen Georg, der den Lindwurm tödtet, in der königl. Sammlung zu Paris. Man erkennt ſchon das Ausdrucksvolle, das Bedeutende in den Minen, das unſern Künſtler immer ausgezeichnet hat. Uebrigens iſt der Geſchmack der Zeichnung kleinlich, trocken und ſteif.

Zu beiden Seiten hat Il Fattore zwei andere Figuren gemahlt, die zwar in einem großen Stil gezeichnet ſind, aber lange nicht den Ausdruck und die Beſtimmtheit der Vorigen haben.

Eine Madonna mit dem Chriſt, dem ſie einen Vogel ſchenkt. Anmuthiger Gedanke. Aber das Licht iſt zu grell, und die Schatten ſind zu ſchwarz. Wahrſcheinlich von Guercino.

† Der heilige Johannes der Täufer, angeblich von Raphael. Es iſt der, den man ſo oft ſieht, und für deſſen Originalität man allerwärts mit gleichem

chem Eifer kämpft. Inzwiſchen dürfte dieſer hier
doch ſchwerlich der ächte ſeyn.

Eine Madonna mit dem Kinde, von Ser-
monetta. Die Stellung iſt übertrieben, und die
Farbe fällt ins Rothe.

† Eine Kreutzabnehmung, von Raphael.
So ſagt es die Innſchrift und die Jahrzahl 1508.
Vaſari meldet, er habe das Bild für den großen Altar von Perugia gemacht, nachdem er von Florenz
zurückgekehrt war. Der Künſtler ſtand noch nicht
auf der Höhe der Vollkommenheit, die er nachher erreicht hat, als er dieſes Bild verfertigte, aber er hatte
ſchon den gothiſchen Geſchmack der Schule des Perugino verlaſſen. Man findet kein natürliches Gold
mehr, weder in den Glorien um die Köpfe der Heiligen, noch in den Stickereien auf den Kleidern. Die
Hand iſt noch etwas furchtſam, demohngeachtet aber
der Ausdruck unvergleichlich. Die Köpfe ſind ſchön,
die Zeichnung iſt fein und correkt, die Färbung, ohne
kräftig zu ſeyn, friſch und durchſichtig; die Behandlung geleckt, und bis zur Kälte ſorgſam in den geringſten Beiwerken. Hieran, und an dem Stile in den
Gewändern, erkennt man die Bekanntſchaft des Meiſters mit den Werken des Leonardo da Vinci, und des
Fra Bartholomeo. Die Luftperſpektive und das
Hellbunkle fehlen ganz. Die Umriſſe ſind etwas hart
und nicht genung verſchmolzen.

† Die heilige Catharina, von demſelben.
Derſelbe Stil, ja ſogar dieſelben Blumen auf der
Erde. Der Kopf voller Ausdruck hat viel von ſeiner Galathee im kleinen Pallaſt Farneſe, der ſogenannten Farneſina.

*Raphaels
Kreutzabneh-
mung aus
ſeiner zwei-
ten Manier.*

T 3 † Die

† Die Verſuchung des heiligen Antonius,
von Annibale Carraccio. Eins der ſchönſten Gemählde der Gallerie. Mengs hatte Recht zu ſagen,
daß Zuſammenſetzung und Zeichnung italieniſch wären,
der Pinſel aber niederländiſch ſey. Der Kopf des heiligen Antonius, der viel Edles hat, zeigt eine muthige
Ergebung in den göttlichen Willen. Die Teufel ſind
mit wahrhaft poetiſcher Einbildungskraft geſchaffen,
in jeder Muſkel ſieht man ihre Stärke, in jeder Mine
ihre Bosheit. Weniger iſt dem Künſtler der Ausdruck majeſtätiſcher Güte in der Figur Gottes des
Waters geglückt. Seine Mine iſt zu ſüßlich.

Eine heilige Magdalena, von demſelben.
Man ſieht, daß er den Correggio hat nachahmen wollen, aber er hat ihn nicht erreicht.

Eine andere Magdalena mit dem Engel,
von demſelben, oder wie andere wollen, von Ludovico Carraccio. An Färbung und Haltung unter der
Vorigen.

Man zeigt hier einige Michael Angelo's, die
man allerwärts zeigt, und die wahrſcheinlich hier ſo
wenig als dort Originale ſind. [14])

Eine heilige Familie mit der Magdalena,
von Tizian, und wahrſcheinlich Original.

† Mann und Weib die ſich umarmen.
Dieſes Bild geht in der Scuola Italiana von Hamilton unter dem Nahmen des Giorgione. Er ſelbſt
iſt aber jetzt überzeugt, daß es nicht von ihm ſey.
Inzwi-

14) Ich habe ſchon erinnert, daß es äußerſt zweifelhaft ſey, ob M. Angelo je in Oehl gemahlt habe.

Inzwiſchen es ſey von wem es wolle, ſo bleibt es ein
ſchönes Gemählde, deſſen Farbe nur etwas gelitten
hat.

† Schöne Landſchaft, von Domenichino,
mit Weibern die Vögel fangen.

† Verlöbniß der heiligen Catharina, von Verlöbniß
Parmeggianino. Dies Gemählde iſt voller Reiz, der heil. Ca-
das Hellbunkle ſchön gewählt, nur ſind die Figuren tharina von
etwas lang, und die Färbung fällt ins Graue. Der Parmeggia-
Kopf des heiligen Hieronymus unten auf dem Bilde, nino.
der aus der Erde hervorzuragen ſcheint, ſteht ſehr
am unrechten Orte. Strange hat es ſchlecht geſtochen.

Franceſco Mazzuoli ward 1504 zu Parma ge- Stil des
bohren, und wird daher auch Parmeggianino ge- Parmeggia-
nannt. Er ſuchte die Zeichnung des Raphael, mit nino.
den Vorzügen des Correggio zu vereinigen. Er hatte
weder Begriffe von Zuſammenſetzung noch von Anordnung und Ausdruck. Aber er wußte ſeinen Figuren einen gewiſſen falſchen Reiz zu geben, der ſehr
anzieht. Seine Unxriſſe ſind ſehr fein und ſehr ſwelt;
ſeine Köpfe haben viel Gefälliges. Aber bei einer genaueren Unterſuchung wird man finden, daß Alles incorrekt und manierirt iſt. Seine Figuren ſind zu lang,
die Finger an den Händen ſind ſpindelmäßig. Gewänder, und beſonders der Kopfputz haben etwas reizend Phantaſtiſches. Seine Färbung fällt ins Graue
und iſt ohne Harmonie. Man kann Liebhaber nicht
genung vor den verführeriſchen Reizen dieſes Meiſters
warnen. Er ſtarb 1540.

Die Auferweckung des Lazarus von Ludovico Carraccio, auf Schiefer. Sehr correkt ge-
T 4 zeichnet,

zeichnet, und ſchön angeordnet, aber es fehlt an Ausdruck, und die Farbe fällt ins Schwarze.

† Eine Charitas, ſchönes Gemählde von
Guercino auf Kupfer, ſehr lieblich und aus ſeiner
letzten hellen Manier.

Ein Kopf, angeblich vom Tizian.

Chriſt treibt die Käufer aus, ferner die
Grablegung Chriſti, zwei der beſten Werke des
Venuſto. [15])

Heilige Catharina, die in einem Buche lieſet, halbe Figur, aus der Bologneſiſchen Schule.

Ein todter Chriſt zwiſchen den Weibern
und ſeinen Schülern, von Paſſignano.

*Heilige Cäci-
lia von Do-
menichino.* † Eine heilige Cäcilia von Domenichino,
halbe Figur. Eins der berühmteſten Gemählde dieſer Gallerie. Der Mahler hatte die Idee, den
naiven Ausdruck eines ſchüchternen Aufhorchens auf
den Klang der himmliſchen Harmonie darzuſtellen.
Ich fürchte, er hat den Ausdruck des ſtumpfen Stau-
nens ein wenig geſtreift. Dieſer Vorwurf macht mich
nicht blind gegen die regelmäßigen, und doch angenehmen Züge dieſes ſchönen Kopfes. Daran muß
man ſich aber auch allein halten. Die Hand, die
das Papier mit Noten hält, iſt vielleicht ein wenig
verzeichnet, der Kopfputz zu unbehülflich, und der
Faltenſchlag zu unbeſtimmt. Die Färbung iſt zu
freibe-

---

15) Marcello Venuſto von Mantua war einer der ge-
treuſten Nachahmer des Michael Angelo. Die meiſten kleineren Werke in Oehl, die man dem letztern
beilegt, ſind vom Venuſto.

freibeweiß im Lichte, und zu grün in den Schatten.
Ueberhaupt fehlt es diesem Bilde an Wärme und
Harmonie.

Es ist bekannt, daß Raphael eine große Composition von diesem Süjet gemahlt hat, welche in Bologna hängt. Es ist interessant, die Verschiedenheit
des Charakters beider Meister aufzuführen, in der
verschiedenen Art, wie sie sich den Charakter der Heiligen und die Stimmung ihrer Seele in dem Augenblicke, wie sie die himmlische Musik hört, gedacht
haben. Raphael mahlte das Entzücken eines Geistes, der zu überirrdischen Empfindungen hingerissen
wird; Domenichino den sinnlichen Eindruck des furcht-
samen Aufhorchens. So zeigt sich der eine als Mann
von hoher Einbildungskraft, und großen Gefühlen,
der andere als feiner Bemerker wahrer aber nicht ungewöhnlicher Empfindungen. Man könnte sagen,
beide wären nur in der Wahl des Augenblicks verschieden, denn man denke sich sehr wohl die Regung, die
Domenichino darstellte als den Anfang des Eindrucks,
der sich nachher beim Raphael bis zum kühneren Enthusiasmus verstärkte. Allein die Physiognomie einer
Cäcilia des Domenichino würde sich zu dem Ausdruck
der Cäcilia eines Raphaels nie passen, und die Wahl
des Augenblicks allein bestätigt die angezeigte Verschiedenheit des Charakters beider Meister.

※　　※　　※

Fünftes Zimmer.

† Aeneas, der seinen Vater trägt, von
Barozio oder Baroccio wie andere schreiben.
Der Mahler

Aeneas und
Anchises von
Baroccio.

T 5

Mahler hat dieses Bild für sein Meisterstück gehalten, und seinen Nahmen mit goldenen Buchstaben darauf gesetzt. Dem ohngeachtet bleibt es ein buntscheckiges Fechtelgemählde, an dem Ausdruck, Zeichnung und Colorit gleich unwahr sind. Augustino Carraccio stach es in Kupfer, und verbesserte die Fehler in der Zeichnung. Allein Baroccio wußte ihm wenig Dank für diese angemaaßte Fürsorge.

Baroccio. Federico Baroccio lebte von 1528 bis 1612. Er führte zu seiner Zeit einen ihm eigenen Geschmack ein, aber es war der falscheste, der sich denken läßt. Es ist nichts Wahres darin, weder in Ansehung des Ausdrucks, der Zeichnung, noch des Colorits.

Seine Grazie ist Affectation. Das Fließende seiner Umrisse wird zur Unbestimmtheit, und der bunte Glanz seiner gelben Lichter und blauen Schatten, geben seinem Colorit das völlige Ansehen der modernen französischen Fechtelmahlerei. Inzwischen hat er einiges Verdienst im Hellbunklen, und er scheint darin, wie überhaupt in der Grazie, den Correggio zum Vorbilde gewählt zu haben.

Venus und Cupido, der seinen Bogen spannt, von Paolo Veronese.

Christ als Kind von zwei Engeln gehalten, von Salimbene.

† Eine heilige Cäcilia voller Ausdruck. In Ansehung des Hellbunklen hat dies Bild viel von der Manier des Guercino. Es ist vom Cavaliere Massini.

Vier runde Gemählde vom Albano. Sie haben gelitten, und sind nicht von seinen besten Werken, was die Ausführung betrifft, aber die Zuſammenſetzung iſt reißend.

† Zwei heilige Familien von Tizian. Auf zwei heilige der einen betet ein Hirte den Chriſt an, auf dem andern bietet ihm eine Heilige einen Korb mit Blumen von Tizian. dar. Beide ſind aus ſeiner dunklen Manier, und beide ſehr ſchön. Vorzüglicher ſcheint das Bild mit dem Hirten zu ſeyn. Hier hat jedes Alter, jedes Geſchlecht ſeinen ihm eigenthümlichen Ton der Färbung. Das Kind iſt in einem angenehmen Halbſchatten gehalten; auch iſt der Hirte ſehr wahr und gut geſtellet. In dem zweiten verdient vorzüglich der Arm des Chriſts, der Kopf und die Stellung der Heiligen Aufmerkſamkeit.

† Die Schüler zu Emmaus von Caravaggio. Ein ſehr pikantes Gemählde. Ungeachtet der ſchlechten Wahl der aufgeführten Perſonen, denn man trifft auch ſogar den Koch darauf an; ungeachtet der gemeinen Charaktere und der übertriebenen Schatten, kann man dieſem Gemählde dennoch das Zeugniß nicht verſagen, daß man die Nachahmung niedriger Wahrheit, vorzüglich durch den Zauber der Rundung, nicht höher treiben könne.

Die Auferweckung des Lazarus von Ludovico Carraccio. Vielleicht herrſcht in dieſem Gemählde mehr Ausdruck, als in dem vorigen, auf dem derſelbe Meiſter daſſelbe Sujet vorgeſtellet hat.

* * *

Sechstes Zimmer oder Saal.

Es iſt ganz mit Spiegeln bekleidet, die mit Figuren und Blumen bemahlt ſind. Die Figuren ſind
von

von Ciroferri, die Blumen aber von Morell, wie man behauptet.

✤   ✤   ✤

Siebendes Zimmer.

Die drei Grazien von Vanni.

Venus und der Liebesgott von Cambiaſi.

Amor von demſelben.

Ein nacktes Weib bis auf den halben Leib von Salviati.   Man ſchreibt es dem Giulio Romano zu.

Meernymphen mit vielen Muſcheln von Lavinia Fontana.

Andromeda vom Cavaliere d'Arpino.

Das Uebrige beſteht größtentheils aus Copien.

In dieſem Zimmer † iſt auch eine Venus, in dem Augenblicke dargeſtellt, worin ſie ihr Gewand ſo weit fallen läßt, daß ſie nur den Ort noch bedeckt, den die Schaamhaftigkeit dem Auge zu entziehen befielt. Ich habe ſchon an einem andern Orte bemerkt, daß dieſe Vorſtellungsart in Rom durch den Nahmen: Venus Victrix, bezeichnet wird.   Der Körper iſt ſchön; Naſe, Arm und ein Theil der Drapperie ſind modern.

Das Piedeſtal, auf dem ſie ſtehet, iſt mit einem Bacchanale gezieret.

✤   ✤   ✤

Ein kleines Zimmer mit lauter Cabinetſtücken.

Schöne   † Eine kleine Zeichnung Raphaels, die ein
Zeichnung   erſter Gedanke zu ſeyn ſcheint. Sie ſtellet einen todt-

ten

ten Chriſt unter den Weibern und Jüngern vor. Ge- *von Ra-*
danke, Ausdruck und Zeichnung ſind vortrefflich. *phael.*
Jeder Federzug gibt Leben und Seele.

Eine heilige Familie, die man dem Andrea
del Sarto zuſchreibt.

Die drei Grazien aus der Schule Raphaels.
Zu unrichtig gezeichnet, um von ihm ſelbſt zu ſeyn.

Der heilige Petrus, von Ludovico Carraccio.

† Ein kleiner Kopf von Tizian, welcher eine *Bildniß ei-*
ſchöne Blondine vorſtellet. Er iſt ſehr hell gehalten, *ner Blondine*
und das blonde Haar umgibt ihn von allen Seiten. *von Tizian.*
Dem ohngeachtet hebt er ſich ungemein hervor.

Kopf einer Nonne von Vanni.

Heilige Familie von Albano. Sehr ſchön gedacht.

Die Madonna, die ihr Kind ſtillt, von
demſelben.

Ein Weib, das einen Vogel fliegen läßt,
von Domenichino.

Drei Grazien mit Blumen umwunden, von
demſelben.

Neſſus, der Dejaniren raubt, von dem=
ſelben.

Eine Flucht nach Aegypten. Zuſammen=
ſetzung im Geſchmack des Correggio, von Ludovico
Carraccio.

✳ ✳ ✳

In dem letzten Zimmer mit der durchge= brochenen Ausſicht auf die Tiber.

Zwei antike drappirte Figuren, die Verdienſt haben.

Beim

❖ ❖ ❖

Beim Zurückgehen durch den Spiegelsaal trifft man auf der linken Seite noch drei Zimmer mit Gemählden an.

In dem Ersten.

Die göttliche und die irrdische Liebe von Tizian.
† Zwei Weiber bei einem Brunnen, der mit Basreliefs geziert ist. Ein Amor tunkt die Hand in den Brunnen. Dies ist eins der schönsten Gemählde vom Tizian, und dem angehenden Künstler um so schätzbarer, weil es gut conservirt, und aus derjenigen Zeit ist, in der er das Geheimniß seiner Färbung noch nicht unter dem Scheine einer gar zu großen Leichtigkeit versteckte. Man kann die Jdee dieses Gemähldes nicht ganz begreifen. Die eine Figur ist bekleidet, die andere nicht. Dies mag vielleicht Gelegenheit zu der Benennung der göttlichen und profanen Liebe gegeben haben. Die Färbung ist das Hauptverdienst dieses Gemähldes.

Eine heilige Familie aus der Schule des Andrea del Sarto.

Kopf eines Cardinals, vom Andrea del Sarto selbst.

Julius der Zweite aus Raphaels Schule.

Carrikatur eines Menschen, der auf einem Esel reitet, vom Annibale Carraccio.

Der heilige Johannes von Simone da Pesaro.

Einige Zeichnungen von Giulio Romano.

Eine sehr geschätzte Copie von der Transfiguration Raphaels.

† Ein

† Ein liegender Hermaphrodit auf einem Gewande, welches von leinen zu ſeyn ſcheinet. Dieſe ſchöne Statue iſt mehr beſchädigt, als jene dieſer ähnliche in der Villa Borgheſe, von der ſie überhaupt eine antike Wiederholung ſeyn könnte.

margin: Liegender Hermaphrodit, eine Statue.

* * *

Zweites Zimmer.

Venus! verbindet dem Amor die Augen. Ein anderer Amor ſcheint ihr dazu zu rathen. Die Grazien bemächtigen ſich ſeiner Waffen. Figuren bis auf halben Leib vom Tizian. Dieſes Gemählde aus ſeiner beſten Zeit hat zwar gelitten, bleibt aber doch noch in manchen Parthien ein Meiſterſtück ſeines Pinſels. Man ſieht hier wahres Fleiſch, deſſen Tinten ſo in einander getrieben ſind, daß die Sinne ihre Wahrheit fühlen, aber der Verſtand ſie nicht enträthſelt. Die Gewänder ſind dem Anſchein nach mit der erſten Arbeit fertig geworden.

margin: Venus verbindet dem Amor die Augen mit Beiſtand eines ſeiner Brüder und der Grazien.

Der heilige Johannes in der Wüſten von Paolo Veroneſe. Keins der beſten Gemählde dieſes Meiſters, obgleich die Köpfe ſchön ſind.

Der heilige Antonius predigt den Fiſchen von demſelben.

Die Jungfrau zerdrückt der Schlange den Kopf, indem der Chriſt ſeinen Fuß auf den ihrigen ſetzt, von Caravaggio.

† David im reiferen Alter mit dem Kopfe Goliaths und ſeinem Schildträger. Ridolfi ſprach von dieſem Gemählde des Giorgione, und ſagte,

margin: David vom Giorgione.

daß

daß es in dem Pallaſt Borgheſe befindlich ſey. Es
war dem ohngeachtet verlohren gegangen. Hamilton
fand es auf, ließ es reinigen, und ſtellte eins der beſten und wohlerhaltenbſten Gemählbe dieſes Meiſters
wieder her. Die Figuren ſind ſehr kräftig gemahlt,
und treten ungemein vor. David trägt einen Panzer.

† Kopf einer alten Frau vom ältern Baſſano, ein Bildniß voller Wahrheit. Der Charakter
zeigt viele Gutmüthigkeit.

† Ein Bildniß eines jungen Mädchens von
Leandro Baſſano. Man kann nichts reißenderes,
nichts wahreres, nichts ausdruckvolleres ſehen.

Ueber Gia-
como Baſſa-
no, und ſei-
ne Schüler
Leandro und
Francesco.

Giacomo da Ponte aus Baſſano im Venetianiſchen, gemeiniglich Baſſano der ältere genannt, warb
1510 gebohren.   Er ſtubirte nach Tizian, und
nach der Natur. Wahrheit ohne Wahl, niebrige
Wahrheit war der einzige Grundſatz, nach dem er arbeitete.   Er erreichte ſie bis zu einer gewiſſen Stufe,
und damit hörte er auf.   Seine unzählichen Werke
haben alle nur einen Charakter, und ſind daher auf
den erſten Blick zu kennen.   Niebrige Gebanken,
ohne Ordnung zuſammengeworfene Figuren, incor-
rekte Zeichnung trifft man in allen an.   Er konnte
keine Extremitäten zeichnen, darum verſteckte er beinahe immer die Füße ſeiner Figuren. Sein Hauptvorzug iſt der vortreffliche Auftrag der Farben, ein
großer Schein von Wahrheit in dem Fleiſche. Die
Localfarbe in ſeinen Carnationen iſt vortrefflich, friſch,
rein und kräftig. Er ſtarb im Jahre 1592. Francesco und Leandro Baſſano ſeine Söhne und Schüler
haben ſich genau an die Manier ihres Vaters gehalten.

Man

Man unterſcheidet ihre Werke nur durch ein weniger kräftiges Colorit, deſſen Schatten ins Graue fallen.

Judith mit dem Kopfe des Holofernes von Muziano. [16])

Zwei heilige Familien von Pintoricchio.

† Zwei Statuen antiker Kinder. Das eine, welches einem Vogel neckt, iſt von großer Schönheit, aber Hände und Füße ſind modern.

❖   ❖   ❖

Letztes Zimmer.

† Eine Madonna mit dem Kinde von Giulio Romano. Man findet im Palais Royal zu Paris eine Wiederholung dieſes Gemähldes, und legt es dem Raphael bei. Die Extremitäten ſind ein wenig hart und incorrekt; die Färbung fällt ins Graue. Dem ohngeachtet macht die reizende und edle Geſtalt der Madonna und die Schönheit der Gruppe dieſes Bild äußerſt pikant.

Eine heilige Familie von Vaſari.

Eine heilige Familie von Luini.

Ein heiliger Johannes von Bronzino.

Ein heiliger Franciſcus mit einer Glorie von Annibale Carraccio.

Weiber

16) Girolano Muziano (geb. in dem Gebiet Breſcia 1528. geſt. 1590. zu Rom.) Dieſer Meiſter vereinigte eine correkte Zeichnung mit dem Stile der Venetianiſchen Färbung. Schade, daß letztere in allen ſeinen Gemählden verblichen iſt, und daß der Ton zu ſehr ins Grünlichte fällt. Seine alten Köpfe wählte er ſehr gut, und gab ihnen viel Ausdruck.

Weiber weinen über den todten Chriſt. Ein Bild, das ſeines Autors wegen merkwürdig iſt. Man findet den Nahmen Lazari Bramante darauf, welches den Nahmen des berühmten Architekten anzuzeigen ſcheint.

Bildniß eines andern Architekten des Vignota von ihm ſelbſt gemahlt.

Eine kleine antike weibliche Figur mit einem ſchönen Gewande, Statue.

❊   ❊   ❊

In dem nahe liegenden Garten.

Einige Basreliefs vom guten Stil. Bacchanalen, Opfer und einige Gegenſtände aus dem Homer.

Unter den Statuen iſt außer einer Terpſichore nicht viel Gutes.

❊   ❊   ❊

Oben in dem Zimmer der Prinzeſſin ſind einige Landſchaften von Vernet, die Aufmerkſamkeit verdienen. Die Färbung iſt darinnen viel beſſer, als in ſeinen ſpätern Werken, die ich in Paris geſehen habe.

Winkelmann ſpricht von einer coloſſaliſchen Büſte eines Kaiſers, die ſich in den obern Zimmern des Pallaſts finden ſoll. Ich habe ſie nicht geſehen.

❊   ❊   ❊

Theil des Pallaſts der von dem Prinzen Aldobrandini

In dieſem Pallaſte bewohnet nun auch der Prinz Aldobrandini, Oncle des Prinzen Borgheſe, einige Zimmer, in denen ſich noch eine Auswahl von Gemählden findet, die dem

Lieb=

Liebhaber um so interessanter seyn müssen, da bewohnt es sogenannte Cabinetsstücke von der Hand wird. der größten Meister sind.

† Eine Flucht nach Aegypten von Baroccio. Eins der besten Gemähl-
Man kennt zwei Wiederholungen dieses Gemähldes. be des Ba-
Die eine, die schöner als die gegenwärtige seyn soll, roccio.
ist nach England gegangen, eine andere von minderem
Werth findet sich in dem Pallast Quirinale. Die Zu-
sammensetzung ist sehr reitzend. Die Madonna schöpft
Wasser; Joseph reicht dem Kinde Kirschen. Die
Figuren haben, wider die Gewohnheit des Meisters,
vielen Reitz ohne Affectation. Die Färbung ist lieb-
lich, und doch ziemlich wahr.

† Christ zwischen den Pharisäern von Leo- Christ zwi-
nardo da Vinci, halbe Figur. Der Kopf des schen den
Christs hat den Charakter von Sanftmuth, die ihm Pharisäern,
die Schrift vor andern Tugenden vorzüglich beilegt, von Leonar-
und die Formen sind schön, ohne sich jedoch über die do da Vinci.
Gränzen der Menschheit zu erheben. Die Hände sind
sehr schön. Außer dem Christ, sind auch die übrigen
Köpfe voller Ausdruck, vielleicht aber ein wenig zur
Carrikatur gehoben. Die Zeichnung ist sehr correkt,
die Färbung weniger braun als gewöhnlich, und die
Ausführung so besorgt, daß sie beinahe ins Trockene
fällt.

Ich verspare die Auseinandersetzung des Stils
dieses Künstlers auf einen andern Ort.

Der heilige Petrus von Guido.
Die Heimsuchung Mariä von Bonvin-
cino. [17]) Die Köpfe haben einen gewissen Ausdruck
U 2 von

[17]) Alessandro Bonvincino, genannt Morello, geb.

von Traurigkeit, der dem Süjet nicht angemeſſen iſt.

Die Himmelfahrt Mariä, von Annibale Carraccio. Nach der Idee des Correggio in Parma im Großen. Was es an Richtigkeit der Zeichnung gewonnen hat, das hat es an der Färbung verlohren.

❀ ❀ ❀

In einer Reihe von Zimmern über dieſen, die der Prinz bewohnt.

Chriſt der
dem Petrus
erſcheint von
Annibale
Carraccio.

† Chriſtus erſcheint dem Petrus beim Ponte Molle, und befiehlt ihm, nach Rom zurück zu kehren, von Annibale Carraccio. Der Gedanke iſt gut, der Ausdruck des heiligen Petrus ſcheint mir übertrieben. Die Zeichnung iſt vortrefflich, die Figur Chriſti iſt Alles, was man Schönes ſehen kann. Jede Muſkel iſt angezeigt, und dennoch mit dem ſchönſten Fleiſche bedeckt. Die Verkürzung des Arms iſt unvergleichlich. Die Drapperie des heiligen Petrus ſcheint mir zu hart und eckig. Die Färbung iſt kräftig und angenehm, auch fehlt es den Figuren nicht an Rundung, und der Fall des Schattens auf den Leib Chriſti, den der aufgehobene Arm verurſacht, thut eine vortreffliche Würkung.

† Eine Anbetung der Hirten von Guido Reni. Ein kleines allerliebſtes Gemählde aus ſeiner dunklen Manier mit ſehr edlen Köpfen.

Chriſti

zu Breſcia 1514. geſt. — Schüler Tizians. Er unterſcheidet ſich von dieſem durch eine Färbung, die ins Violette, ins Weinheſenartige, fällt.

Chriſti Leichnam unter den Weibern. Ein
Gemählde al Freſco aus einer Mauer gebrochen, von
Annibale Carraccio. Zuſammenſetzung und Zeichnung ſind vortrefflich. Der Ausdruck der Madonna
iſt eben ſo edel als wahr.

Eine ſehr ſchöne Landſchaft von Domenichino.

Ein Kopf von Perugino, trocken aber wahr.

Eine heilige Familie von Garofalo.

Ein Kopf des heiligen Johannes des Täu-
fers vom Rumpfe getrennt auf einer Schüſſel
von Giovanni Bellino.

Zwei Kinder, die ſich umarmen, von Giulio Romano, wahrſcheinlicher von Luini.

† Zwei Ausſichten von Pannini. Die eine
ſtellt den Platz von Monte Cavalla, die andre den
Platz von Sanct Peter vor. Sie gehören unter ſeine
beſten Werke, und ſind mit Figuren voller Geiſt und
Leben ausſtaffiret.

† Eine heilige Familie von Raphael. Ein
äußerſt koſtbares kleines Gemählde aus ſeiner mittleren
Zeit. Die Zuſammenſetzung iſt ſehr gut. Der
Chriſt iſt ſchön, und der heilige Johannes wahr, nur
der Kopf der Madonna mit den andern verglichen,
weniger ſchön. Die Zeichnung iſt äußerſt fein. Der
Färbung merkt man an, daß der Meiſter in der Zeit
viel al Freſco gemahlt hatte. Die Tinten ſind nicht
ſehr vertrieben.

(Randnote:) Eine heilige Familie von Raphael, aus ſeiner mittleren Zeit.

Von einigen Landſchaften des Orizonte *)
rede ich nicht.

U 3   Die

18) Julius Franciſcus von Bloemen, gebohren zu
                                         Ant-

Die Freſcogemählde in dieſen Zimmern ſind von einem neuern Mahler, der ſich Stiern nennet. Der Prinz hat die Beſchreibung derſelben auf Franzöſiſch drucken laſſen. Der Mahler hat ſich einen Gegen-ſtand von nicht geringem Umfange gewählet. Alle dieſe Mahlereien, ſagt die Beſchreibung, haben nur einen Gegenſtand, nämlich das große Weltall (L'uni-vers.)

＊ ＊ ＊

In dem Hofe des Pallaſtes ſtehen einige Statuen, denen aber fremde Köpfe aufgeſetzt ſind, die mit dem Rumpfe in gar keiner Proportion ſtehen.

Antwerpen 1656. ſtarb zu Rom 1748. Wahrſchein-lich bildete er ſich nach Guaſpre Dughet oder Pouſ-ſin. Er componirte ſeine Landſchaften in deſſen Manier, aber nicht mit deſſen Geiſt. Man erkennt ihn hauptſächlich an dem hochrothen Horizont, wo-von er den Nahmen erhielt. Seine Werke ſind Mittelgut, man ſieht ſie überall.

Villa

Villa Borghese. [1]

Hauptgebäude.

An den äußern Mauern rund umher sind Basreliefs angebracht, die aber theils in Ansehung der Kunst zu wenig Aufmerksamkeit verdienen, theils auch zu unvortheilhaft gesehen werden, um mich bei einer Anzeige und Beurtheilung derselben zu verweilen. Der Geschmack der vorigen Jahrhunderte, Basreliefs an die äußeren Mauern eines Pallasts anzubringen, schadete dem Zierrathe und der Sache, die er zieren sollte, auf gleiche Weise.

Basreliefs an den äussern Mauern der Palläste angebracht. Diese Art der Verzierung ist nicht zu billigen.

Eins hebe ich inzwischen heraus, vortrefflich dem Gedanken nach, und wie es scheint, nicht unter dem Gedanken in der Ausführung: Priamus, der vom Achill den Leichnam Hektors, seines Sohns, erbittet. Er liegt flehend zu seinen Füßen, Achill überläßt ihm seine Hand, aber wendet sein Gesicht von ihm ab. Man findet ziemlich häufige Wiederholungen von diesem Sujet, aber hier hat es mir am besten ausgeführt geschienen.

✿   ✿   ✿

Unter den Statuen, die vor dem Hause stehen: zwei gefangene Könige von Porphyr.

U 4   Ich

[1] Hr. Dr. Volkmanns Beschreibung in seinen historisch-kritischen Nachrichten von Italien, 2ter Band, S. 861. ist durch die neuern Einrichtungen, die mit dieser Villa vorgenommen sind, beinahe unbrauchbar geworden.

✦ ✦ ✦

Ich übergehe die ziemlich mittelmäßigen Statuen
und Basreliefs in dem Porticus beim Eintritt in den
Pallast.

✦ ✦ ✦

Das Innere des Hauses an der Erde bestehet aus zweien Sälen und aus drei Kammern an
jeder Seite dieser Säle.

Der erste Saal.

Plafond mit der Geschichte des Camillus von
Mariano Rossi, einem neuern Sicilianer. Es herrscht
ein wildes Feuer in der Composition, deren Weisheit
und Wahrheit, in Plan und Ausführung, gerade
die Probe eines Blicks aushält. Wir wissen schon,
daß man von einem Plafond nichts mehr zu fordern
berechtiget ist. ⸺ Inzwischen kann dieser Blick den
ersten Begriff von demjenigen geben, was die Italiener Spirito, nennen: ihnen ein gepriesener Vorzug,
und dem aufgeklärten Liebhaber ein schimmernder Fehler, den wir Deutschen vielleicht durch blendenden
Witz übersetzen könnten. Ich rede davon an einem
andern Orte weiter.

Auf eine sehr unschickliche Art contrastiren mit
diesem Plafond die Arabesken, womit die Wände geziert sind. Sie sind gut an sich, aber sie gehören
nicht hieher, theils weil diese conventionelle Mahlerei
zu der würklichen Darstellung an der Decke keinesweges paßt; theils weil der Saal durch die edlen Werke
der Kunst, die darin aufgestellt sind, außerdem schon
hinreichend geschmückt ist.

Statuen.

Statuen.

† Mercur. Es ist diejenige Vorstellung dieses Gottes, von der Winkelmann 2) sagt, es sey die einzige, welche sich aus dem Alterthume mit dem Beutel in der Hand auf uns erhalten habe. Aber mir bleibt es zweifelhaft, ob nicht ein neuer Künstler diesen aus dem Aste des Baums, der ihm zur Stütze dient, verfertiget habe.

Mars. Wird auch Achill genannt, weil er am Fuß eine Art von Verband trägt. 2 b) Keine der vorzüglichsten Statuen.

Marc Aurel nackt als Held. Die Benennung ist zweifelhaft.

Eine Muse mit dem Cothurn.

† Eine andere Muse mit einer sehr schönen Drapperie.

Ein Paar Gladiatoren.

Basreliefs.

Ein Opfer.

Einige Meergottheiten.

† Nymphen, die einen Tempel mit Blumen bekränzen. Sehr schön gedacht und ausgeführt.

U 5 Curtius

2) G. d. K. S. 283.

2 b) Ich vermuthe daß dies der Mars sey, den Winkelmann (Versuch einer Allegorie für die Kunst, Dresden 1766. S. 42.) als in dem Pallast Borghese befindlich anführt. Er erklärt die Binde für Fesseln, Schelleisen, womit Mars, nach der Fabel, von den gewaltigen Riesen, den Söhnen des Alöni, gebunden worden.

Curtius, der sich in den Abgrund stürzt. Ein großes und sehr erhobenes Basrelief. In Ansehung der Kunst von geringem Werthe.

Priamus, der seinen Sohn vom Achill fordert.

† Die tanzenden Horen. Trefflich gedacht. Der vernachläßigten Ausführung nach zu urtheilen, nur eine Copie nach einem bessern Werke.

Die Fabel der Niobe, von der Winkelmann [3]) redet. Apollo und Diana fehlen, sind aber vielleicht, da sie an den Ecken standen, davon abgekommen.

In den Nischen umher stehen einige Büsten.

❋   ❋   ❋

Zweiter Saal.

Auch dieser Saal, so wie die angränzenden Zimmer haben Plafonds, die von neueren Mahlern verfertiget sind. Allein sie sind nicht von dem Werthe, daß sie unsere Aufmerksamkeit auf sich ziehen könnten.

Statuen.

† Unter vier Statuen der Venus die schönste, in Ansehung des Gedankens und vorzüglich des schönen Kopfs, diejenige, die sich mit dem Schwerdte gürtet; bei ihr ein Amor, der den Helm des Mars aufsetzt. Eine Vorstellung der Venus Victrix.

Ueber verschiedene Beinahmen   Unter dem Nahmen einer Venus Victrix gehen, wie der Herr Hofrath Heyne sehr scharffichtig bemerkt, [4]) verschiedene Antiken, die diesen Nahmen nur dem

Apfel

3) S. d. K. S. 658.

4) Sammlung antiquar. Aufsätze I. St. nr. 2. S. 156.

Apfel zu verdanken haben, den ihnen der neuere Künst- die man der
ler in die Hand gab.

Die Benennung einer siegenden Venus, sagt legt, und
eben dieser Kunstrichter an einem andern Orte,[5]) gibt über die Ab-
man mehr als einer Art der Vorstellung. Einmahl weichungen
benennt man so die Venus, die den goldenen Apfel in der Art sie
durch den Ausspruch des Paris erhalten hat: Zwei- vorzustellen.
tens ist es die Venus mit Helm und Spieß, und hier
wird es wahrscheinlich, daß der Künstler auf den ent-
waffneten Mars gedacht hat:

Drittens: hat man die Vorstellung einer siegenden Venus in Beziehung und Rücksicht auf gewisse
Zeitumstände gebraucht: vorzüglich auf Münzen, um
die Siege der Cäsaren zu bezeichnen, da alsdann
auch andere Attribute hinzu kommen: Endlich belegt
man in Rom, wie ich schon oben bei dem Pallast
des Vaticans bemerkt habe, die Statuen der Venus,
die ihr Gewand fallen zu lassen scheinen, mit dem Nahmen einer Venus Victrix.

Wahrscheinlich sind die Beinahmen einer Venus
Victrix, Felix, Genitrix, oft verwechselt worden.
Venus ward für die Stammmutter des Geschlechts
des Julius Cäsar gehalten, und seine Nachfolger
machten auf eben diese Ehre Anspruch. Sie hat dieser Eigenschaft ungeachtet doch bewaffnet vorgestellet
seyn können. Sie war es, die ihren Abkömmlingen
Sieg über ihre Feinde gab, und so ward sie auch Ge-
berin des Glücks, die man oft mit der Siegesgöttin
auf der Hand, oft mit dem Apfel, vermittelst einer
allegorischen Uebertragung ihres eigenen davon getra-
genen

5) Ebendaselbst, S. 129 u. folg.

gonen Sieges, auf alle die folgenden die sie gewährte, bezeichnete.

Wahrscheinlich hat auch die Geschlechtsableitung der Cäsaren von der Venus die häufigen Statuen dieser Göttin, von denen sich auch jetzt noch so viele finden, veranlaßt.

Inzwischen kann man auch mit eben so vieler Wahrscheinlichkeit annehmen, daß ein großer Theil dieser Figuren bloße Tronke weiblicher Körper ohne alle Bestimmung, vielleicht Portraitstatuen schöner Frauen gewesen sind, die der neuere Künstler zu Bildern der Venus umgeschaffen hat.

Am wenigsten darf man sich an die verschiedenen Beinahmen kehren, die man den neuergänzten Statuen hat geben, und darnach besondere Vorstellungsarten der Venus bestimmen wollen. Es ist von den wenigsten dieser Benennungen erwiesen, daß sie in alten Zeiten durch besondere Abweichungen in der Darstellung unterschieden sind.

Charakter der Venus. Dem Künstler war die Venus, das Ideal der weiblichen Schönheit mit Reiz. Dieses suchte er in mannichfaltiger Stellung, Handlung, und Ausdruck dem Auge darzustellen. Wir Liebhaber übergehen also alle die Benennungen der Urania, Cnidia, Pontia, Marina, Anadyomene, Genitrix u. s. w. Nur dann, wenn wir durch die Attribute auf eine von andern Vorstellungsarten abweichende Idee des Künstlers geführet werden, bedienen wir uns eines besondern **Bedeutung der Venus in der Mythologie.** Nahmens als Wiedererkennungszeichens. Als Symbol der Natur, des Werdens der Erde nachdem sich die flüssigen Theile des Chaos von den soliberen getrennt

trennt hatten, kam Venus, von den Phöniciern Astarte
genannt, aus dem Orient zu den Griechen, deren ältere Philosophen den Ocean als den Vater des Welt-
alls annahmen.　Die handelnde Schiffahrt der Phö-
nicier brachte die Idee und die Verehrung der Venus
zuerst nach Cypern.　Die Einbildungskraft der Griechen, die alles verschönerte, machte daraus ein Mädchen voll Reiz, welches die Zephyrs übers Meer ge-
schwemmt hätten.　Der gröberen Einfalt war sie aus
dem Meere entstanden.

Ein Mars.

Ein Jupiter.

Ein junger Römer mit der Bulle am Halse.
Man nennet ihn einen jungen Nero.　Sehr gut.

Ein anderer von minderem Werth.

† Ein Faun, der auf der Flöte spielt, von Borghese-
höchster Schönheit,　und unter dem Nahmen des scher Flöten-
Borghesischen Flötenspielers als ein classisches Werk spieler,
bekannt.

An Büsten.

† Ein colossalischer Kopf des Lucius Ve- Lucius Verus, von äußerster Schönheit.　Charakter und Aus- rus, schöne
führung sind gleich vortrefflich.　Man bewundert die Büste.
Behandlung der Haare.

Vier antike Copien nach diesem Kopfe, von
denen eine schön ist.

† Ein schöner colossalischer Kopf Marc
Aurels.

Ein sehr schöner Kopf Alexanders.

Ein Kopf einer Roma, von großem Charakter.　Die Nase ist restaurirt,

Apollo,

Apollo. Sein Haupthaar ist, wie an Weibern hinten auf dem Hintertheile des Kopfs zusammen gebunden.

Eine Berenice.

Ein schöner Weiberkopf, der viel ähnliches mit den Köpfen der Töchter der Niobe hat.

Es sind in diesem Zimmer auch einige moderne Basreliefs aus Stucco angebracht.

❖　❖　❖

Erstes Zimmer zur Rechten.

Statuen.

Ein Held, das Haupt mit Strahlen umgeben. Einige nennen ihn Apollo radiatus. Andere Castor. Mehr seiner Seltenheit als seiner Schönheit wegen merkwürdig.

Ein liegender Bacchus. Am Piedestal ein Basrelief mit dem Tode Meleagers. Winkelmann [6]) redet davon als von einem der schönsten aus dem Alterthume. Der Stil ist gut; die Ausführung aber mittelmäßig.

† Der geflügelte Genius, von dem Winkelmann eine herrliche Beschreibung macht. [7]) Der Kopf der-

6) Winkelm. G. d. K. S. 499.

7) Winkelm. G. d. K. S. 279. Ich habe sie bei Gelegenheit des schönen Genius im Vatikan angeführt. In den annotazioni sopra le Statue di Roma. S. 51. sagt Winkelmann: la testa e vergine in tutte le sue parti. Das heißt unversehrt, nicht jungfräulich, wie es übersetzt ist.

verdienet seine Lobeserhebungen. So schön der Körper ist, er kömmt dem Kopfe nicht bei, und die Stellung ist gezwungen.

† Apollo und Daphne von Bernini. Daphne ist in dem Augenblicke der angehenden Verwandlung vorgestellet. Ihre Finger werden zu belaubten Aesten, ihre Zehen wurzeln ein, die Baumrinde fängt schon an ihren Leib zu umschließen. Diese Vorstellung scheint mir vorzüglich in Marmor eine schlechte Würkung zu thun. Die Extremitäten, die sich in Aeste und Wurzeln zuspitzen, erwecken eine widerliche Empfindung. Ich weiß nicht, ob ich Recht habe: Aber es scheint mir, als ob der höhere Anspruch, den die Bildhauerei auf Illusion hat, die angenehmen und unangenehmen Sensationen, die die Kunst hervorzubringen im Stande ist, auf gleiche Art verstärke. Es fehlt übrigens den Figuren an Ausdruck. Die Behandlung des Marmors ist, handwerksmäßig betrachtet, schön, aber das Fleisch gleicht mehr dem Porcellain, als einem weichen Körper, unter dessen Haut Muskeln von verschiedener Form liegen.

Apollo und Daphne von Bernini.

Die Bildhauerkunst, deren Werke die vollkommenste Illusion in Rücksicht auf Gestalt geben, scheint eine vorzügliche Verbindlichkeit auf sich zu haben, nichts Widriges darzustellen.

† Der sogenannte sterbende Seneca. Es leidet wohl keinen Zweifel, daß diese Figur einen Sclaven vorstelle. Ob aber gerade einen Sclaven, der im Bade aufwartet, wie Winkelmann *) glaubt, lasse ich dahin gestellet seyn. Figuren ähnlicher Art finden sich in dem Clementinischen Museo. Diese Figur ist aus schwarzem Marmor, und in Ansehung der Arbeit keine der vorzüglichsten. Der ganze untere Theil ist modern.

Vermeinter Seneca, Figur eines Sclaven.

Aeneas,

*) G. d. K. S. 810.

Aeneas, der seinen Vater Anchises trägt, von dem Vater des Bernini.

An Büsten.

† Eine schöne Juno, die aber vielmehr eine Venus zu seyn scheinet. [a])

† Eine Livia gleichfalls schön, mit Diadem und Schleier. Im Charakter einer Juno.

Scipio, die Benennung ist zweifelhaft. Er ist den übrigen Köpfen, die unter diesem Nahmen gehen, nicht ähnlich.

Ein Lucius Verus, ein Marc Aurel und einige andere Unbekannte.

In der Mitte dieses Zimmers † Eine Vase, schön an Form und Zierrathen, worunter auch Masken befindlich sind. Sie steht auf einem schönen sechseckigen Piedestal, welches antik ist.

❋ ❋ ❋

Zweites Zimmer zur Rechten.

Borghesische Vase.

In der Mitte dieses Zimmers † Eine vortreffliche Vase, deren Fuß aber modern und zu groß

[a]) Das Diadem hat zu der Benennung, Juno, verführt. Wahrscheinlich ist der Kopf ein Portrait einer Kaiserin im Charakter der Venus. Winkelmans (Versuch einer Allegorie S. 52.) hält ihn für den Kopf einer himmlischen Venus, welche sich durch das Diadem von der Venus Aphrodite unterscheide. Diese Behauptung wird ihre Währung durch dasjenige erhalten, was im Allgemeinen über die Beinahmen der Venus gesagt ist. Das was unsern Kopf als Venus charakterisirt, ist der anziehende Reiz.

groß ist. Die Figuren an der Vase gehören zu den
schönsten, die man in erhobener Arbeit hat. Sie
stellen einen Bacchus vor, der sich auf Ariadnen lehnt,
während daß diese auf der Leier spielt; dann einen tanzenden Faun; einen trunkenen Silen, den wieder ein
Faun hält; eine Nymphe, die Becken schlägt; noch
einen Faun, der auf zwei Flöten bläst; eine Nymphe,
die eine Leier unter dem Arme hält, und der ein vierter Faun den Schleier rauben will; und endlich eine
Nymphe die tanzend auf der Klappertrommel (Tambour de basque, oder dem gespannten Trommel-
fell mit Schellen) spielt.' Diese Figuren sind an
Form, Stellung und Ausdruck gleich wahr, gleich
schön. Rund herum geht ein schön gearbeiteter
Kranz von Weinreben.

Statuen.

† Apollo Sauroctonon. So nennt man Bezeichnung
die Vorstellung dieses Gottes, wenn man ihn neben eines Apollo
einer Eidere sieht. Ein Attribut, welches ein Sym- Saurocto-
bolum der Weissagung seyn soll, weil man glaubte, non.
diese Thiere könnten die Veränderungen des Wetters
zum Voraus anzeigen. Winkelmann [9]) glaubt:
Apollo sey hier in seinem Hirtenstande vorgestellet, als
er dem Könige Admet in Thessalien diente.

Unsere Statue ist in einem Alter auf der Gränze
der Pubertät. Der nicht sehr schöne Kopf ist dem
Rumpfe aufgesetzt. Der Körper ist desto schöner,
und übertrifft weit die ähnliche Vorstellung aus Bronze
in

[9]) G. d. K. S. 679.

in der Villa Albani. Winkelmann [10]) rechnet die Beine dieses Apollo unter die schönsten, die sich aus dem Alterthume auf uns erhalten haben. Die beiden Hände sind modern.

Ein Faun, als Narciß ergänzt. Man sieht deutlich, daß er nach dem berühmten Faun zu Florenz copirt ist. Er trägt sogar die Crotalen [11]) unter dem Fuße. Der Kopf scheint modern.

Bacchus. Ein Arm, eine Hand und ein Bein modern. Der Körper von großer Schönheit. Die Vermischung der weiblichen und männlichen Natur, die den Charakter dieses Gottes ausmacht, wird vorzüglich an dieser Statue sichtbar.

David von Bernini. Der Meister soll bei Verfertigung dieser Statue keine geringere Anmaaßung gehabt haben, als den berühmten Gladiator zu übertreffen. Allein er hat nichts weiter als einen niedrigen Lastträger hervorgebracht. Schon der Stellung fehlt es an Gleichgewicht. Der Ausdruck ist Verzerrung, die Muskeln sind willführliche Geschwülste.

Ein junger Faun, dessen Kopf beschädigt ist. Arme und Füße sind modern.

Zwei Figuren, deren Gewand antik und von Bronze ist. Die Köpfe und die übrigen Extremitäten sind von Alabaster, modern aber gut.

In die Wände sind mehrere Basreliefs eingemauert.

Die

---

10) G. d. K. S. 375.

11) Ein Instrument in Form einer Klapper, welches wahrscheinlich dazu diente, den Takt anzugeben.

Die untern sechs sind antik, und unter diesen eins von vorzüglichem Werthe. Es stellet † eine Nymphe vor, die ein Reh hält; Stellung und Form äußerst zwelt, Gewand leicht und vortrefflich geworfen. Es war ehemals an der äußern Seite des Pallastes befindlich.

Die sechs obern Basreliefs sind modern.

Einige moderne Vasen, unter denen eine, von Rosso Antico, sehr schön ist.

❖ ❋ ❖

Folge von Zimmern linker Hand.
Erstes Zimmer.

In der Mitte stehet †Der sogenannte Borghesische Faun mit dem Kinde. Man nennt ihn auch wohl Saturn, der seine Kinder frißt. Aber wahrscheinlicher ist es ein Silen mit dem kleinen Bacchus. Starkes und munteres Alter macht den Charakter dieser Figur aus. Welch ein Mann in seiner Jugend! In dem Kopfe ein Ausdruck von väterlicher Güte und Fröhlichkeit. Die Stellung sehr natürlich und wahr.

Der Borghesische Faun, oder Silen.

Diese Statue, so wie die meisten andern in dieser Villa, stehet in keinem vortheilhaften Lichte.

Silen war in der Bacchischen Fabel der Erzieher und Begleiter des Bacchus. Ursprünglich war nur einer, nachher nahm man ihrer mehrere an, und nun wurden alle alte Faunen oder Satyri, Silenen genannt. Inzwischen scheint doch immer ein Silen, den man Vater Silen nennen kann, an der Spitze des Chors der Satyri oder Faunen gestanden zu haben. Der kurze dicke Körper ist nur bei Vorstellungen

Charakter eines Silens.

X 2   bemerk-

bemerklich, die auf dem Esel reitend in den sogenann=
ten Bacchanalien vorkommen. [12a])

Eine sehr schön drappirte Muse.

Eine Ceres mit einem Kopfe, der ihr nicht zu
gehören scheint.

Eine Venus Victrix. Kopf und Hände
modern.

Noch eine Ceres mit aufgesetztem Kopfe, wel=
cher ein Portrait zu seyn scheinet. Hände modern.

Centaur vom
Amor gebän=
digt.

† Centaur vom Amor gebändigt. Hat
große Vorzüge vor der ähnlichen Voestellung auf dem
Capitol. Die Muskeln greifen vortrefflich in einan=
der. Das Fleisch ist sehr weich, und der Uebergang
der beiden Naturen in einander unvergleichlich. [12b])

Die Basreliefs in diesem Zimmer sind modern.

✤ ✤ ✤

Zweites Zimmer.

In der Mitte ein großes Gefäß von Por=
phyr auf vier Crocodilen von Bronze, welche mo=
dern sind.

Juno mit
einem Ge=
wande von
Porphyr.

Das merkwürdigste Denkmahl der Kunst in die=
sem Zimmer ist † Die sogenannte Juno. Sie
trägt

12a) S. Hr. Hofrath Heynens Abhandlung von dem
vorgeblichen und wahren Unterschiede zwischen Fau=
nen, Satyren, Silenen und Panen. Antiquar.
Aufsätze, II. Stück. Imgleichen Winkelmann G. d. K.
Wiener Ausg. S. 277.

12b) Winkelmann in den oft angeführten Annotazio=
ni sopra le Statue. S. 52. sagt: sie sey blos mit
dem Meißel geendigt.

trägt auf ihrem Haupte ein Diadem; ihr Gewand ist
von Porphyr. Winkelmann sagt, daß dies Gewand ein Wunderwerk der Kunst sey. Dieses ist vorzüglich wahr in Ansehung der Materie; denn die Härte
des Porphyrs erhöht die Schwierigkeiten der Bearbeitung.

Eine drappirte weibliche Figur von weißem
Marmor. Kopf und Hände sind von Bernini aus
Bronze restaurirt. Die Drapperie ist gut.

Winkelmann [13]) spricht von einem Gott Anubis mit dem Kopfe einer Kaze, er hat aber nicht bemerkt, daß diese Statue der großen Brüste wegen eine
weibliche Figur vorstellen muß. Sie stellet eine Bubastis vor. [14])

Eine kleine Diana von Alabaster. Kopf
Hände und Füße sind von Bronze und neu. Das
Gewand ist gut. [15])

Die sogenannte Egiziaca oder Zigeunerin.
Eine Figur mit einem antiken Gewande von schwarzem
Marmor. Man hat ihr ein weißes Hemd mit golde-
nen Frangen, und einen vergoldeten Kopfpuz in neue-
ren Zeiten gegeben. Kopf, Hände und Füße von
Bronze sind gleichfalls modern. [16])

X 3   Drittes

13) S. 73. G. b. K.

14) Bubastis, eine Figur mit einem Kazenkopfe.
     Symbol des Mondes. Weil Kazen bei Nacht sehen.

15) Winkelmann, S. 519.

16) Winkelm. Vorrede zur G. b. K. S. VI.

* * *

• Drittes Zimmer.

Man findet hier vier Landschaften von einem französischen Mahler, der sich Tiers nennet.

In der Mitte steht

Der Borghe-   † Der berühmte Borghesische Fechter.
sische Fech- Ich nenne diese Figur bei dem gewöhnlichen Nahmen,
ter.   weil ich nicht Gründe genung vor mir sehe, ihn als un-
              passend zu verwerfen. ¹⁷)

Die

Ueber Fech- 17) Da ich von der berühmtesten unter den Fechter-
terstatuen   statuen rede, so wird zugleich die Bestimmung der
überhaupt.   Ideen über Figuren dieser Art hier am bequemsten
              einzuschalten seyn.   Fechterspiele waren Römischen
              und Etruscischen Ursprungs, und nicht im Geschmack
              der Griechen.   Erst von der Zeit an, da die Grie-
              chen Fechterspiele von den Römern anstellen sahen,
              und da griechische Künstler in Rom lebten, ist es
              nicht unwahrscheinlich, daß selbst griechische Künst-
              ler diese Vorstellungsarten gewählt haben.   Allein
              es läßt sich vielleicht von keiner einzigen unter denen,
              die uns als solche gezeigt werden, mit Gewißheit
              behaupten, daß sie würkliche Fechter sind.   Es fehlt
              dazu an hinreichenden Bestimmungszeichen.   Die
              meisten Attribute, die sie uns jetzt bezeichnen, sind
              neu, und der starke, untersetzte stämmige Körper,
              der vielleicht am meisten die Künstler auf die Idee
              von Gladiatoren bei der Ergänzung geleitet hat, ist
              wahrscheinlich den Kriegern, und vielen unter den
              Athleten mit ihnen, eigen gewesen.
                  Die Benennung unserer Statue als Fechter be-
              ruhet auf keinen gewisseren Gründen, als diejenigen
              sind

Die Stellung zeigt einen Mann an, der im Aus-
fall mit vorgestrecktem Körper von unten auf einen
Streich ausholt, während daß er mit vorgeworfenem

Schilde

sind, die für die Benennung so vieler andern angegeben werden. Der Herr Hofrath Heyne, Sammlung Antiq. Auff. II. Stück. S. 229. nennt sie gar:
unschicklich. Er sagt: »Diese edle, schöne Figur
»eines so vortrefflich athletisch ausgearbeiteten Kör-
»pers eines jungen Kriegers, im höchsten Grad der
»Spannung aller Muskeln, und doch ohne Ueber-
»treibung; wie konnte man sich einfallen lassen, ei-
»nen elenden Gladiator daraus zu machen? Wahr-
»scheinlicher Weise machte er eine Gruppe mit an-
»dern Figuren aus, und vor ihm stand eine Figur
»zu Pferde, gegen die er sich vertheidigte. Ohn-
»geachtet ich über die Ergänzung des Stücks nichts
»Genaues weiß, und es von der andern Seite ein
»Wunder wäre, wenn eine Figur von so ausgestreck-
»ten Theilen, als hier Beine und Hände sind, un-
»versehrt erhalten worden seyn sollte: so lehrt doch
»die Richtung des Kopfes, daß er sich gegen einen
»Angriff von oben her verwahret, und daß er eine
»Wunde von unten auf, wie in des Pferdes Bauch
»oder Brust anbringen will. Daß es ein histori-
»sches Stück ist, ist mir sehr wahrscheinlich. Win-
»kelmann sagt auch: sein Gesicht sey offenbar nach
»der Aehnlichkeit einer bekannten Person gebildet.«
Ich habe im Ganzen Nichts gegen die Mögich-
keit dieser Erklärung. Aber ich gestehe zugleich, daß
ich die größere Wahrscheinlichkeit nicht fühle. Das
ausgezeichnet Edle habe ich der angestellten Untersuchung ohngeachtet so wenig finden können, als
daß der Arm mit dem Schilde neu sey, wie der

Herr

Schilde einen Streich von oben aufzufangen sucht,
an den sein Blick geheftet ist.

Dieser

Herr Hofrath Heyne in der Note eben daselbst ver-
muthet.   Es scheint mir nicht nothwendig, daß
der Streich von oben, den unsere Figur abzuwen-
den scheint, von einer Figur zu Pferde komme. Es
konnte sehr wohl ein Hieb seyn, den der Gegner mit
aufgehobenem Arme ausholte. Selbst der aufwärts
gerichtete Blick scheint das Gegentheil nicht anzuzeigen.   Denn die Richtung des Auges folgt eher
dem Schwerdte, als der Miene des Gegners.

Warum soll schlechterdings diese zwote Figur mit
dem Begriffe contrastiren, den wir uns von einem
Fechter zu machen berechtiget sind? Verlangt denn
ihr Talent weniger Geschmeidigkeit, als die des
Ringers, des Kriegers? Weniger schlanken Wuchs,
weniger ausgearbeitete Glieder? Der Herr Hofrath
Heyne gesteht selbst ein, daß ihre Körper zum Ausbruck, zumahl in Marmor, sehr geschickt gewesen
seyn müßten.   Aber warum blos zum Ausbruck?
Das ist wie mich dünkt, erst die zweite Rücksicht des
Künstlers.   Die erste ist ihm die Stellung, die die
Formen des Körpers in ihrer größten Schönheit
und Abwechselung zeigt.

Warum soll nun eben dieses Stück ein histori-
sches Stück seyn? Weil der Kopf Aehnlichkeit mit
einer bestimmten Person zu haben scheint? Wie
leicht kann nicht ein schöner Fechter Gelegenheit zu
dieser Nachbildung gegeben haben, den entweder
das Volk, oder der Kaiser gerade in dieser Stellung bewunderte!

Worauf der   Aber es sey mir erlaubt, hier etwas anzuführen,
Bildhauer   was ich an einem andern Orte noch weiter auszu-

führen

Dieser Mann hat einen völlig ausgewachsenen Körper, der durch Ausarbeitung schlank und fest geworden ist. Ins Ideal ist er nicht gehoben, aber

X 5

die

führen Gelegenheit finden werde: Des Bildhauers erste Rücksicht kann nicht auf Bedeutung, auf Ausdruck, in Beziehung auf ein gewisses bestimmtes Sujet aus der Geschichte gehen. Sie geht vielmehr auf die Wahl solcher Gegenstände, die ihm Gelegenheit geben, seine Ideen von Schönheit sinnlich darzustellen, oder seine Kunst in der Nachbildung des menschlichen Körperbaues — für ihn ein hohes Verdienst! — zu zeigen. *bei der Wahl eines Sujets vorzüglich Rücksicht nimmt.*

Wenn wir dies gehörig in Erwägung ziehen, so fühlen wir, daß der Künstler eben so gern einen Gladiator habe darstellen können, daß man sogar in den Zeiten des Enthusiasmus für die Fechterspiele, einen Gladiator, den das Volk oft vor seinen Augen hatte siegen sehen, eben so gern habe sehen wollen, als irgend einen Helden, der sich in der Schlacht auf eben die Art wie ein Gladiator, zum Angriff oder zur Vertheidigung stellen mußte.

Wenn man nun ferner die größere Bequemlichkeit hinzu nimmt, die der Künstler fand, im Circo eine Idee zu einer ausgezeichneten Stellung zu sammlen, als in der Schlacht; so gleicht man die Wahrscheinlichkeit der Benennung eines Fechters, mit der eines Kriegers, bis zur Möglichkeit auf beiden Seiten aus.

Und wenn es nun gar ein Nero, eine Faustina gewesen wären, die dieses Werkzeug ihrer Unterhaltung hätten nachbilden lassen wollen?

Ich hoffe, man versteht mich nicht unrecht, wenn ich sage: es ist möglich, daß unsere Statue einen

Fechter

die Natur ist gewählt. Der Kopf hat den Ausdruck des kalten Muths, und viele wollen sogar eine individuelle Gesichtsbildung darin bemerken.

Was diese Statue der Aufmerksamkeit des Liebhabers vorzüglich werth macht, ist die Bestimmtheit der Umrisse, die Richtigkeit der Lage und der Form der Muskeln, und vorzüglich ihr Spiel, ihr Ineinandergreifen, wenn ich so sagen darf, unter der weichen Bekleidung des Fleisches. Weichheit und Elasticität: die wahre Gränze zwischen Härte und Unbestimmtheit.

Der Künstler bringt bei Bestimmung der Vorzüge dieses Werks auch besonders die schwere Stellung mit in Anschlag. Es ist unmöglich, daß der Urheber ein lebendiges Modell in dieser Lage lange vor sich habe stehen lassen können. Die Figur ist so sehr gestreckt, daß sie bei einer weiteren Spannung unfehlbar aus dem Gleichgewicht kommen müßte. Er hat folglich nur durch Hülfe des Gedächtnisses den Augenblick anheften können, in dem er etwa einmahl ein Vorbild in dieser vorübergehenden Stellung sahe. Man wirft der Lage des Rückgrades vor, daß sie mit der Lage des vordern Leibes nicht übereinstimme. Bei der Untersuchung, die Kenner angestellt haben, hat sich erge-

Fechter vorstellen könne. Ich will damit nichts andeuten, als: Man kann nichts Gewisses über ihre Bedeutung bestimmen. Aber daß sie keinen Discobolus vorstelle, wie der Baron von Stosch meinte, noch einen Chabrias, wie Lessing eine Zeitlang glaubte, dieß scheint die Stellung hinreichend anzuzeigen.

ergeben, daß diese Lage möglich sey, und daher nichts Unnatürliches enthalte. Selten ist sie, das ist wahr, und daher dürfte sie vielleicht nicht ohne allen Grund gezwungen scheinen.

Eine Innschrift nennt den Agasias, Sohn des Dositheus aus Ephesus, als den Verfertiger dieses Werks.

So viel ich habe bemerken können, ist nur der rechte Arm mit dem Stück Lanze ganz neu. Doch finden sich noch einige geringere Ergänzungen und Ausbesserungen.

Man hat sie mit wenigem Geschmack auf ein Piedestal gestellt, woran verschiedene Basreliefs von sehr mittelmäßiger moderner Hand angebracht sind; sie stellen verschiedene Arten von Fechterspielen vor. Uebrigens ist auch die Aufstellung in der Mitte eines Zimmers, in welches das Licht von mehreren Seiten hineinfällt, wenig vortheilhaft.

† Eine Muse in einer vortrefflichen Stellung. Sie stützt den Kopf auf den Arm, dessen Ellbogen sich auf das Knie des Fußes lehnt, den sie auf einen Stamm setzt. Nur der untere Theil der Figur ist alt, der obere ist neu und von Penna restaurirt.

Ein Tischblatt von Probierstein auf einen Sarcophag gelegt, dessen Basrelief den Tod des Aktäon vorstellt, nebst vielen Zierrathen. Winkelmann [18a)] rechnet es unter die schönsten des Alterthums: Allein es bleibt demohngeachtet, als schönes Werk der Kunst betrachtet, nur mittelmäßig.

Der

18a) G. d. K. S. 499.

Der Schlaf aus schwarzem Marmor, von Algardi. Er ist mit Mohnhäuptern bekrönt, und bei ihm liegt eine Fledermaus. [18 b]

Ein Discobolus. [19] Obgleich beide Arme neu sind, so rechtfertigt sich doch die Benennung durch ein Stück des Discus, der sich an dem Stamm erhalten hatte.

Ein Pancratiast. [20] Arme und Füße neu.

Ein

[18 b] Dies Thier ist ein Symbol des Schlafs, weil es den ganzen Winter hindurch schlafen soll. Winkelm. Versuch einer Allegorie. S. 138.

Discobolus. 19) Discobolus. Eine Figur, die mit dem Disco, oder einer Scheibe von Metall wirft.

Pancratiast. 20) Pancratiasten sind Faustkämpfer, deren Hände mit Schlagriemen oder dem Cästus umwunden waren, womit sie vorzüglich den Kopf ihres Gegners zu treffen suchten. Die Ohren litten dabei am meisten. Winkelmann gab daher die gequetschten und geschwollenen Ohren, die man an verschiedenen Figuren findet, als Wiedererkennungszeichen solcher Personen an, die dieses Spiel ausübten. Allein der Herr Hofrath Heyne, S. Samml. Antiquar. Aufsätze II. St. S. 253. erinnert mit Recht, daß überhaupt an starken Körpern die Ohren etwas stärker und wie geschwollen aussehen dürften. Solche Ohren finden sich vorzüglich auch an Köpfen des Hercules, und mich dünkt, ich hätte überhaupt an den Einwohnern der mittäglichen Gegenden bemerkt, daß die knorpelichten Theile des Ohrs stärker und hervorragender sind, als bei nördlichen Völkern.

Ein Ringer, [21]) der sich mit Oehle salbt. Wenn die Arme alt sind, so sind sie wenigstens angesetzt.

Ein anderer Ringer, der eine Krone und einen Palmzweig hält. Kopf und Leib sind alt und sehr schön. Arme und Füße sind aber neu.

Eine Wölfin von Rosso Antico. Sie säugt den Romulus und Remus. Vielleicht ein modernes Werk.

Ein antikes wildes Schwein.

Eine sogenannte Ceres. Die Drapperie ist schön, die Arme sind modern. Zu ihren beiden Seiten sind zwei Füllhörner, die antik sind.

An dem Piedestal sieht man eine Venus, die aus dem Bade steigt, bei ihr ein Amor, ein Basrelief aus der Florentinischen Schule. [22])

† Eine sehr schöne Büste, Faustina die ältere.

✤ ✤ ✤

Viertes Zimmer.

Man sieht hier vier Landschaften von Wutky, einem neueren deutschen Künstler aus dem Oesterreichischen.

An

21) Ueber den Charakter der Ringer, s. die Beschreibung des Capitols.

22) Herr Volkmann in seinen Nachrichten über Italien, S. 866. des 2ten Bandes sagt: Dies Basrelief werde seiner Vortrefflichkeit wegen für ein Werk des Praxiteles gehalten. Es hat nicht den geringsten Anspruch auf diese ehrbringende Vermuthung.

An Statuen.

† Eine Gruppe des Pylades und Orests. Man nennt sie auch Castor und Pollux. Sehr gut.

Eine Muse, als Flora restaurirt.

Noch eine Muse.

Ein kleiner Priester der Cybele.

Amor der den Bogen spannt.

† Venus die den Mars liebkoset. Die Köpfe sind Portraits. Diese Gruppe wird sonst auch Coriolan mit der Mutter genannt, oder auch Faustine mit dem Fechter. Aber ohne allen Grund. [23])

Ein

23) Winkelmann, Vorrede zur G. d. K. d. V. sagt: man habe die Gruppe der falschen Benennung wegen für römisch und schlechter gehalten, als sie würklich sey. Inzwischen scheint mir die Arbeit doch nicht besonders schön. Die Idee ist artig: und der Herr Hofrath Heyne, Antiq. Aufsätze I. St. nr. 1. S. 161. hat eine vortreffliche Auflösung ihrer Entstehungsart gegeben.

Die Venus, die den Mars liebkoset, ist keine andere, als eine Abänderung der Idee einer siegenden Venus. An diesem Beispiel läßt sich recht deutlich machen, wie eine ursprünglich ganz philosophische Idee symbolisch ausgedrückt, endlich ein Süjet für die Kunst werden kann. In den alten Cosmogonien ward der vorausgesetzte Streit der Elemente, und ihre nachherige Vereinigung zur Schöpfung oder Bildung der Welt, auf vielfache Weise vorgestellt. Dahin gehört Mars und Venus vereinigt, und als Aeltern der Harmonie. Die Dichter zogen nachher, und zwar schon früh, die Fabel von der Liebe des Mars und

Ein stehender Hermaphrodit, der gemeiniglich verschlossen, und mehr der unzüchtigen Stellung als seiner Schönheit wegen merkwürdig ist.

Der berühmte Borghesische Hermaphrodit. Er liegt auf dem Rücken, jedoch mit dem Kopfe zur Seite gekehrt, so daß man das Gesicht im Profil sieht. Die Stellung ist äußerst reizend an sich selbst, und auch darum wohl gewählt, weil sie die Zeichen verschiedener Geschlechter, die leicht durch den Mißstand beleidigen könnten, dem Auge entzieht. Man kann die Weichheit des Fleisches, den sanften Guß

Der Borghesische Hermaphrodit.

und der Venus daraus; die Künstler verwandelten es in eine angenehme Idee zwei schöner Idealfiguren, einer männlichen und einer weiblichen, mit verschiedenem Ausdrucke.

Unser Kunstrichter verwirft nachher aus Gründen, die ich schon bei der ähnlichen Vorstellung im Capitol angezeigt habe, die Erklärung einer Faustine mit dem Fechter. Eher, fährt er fort:

Ehrr ließ sich noch denken, daß auf Faustine und Marc Antonin angespielt sey. Man hat ein Paar bekannte Münzen von der Faustine, worauf diese Gruppe vorkömmt: auf der eihen steht dabei Veneri Victrici. S. C. Es kann seyn, daß sie bei einem Aufbruch des Kaisers in den Krieg, oder bei einer andern Gelegenheit, mit Rücksicht darauf geprägt worden. Allein es folget nicht, daß für die Münze die Idee zuerst erfunden, und nachher an Statuen copirt ist. Eben so wohl und wahrscheinlicher, wie aus mehreren Beispielen erhellet, war die Statue früher vorhanden, und ward auf Münzen copirt.

Guß der Muskeln, die dadurch von ihrer Bestimmt=
heit Nichts verlohren haben, nicht genung bewundern.
Er scheint zu schlummern, und durch einen süßen
Traum entzückt zu werden. Hauptergänzungen habe
ich nicht bemerkt. Inzwischen gibt man Guillaume
Berthelot, einen Franzosen, als den Ergänzer an.
Bernini verfertigte die Matrazze, die von eini=
gen als ein Wunderwerk einer getreuen Nachah=
mung der Natur gepriesen wird, andern aber, der
gar zu hart angegebenen Durchnähung wegen, mit
Steinen angefüllt scheint. Auf jeden Fall thut der
Fleiß, der an dieses Beiwerk verschwendet ist, der
Hauptfigur Schaden.

Charakter
der Herma=
phroditen.
Der Charakter der Hermaphroditen ist Vermi=
schung männlicher und weiblicher Schönheit. Die
Züge des Gesichts, das Gewächs und die Brust sind
weiblich. Die männlichen Zeugungsglieder scheinen
sie hauptsächlich von den weiblichen Figuren zu unter=
scheiden.

Ein antikes Mosaik auf dem Fußboden.

❖   ❖   ❖

Als ich Rom verließ, arbeitete man noch an ei=
nem neuen Zimmer, für welches mehrere Büsten be=
stimmt waren, imgleichen an Statuen: ein Jupiter,
und ein vermeinter Belisar mit hohler Hand, von
dem Winkelmann [24] glaubt, sie könne einen August
vorstellen, der zur Versöhnung der Nemesis alle Jahr
einen Tag über bettelte. Allein ich kann dieser Er=
klärung meinen Beifall nicht geben. Es stellet diese
Statue

24) G. d. K. S. 876.

Statue einen gebrechlichen Alten vor, deſſen Fleiſch
äußerſt ſchlaff und hängend iſt. Die hohle Hand iſt
wahrſcheinlich modern. [25])

Außerdem iſt für dieſes Zimmer beſtimmt eine
Vaſe mit einigen Bacchantinnen in Basrelief,
ein kleiner Sphynx aus Baſalt u. ſ. w.

※　　※　　※

In dem obern Stockwerk und zwar

In dem erſten Saale

Neun Landſchaften von Hackert.

Der Plafond, der eine Götterverſammlung
vorſtellet, war zuerſt von Lanfranco gemahlt, und iſt
nachher von Corvi übermahlet worden.

※　　※　　※

In dem zweiten Zimmer

findet man einen Plafond von Domenigo Corvi,

Mehrere Familienportraits aus der Familie Borgheſe.

Drei moderne Büſten von Bernini. Zwei
derſelben ſtellen den Pabſt Paul den Fünften,
die dritte den Cardinal Scipio Borgheſe vor.

In

---

[25]) Man trifft im Vatican, und zwar in der Gallerie,
die zur Bibliothek führet, eine dieſer ähnliche Statue an.

* * *

In einem andern Zimmer hat Hamilton die Geschichte des Paris in mehreren Abtheilungen auf Plafond gemahlet.

Die beiden Statuen des Paris und der Helena sind von Penna.

* * *

In dem darauf folgenden Zimmer stellt der Plafond die Geschichte der Psyche vor, von Novello, einem Venetianer.

Rund herum findet man Landschaften von Orizonte in großer Menge.

* * *

Man geht alsdann über eine Terrasse, auf welcher man einige gute Statuen und zwei sehr mittelmäßige Basreliefs antrifft.

Dann in ein Zimmer, an dessen Plafond Unterberger, ein deutscher noch lebender Künstler in Rom, die Thaten des Hercules vorgestellet hat.

Man trifft hier auch einige schätzbare Gemählde an:

† Der Cardinal Scipio Borghese nimmt die Republik Marino in Schutz, eins der besten Werke des Battoni. Die Köpfe vorzüglich der weiblichen Figur, welche die Republik vorstellt, brav.

Einige Thierstücke, von Peters, einem berühmten Mahler.

Eine Flucht nach Aegypten, von Luca Giordano.

Chriſt vor dem Pilatus,

Chriſt vor dem Hohenprieſter, zwei Bilder von demſelben Meiſter, in der Manier des Paolo Veroneſe.

Einige ſehr ſchöne Niederländer.

† Eine Venus, von Tizian, die in Anſehung der Stellung viele Aehnlichkeit mit der von Florenz hat. In dem Grunde findet man auch die Weiber wieder, die in einem Koffer ſuchen. Einige andere Figuren, die muſicirten, ſcheinen von einer fremden Hand hinzugefügt zu ſeyn. Der Kopf der Hauptfigur iſt verſchieden von dem in Florenz. Dies Bild, welches urſprünglich ſehr ſchön geweſen iſt, ſcheint hin und wieder ſtark retouchirt zu ſeyn.

❊   ❊   ❊

In dem letzten Zimmer findet man einen Plafond von Maron; er ſtellet den Tod der Dido vor.

❊   ❊   ❊

Im Garten findet man mehrere Statuen, die einzelne gute Parthien haben.

Auch ſieht man hier zwei Sphynxe, [26]) von denen der eine aus Baſalt ſehr groß iſt.

Y 2   Wenn

26) Winkelmann. S. 68,

✤   ✤   ✤

Wenn man aus dem Garten heraus geht, nach
der Porta Pinciana zu, so trifft man über dem
Thore zwei Basreliefs an, das eine stellt die Ver-
götterung eines Kaisers, das andere ein Opfer vor.

✤   ✤   ✤

Man war zu meiner Zeit mit Aufstellung und
Anordnung der Kunstwerke in diesem Pallaste noch
nicht ganz fertig. Es ist daher leicht möglich, daß
ich Einiges, was der Aufmerksamkeit des Liebhabers
werth seyn könnte, nicht gesehen habe. Inzwischen
hoffe ich, daß das Wichtigste von mir nicht übergangen ist.

Ende des ersten Theils.

www.ingramcontent.com/pod-product-compliance
Lightning Source LLC
Chambersburg PA
CBHW021109270326
41929CB00009B/799